孙　强◎著

中国对外贸易

发展方式转变博弈分析

知识产权出版社

全国百佳图书出版单位

图书在版编目（CIP）数据

中国对外贸易发展方式转变博弈分析／孙强著．—北京：
知识产权出版社，2019.1
ISBN 978－7－5130－5978－7

Ⅰ．①中…　Ⅱ．①孙…　Ⅲ．①对外贸易—贸易发展—
发展方式—研究—中国　Ⅳ．①F752

中国版本图书馆 CIP 数据核字（2018）第 271623 号

内容提要

　　本书首先对我国对外贸易发展现状进行了统计分析，构建新的贸易发展方式转变评价指标体系并对转变现状进行了实证分析；其次梳理、分析了我国贸易发展方式转变的相关政策，并对贸易发展方式转变过程中的中央政府、地方政府及企业等相关主体行为进行了博弈分析。在以上分析的基础上，本书最后给出了关于中国对外贸易发展方式转变效果提升的对策与建议。

责任编辑：宋　云　褚宏霞　　　　　　责任校对：潘凤越
封面设计：北京麦莫瑞文化传播有限公司　责任印制：刘译文

中国对外贸易发展方式转变博弈分析
孙　强　著

出版发行：知识产权出版社 有限责任公司		网　　址：http：//www.ipph.cn	
社　　址：北京市海淀区气象路 50 号院		邮　　编：100081	
责编电话：010-82000860 转 8388		责编邮箱：songyun@ cnipr.com	
发行电话：010-82000860 转 8101/8102		发行传真：010-82000893/82005070/82000270	
印　　刷：北京建宏印刷有限公司		经　　销：各大网上书店、新华书店及相关专业书店	
开　　本：720mm×960mm　1/16		印　　张：13.25	
版　　次：2019 年 1 月第 1 版		印　　次：2019 年 1 月第 1 次印刷	
字　　数：220 千字		定　　价：48.00 元	
ISBN 978－7－5130－5978－7			

前　　言

对外贸易是国民经济发展的重要组成部分。改革开放以来，对外贸易的快速发展成为我国综合经济实力与国际影响力提升的重要推动力量。"十三五"时期是我国社会主义现代化建设进程中非常关键的五年。为实现"十三五"发展目标，必须牢固树立"五大"发展理念，必须坚持以经济建设为中心，从实际出发，把握发展新特征，加大结构性改革力度，加快转变经济发展方式，实现更高质量、更有效率、更加公平、更可持续的发展。虽然我国政府从"九五"时期就已经开始注意到对外贸易发展中资源利用方式粗放、国际市场开拓方式单一等问题给我国经济与对外贸易带来的困扰，如对外贸易收益低下、内外环境日益恶化等，并积极推动对外贸易发展方式转变，但我国对外贸易发展形势依然严峻，不可持续等问题依然存在。2015年9月，中共中央、国务院印发的《关于构建开放型经济新体制的若干意见》明确要求：形成国际合作竞争新优势、培育外贸竞争新优势、实施质量效益导向型的外贸政策；2016年3月发布的《"十三五"规划纲要》提出了"加快对外贸易优化升级，从外贸大国迈向贸易强国"的发展目标。在这一背景下，对我国对外贸易发展方式转变效果、政策及相关利益主体进行研究，具有重要的理论与实践价值。

本书首先对我国贸易发展现状进行统计分析，在此基础上以对外贸易发展方式转变的科学内涵为指导，构建贸易发展方式转变评价指标体系，引入合作博弈中夏普利值概念和分解方法，对各个指标在贸易发展中的贡献进行度量，从而实现了评价指标与方法创新，并取得较好的评价结果。以评价结果为基础，结合相关国际经验得出了具有较强政策含义的启示与结论。其次，对我国贸易发展方式转变相关政策进行梳理、分析，并以博弈理论为指导，得出我国对贸易发展方式转变相关政策具有参与约束明显、激励相容约束不足的特征。再次，对贸易发展方式转变过程中的中央政府、地方政府以及企业等相关主体行为进行分析，并从政策目标与执行、受众目标与行为等角度，构建博弈模型对贸易发展方式转变过程中存在的问题进行分析；随后以重复博弈为基础，构建了企业间博弈、企业与消费者博弈及政府与企业博弈三个模型，提出贸易发展方式转变效果提升的实现路径。最后，以前述分析为基础，给出相关对策与建议。

本书具有一定的探索性，研究创新主要体现于：一是评价指标与方法创新。在贸易发展方式转变内涵基础上，通过构建贸易恒等式，以夏普利值分解为方法实现了从资源利用与市场开拓两个角度对贸易发展方式进行综合、定量评价，从而确立了贸易发展方式转变的核心是创新的理念。这为对外贸易发展方式转变促进政策从理念引导向可实施、可度量的政策措施转变奠定了基础。二是以机制设计理论为框架，构建博弈模型对贸易发展方式转变政策的激励相容约束不足等问题进行分析，指出信息不对称是相关政策执行效果差的原因。三是以企业间创新博弈、产品质量信息与企业创新努力两个博弈模型为基础，对市场治理机制下企业创新匮乏进行分析。四是以重复博弈均衡为基础，从信息传播速度、永续经营理念及行业治理结构三个方面构建了重复博弈实现机制。五是以声誉机制理论为基础，从信息共享机制与维权成本两个角度构建了博弈模型，对企业创新行为进行分析。六是构建生境约束下"囚徒困境"博弈模型，并以此为基础构建基于贸易增加值的共享制度，促进企业创新。

基于上述研究，本书在最后部分给出了关于中国对外贸易发展方式转变效果提升的对策建议。

目　　录

第1章 绪论

1.1 研究背景与意义

1.1.1 研究背景

伴随着中国经济体制改革进程的加快,对外贸易快速发展并成为促进经济发展与世界影响力提升的重要力量。但多年来我国对外贸易发展中资源利用方式粗放、国际市场开拓方式单一等问题长期存在,并成为制约我国经济与贸易健康、稳定、持续发展的重要障碍。因此,我国对外贸易发展形势依然严峻。

1.1.1.1 发展规模分析

(1)货物贸易规模大,增速高

1978 年,中国货物进出口总额仅为 206.4 亿美元,2014 年增长至 43030.36 亿美元,比 1978 年增长了 207.48 倍,年均增长 15.99% (见图 1-1)。其中,进口额从 1978 年的 108.9 亿美元增长到了 2014 年的 19602.9 亿美元,增长了 179 倍,年均增长率高达 15.51%;出口总额从 1978 年的 97.5 亿美元增长到了 2014 年的 23427.47 亿美元,增长了 239.28 倍,年均增长率更是高达 16.45%。从贸易差额看,虽然 1994 年我国对外贸易顺差仅为 54 亿美元,但此后贸易顺差快速增长。2005 年对外贸易顺差突破千亿美元大关,2014 年则达到 3824.56 亿美元,20 年增长了 69.83 倍,年均增长率高达 23.74%。

总体上看,我国进口贸易年度增长率波动幅度较大,进出口总额次之,出口贸易年度增长率相对较为平稳。统计分析表明:我国进口额、出口额及进出口总额三项指标年度增长率的方差分别为 0.89、0.54 及 0.56。2001 年以前,进口、出口及进出口总额之间年度增长率变化差异较大,2001 年之后三项指标额年度增长率差异逐渐缩小，表现出明显的趋同现象（见图1-2）。

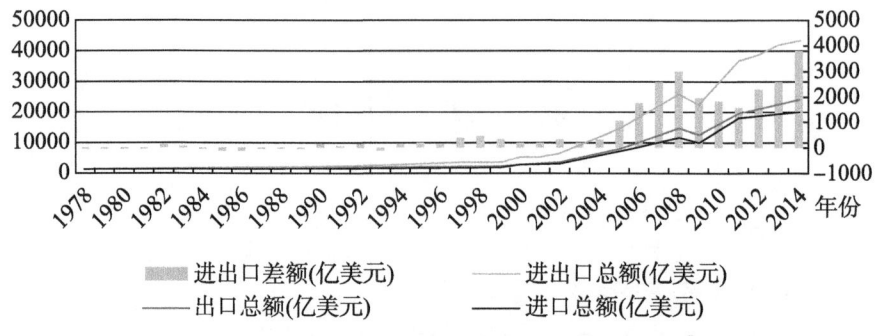

图1-1　1978～2014年中国货物进出口总额情况●

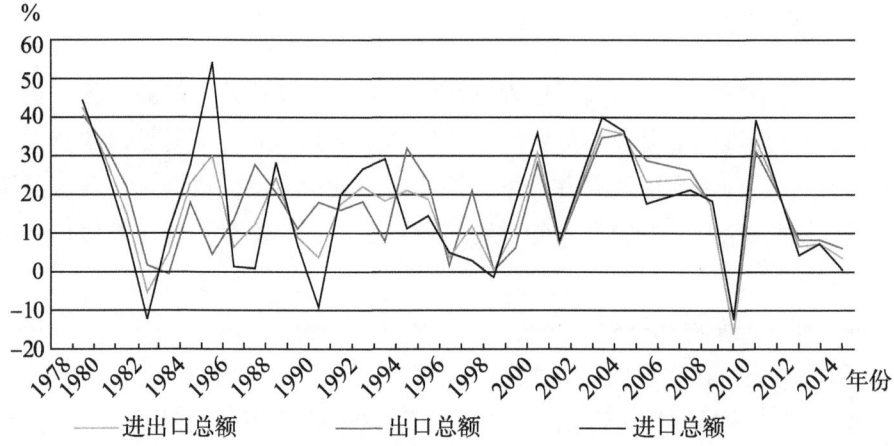

图1-2　1978～2014年中国货物对外贸易各项指标年度增长率变化情况

　　货物贸易的快速增长极大地提高了我国在世界贸易中的地位。1978年，我国进口额与出口额占世界进、出口额的比重分别为0.76%和0.82%，此后持续稳定上升。至2014年，出口额与进口额占比分别高达12.33%和10.26%（见图1-3），分别增长了15.2倍与11.5倍。

　　● 除特别注明外，本书所用数据均出自历年《中国统计年鉴》。

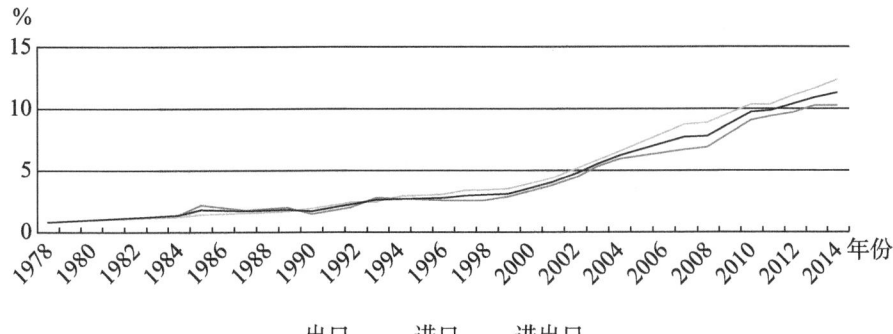

图 1－3 1978～2014 年中国进出口额占世界进出口额比重变化情况❶

（2）服务贸易进出口失衡，逆差增长快

科技水平的提高与世界经济一体化的快速发展提升了服务项目的可贸易化程度，这直接促进了国际服务贸易快速发展，提升了国际分工收益获取能力。因此，国际服务贸易成为当前国际经贸领域竞争的焦点。与货物贸易高速发展并积累了大量顺差相比，中国服务贸易发展呈现出另一番景象。首先，中国服务贸易起步较晚，较为完整的服务进出口统计数据始于 20 世纪 80 年代。其次，与货物贸易相反，服务贸易初期有少量顺差。在贸易规模提升过程中，服务贸易逆差规模越来越大（见图 1－4），2013 年服务贸易逆差已达 1246.64 亿美元。❷

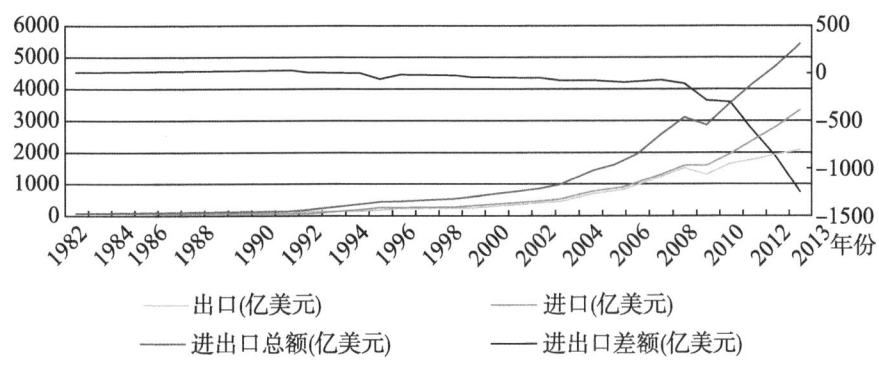

图 1－4 1982～2013 年中国服务贸易规模发展情况

数据来源：世界贸易组织数据库。

---

❶ 此处中国进出口贸易采用世界贸易组织数据库数据，由于统计口径不同，因此与《中国统计年鉴》的数据略有差异，但对中国在世界贸易中比重的变化影响可以忽略。

❷ 此处数据来源于世界贸易组织数据库，与中国相关统计数据（1185 亿美元）略有差异。

从规律上看，服务贸易各项指标年度增长率与货物贸易有相似之处。如前一阶段进、出口各项指标年度增长率差异较大，但也存在趋同阶段。两者也存在显著差异，其中最主要的是在服务贸易中，进口增长率明显高于出口增长率（见图1－5）。

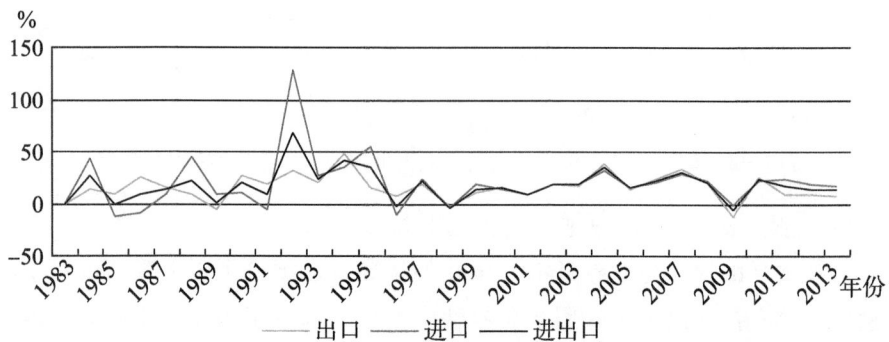

图1－5　1983～2013年中国服务贸易进出口年度增长率变化情况

数据来源：世界贸易组织数据库。

1982～2013年，中国服务贸易出口、进口分别增长了80.97倍和162.33倍，出口增速低于同期货物贸易增速，但进口增幅远高于同期货物进口贸易增速。从世界范围看，中国服务贸易进、出口在世界服务贸易进出口中所占比重迅速提升，从1982年的不到1%上升到了2013年的7%和4%（见图1－6），分别上升了15.4倍和5.95倍。

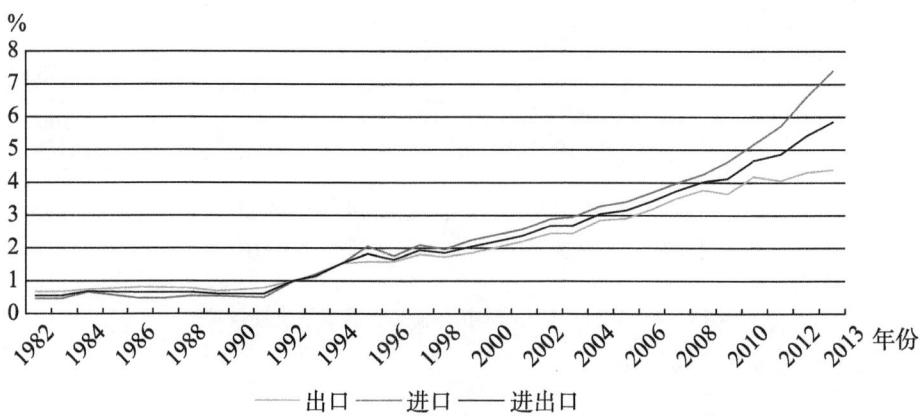

图1－6　1982～2013年中国服务贸易进出口占世界服务贸易进出口比重变化情况

数据来源：世界贸易组织数据库。

（3）对外贸易依存度在波动中上升

对外贸易规模的迅速增长为国民经济快速发展做出了重要贡献，其在国内生产总值中所占比例迅速提高。1978 年货物和服务进出口贸易在 GDP 中所占比例仅为 9.75%，之后一路攀升，2006 年达到峰值 64.49%。此后，由于美国房地产危机、金融危机及我国逐步进入经济发展新常态阶段，货物和服务贸易占 GDP 比重出现波动并略有下降，到 2013 年降为 43.9%，略低于德国和英国（见图 1-7）。

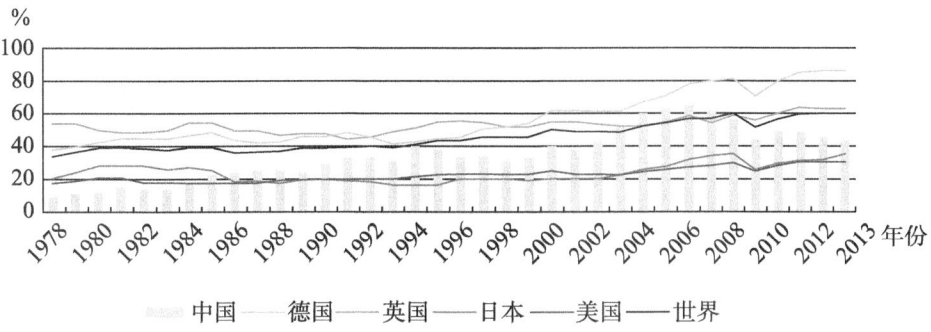

中国 —— 德国 —— 英国 —— 日本 —— 美国 —— 世界

图 1-7 1978~2013 年世界主要国家货物和服务贸易额占 GDP 比重对比

数据来源：世界银行数据库。

中国对外贸易依存度与其他国家相比并无特别之处，此前关于中国对外贸易依存度过高导致中国对外贸易环境恶化、影响国家经济安全的争论缺乏显著的证据。如德国与英国多数年份的贸易依存度高于中国，甚至在多数年份中国对外贸易依存度低于世界水平。当然，经济大国日本与美国对外贸易依存度显著低于中国也是事实。由此可见，中国对外贸易环境恶化、贸易秩序混乱的主要原因并不在于贸易规模大小，其根本原因可能在于产品结构与质量。

1.1.1.2 发展结构分析

（1）中国对外贸易产品结构分析

对外贸易促进经济发展的关键不是贸易规模的提升，而是产品种类的增多，因此发展过程也被认为是从生产简单产品的穷国向生产复杂产品的富国转变的过程（A. Hidalgo B. Klinger & R. Haismann，2007）。

首先，有形产品在贸易总额中占比高，对无形产品带动作用小。

经济物品根据其形态可分为有形与无形产品两大类别，产业链的延伸与产业环节的解构使得产业价值链重心向两端无形环节转移，无形产品生产能力与产品质量成为衡量一个国家或地区竞争力水平的重要指标。近年来，在货物贸易规模继续增长的同时，服务等无形产品贸易迅速发展。相关研究证实：同等规模的服务贸易收益远大于货物贸易收益。此外，服务等无形产品生产与贸易有助于人力资本的提升、环境与资源的节约，因此各国纷纷制定相关政策，大力发展服务生产与贸易。世界贸易组织将服务贸易纳入规制范围，签订了《服务贸易总协定》，并在之后开展了一系列谈判。

随着产品生产及使用过程中技术水平的提高，越来越多的技术通过模块化手段物化到产品中，货物的进出口需要相应配套的技术与服务进出口才能实现对产品所蕴含技术的消化与吸收，否则只能处于简单使用或组装的状态中。因此，服务贸易额/货物贸易额，即出口单位货物所带动的服务贸易额表明该国出口产品的技术水平与复杂度。2014 年，中国大陆服务贸易总额为6069.57 亿美元，同比增长 12.6%。其中，出口额为 2234.75 亿美元，同比增长 7.6%，居世界第五位；进口额为 3834.75 亿美元，同比增长 15.8%，居世界第二位。● 但是，从服务贸易与货物贸易对比看，中国不仅落后于几个主要发达国家，甚至落后于世界平均水平（见图 1 – 8）。2005 年，中国每进行一单位货物贸易交易仅能带动 0.12 单位的服务贸易，2013 年增长到 0.13，远低于同期世界平均水平（0.25）。这表明中国对外贸易仍然大而不强。

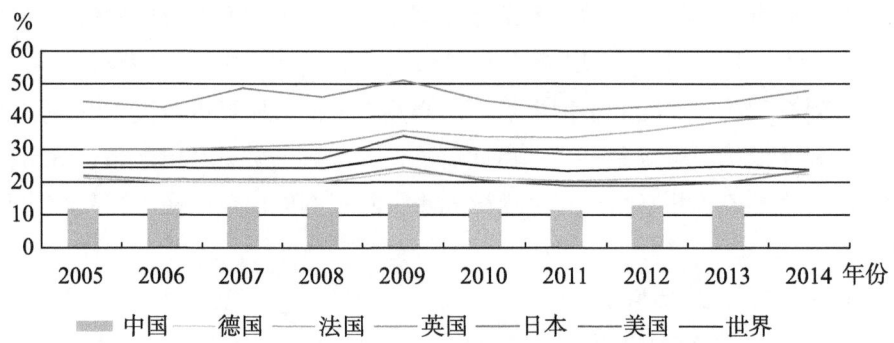

图 1 – 8 2005 ~ 2014 年各国每单位货物贸易带动服务贸易份额对比情况

数据来源：世界银行。

从进、出口情况看，早期的货物进口带动的服务进口较多，这有助于我

● 数据来源于世界贸易组织数据库。

国对相关技术的消化吸收。但进入 21 世纪后,随着全球产品技术水平的提高,我国单位进口产品所带来的服务进口竟然呈现波动中略有下降的态势;而我国单位出口产品所带动的服务出口则略有上升(见图 1 – 9)。这表明我国,货物贸易对服务贸易的带动作用不强。

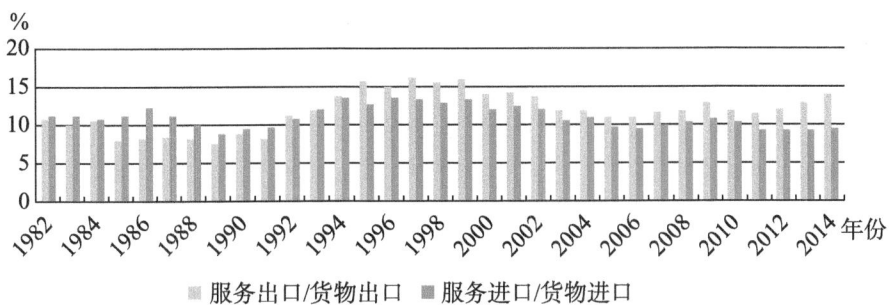

图 1 – 9　1982 ~ 2014 年中国服务进出口与货物进出口对比及其变动情况

数据来源:世界银行。

其次,初级产品与工业品出口占比差距扩大,进口占比差距缩小。

1980 年,初级产品在我国出口总额占比略高于工业制成品,分别为 50.3% 和 49.7% 。此后初级产品出口占比逐渐下降,而工业制成品出口占比则缓慢上升。但到 1983 年,两项指标走势出现逆转,直到 1985 年初级产品出口占比又略占优势,为 50.6% 。但自 1986 年开始,初级产品出口占比迅速下降,2013 年仅占出口总额的 4.86% ,工业制成品出口占到出口总额的 95.14% (见图 1 – 10)。

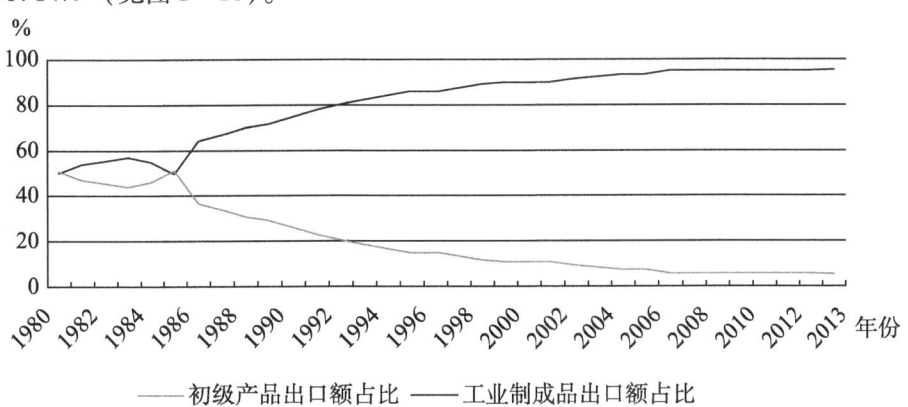

图 1 – 10　1980 ~ 2013 年中国初级产品与工业制成品出口占比情况

在初级产品内部，饮料、烟类、动植物油脂及蜡类出口一直低于出口总额的1%，变化较大的是食品级食用活动物出口、矿物燃料润滑油及有关原料出口，分别从1980年的16.47%和23.62%下降到2013年的2.52%和1.53%。工业制成品中，1980年出口量最大的是轻纺产品、橡胶制品、矿业产品及制品，占到当年出口总额的22.07%，其次是杂项制品，占到15.65%；到2013年，出口量最大的为机械及运输设备，占到出口总额的47.01%。

与出口相比，我国进口中初级产品与工业制成品占比及其变化呈现出另一派景象。1980~2013年，初级产品进口在我国进口中占比稳中略降，下降了2.93%。工业制成品进口占比在此期间内稳中略升，仅增长了1.56%。初级产品进口占比最高年份发生在1982年，此后迅速下降到1985年的12.52%，下降了68.37%。自1986年开始则呈现出波动中上升的态势。工业制成品则从1985年开始呈波动中下降态势（见图1-11）。

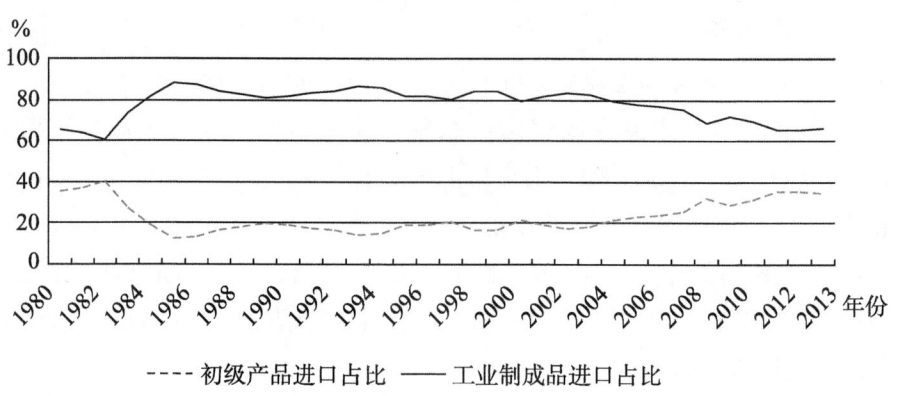

---- 初级产品进口占比　── 工业制成品进口占比

图1-11　1980~2013年中国初级产品与工业制成品进口占比变化情况

从初级产品内部看，各类别产品在此期间进口量也发生了显著变化（见图1-12）。

1980年，非食用原料进口与食品及主要供食用的活动物进口占比最大，合计占到当年进口总量的93.13%，饮料及烟类、矿物燃料与润滑油及有关原料、动植物油脂及蜡三类产品进口量很小，合计仅占到进口总量的6.87%。在工业制成品中，除机械及运输设备在进口总额中占比有较大幅度上升外，其余类别商品在进口总额中占比都有不同幅度下降（见图1-13）。

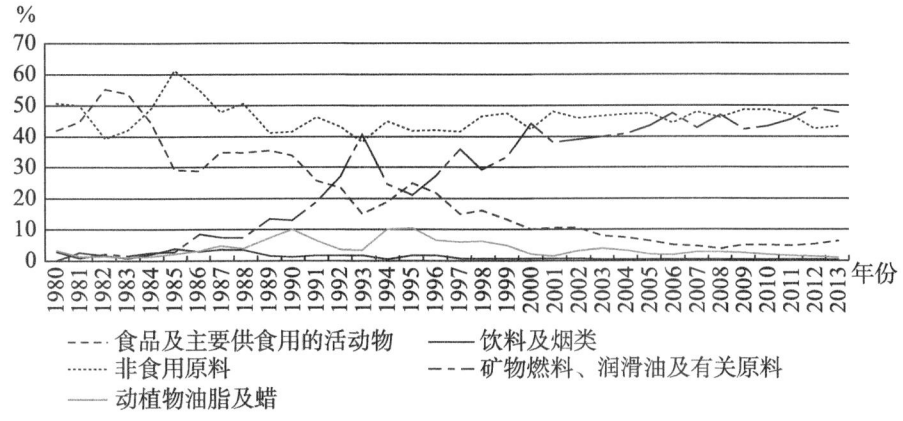

图1-12 1980~2013年中国初级产品内各类产品进口占比变化情况

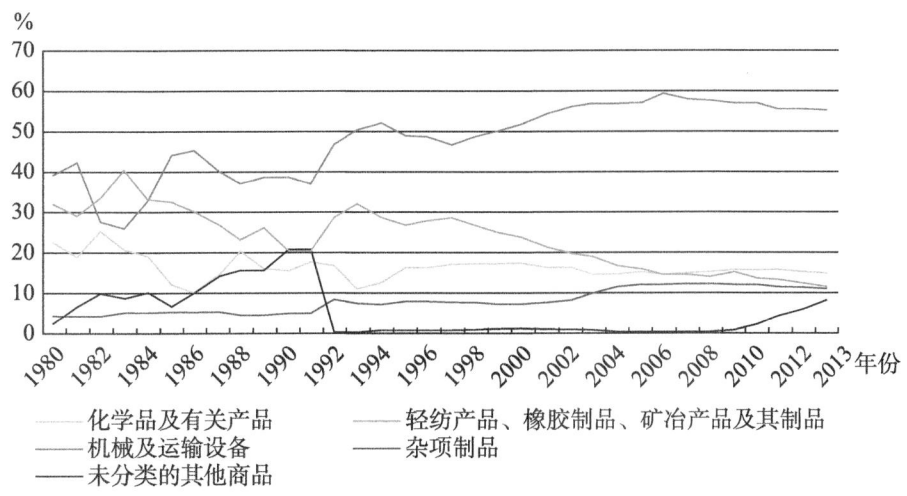

图1-13 1980~2013年中国工业制成品内各类产品进口占比情况

最后，服务贸易规模增长快但竞争优势小。

在不同统计口径下，我国服务贸易出口项目略有差异。我国向世界贸易组织报告的服务贸易出口项目有16类（含政府服务）；国家商务部服务贸易出口统计分类项目为12类，包括运输、旅游、通信、建筑、保险、金融、计算机和信息、专有权利使用费和特许费、咨询、广告宣传、电影音像和其他商业服务。WTO统计下的个人文化及再教育服务在后者统计中无明显体现，其他都可归入"其他商业服务"项目中，因此两者区别并不大。1997年，中国服务贸易出口大项为旅游，出口额为120.7亿美元，占当年全部服务出口的49.3%，但该项目在总出口中所占的比重持续下降，2012年仅占到全部出口的26.3%，但仍排在第一位；其他商业服务从1997年的第二大类商品下降为2012年的第四类。在服务贸易出口总额中占比上升较快的分别为运输服务、咨询及计算机和信息服务（见图1-14）。

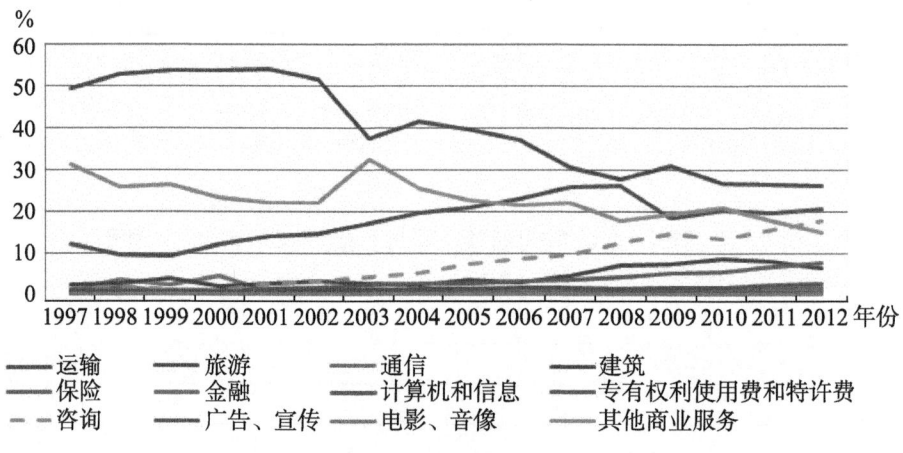

图1-14　1997~2012年中国服务贸易出口各项目占比情况

数据来源：商务部国际服务贸易统计（2013）。

由此可见，运输、旅游及商业服务等传统服务贸易项目为我国出口优势产品。金融、保险、通信、专有权利使用费和特许费等知识技术含量高、渗透性强的现代新兴服务业在我国出口中并不具备优势，且增长缓慢。如专有权利使用费和特许费❶出口，我国与美国等发达国家存在巨大的差距，2013年我国知识产权出口收入仅占到世界总额的0.32%，而发达国家中美、日均在10%以上，英、法、德也在4%~6%（见图1-15）。

（2）我国对外贸易的企业结构分析

企业是一个国家竞争力的微观主体，是竞争力的源头。在贸易模式与贸易理论的交互发展过程中，企业及其异质性成为贸易理论研究的前沿与热点。中国对外贸易发展及其改革实践表明，企业数量、活力与其行为规范性程度是贸

---

❶　此处使用的数据来自世界银行世界发展指标中的知识产权使用费（接收），版税与许可费是指居民和非居民之间在授权的情况下使用无形、不可再生的非金融资产和专有权利（如专利、版权、商标、工业流程和特许权），以许可的形式使用原创产品的复制真品（如电影和手稿）而进行的付款和收款。数据按现价美元计。

易发展速度与质量的关键。2009年，我国登记备案外贸企业有60.4万家，

　　其中有进出口记录的企业26.3万家，占当年备案企业数量的43.5%。其中，中小出口企业为20.5万家，占全部出口企业数量的95%。截至2016年9月，全国进出口货物收发货人注册总量已经达到919814家。❶ 从企业所有权性质上看，我国企业分为国有企业、私营企业及外商企业。不同性质企业技术水平、国际市场经验等存在显著差异。由于我国进出口贸易统计只公布了外资与内资两大类企业进出口贸易数据，因此无法对此进行更为详细的分析。从内外资企业进出口看，两者经历了两次此起彼伏的过程（见图1-16）。

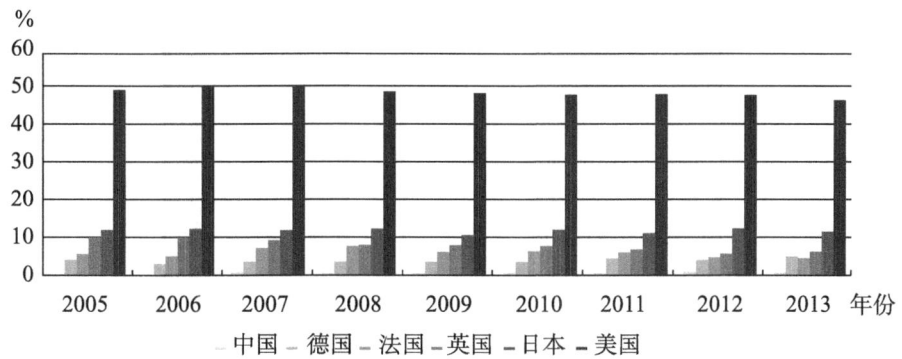

图1-15　2005~2013年世界主要国家知识产权出口占世界总额的比重变化情况

数据来源：世界银行世界发展指标。

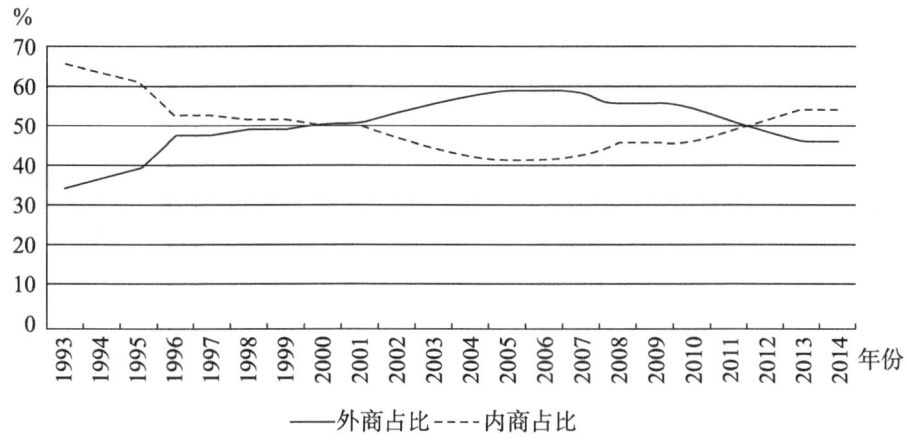

图1-16　1993~2014年中国内资企业与外商企业进出口占全部进出口比重变化情况

---

❶　该数字来自非正式统计报告，为国家海关进出口货物统计记录显示数字。

虽然近年来我国内资企业出口占比开始超过外资企业，但是内资企业的出口竞争力却有待提高。如在世界 500 强企业中，无论是入围全球 10 强还是全球盈利 10 大的中国企业都是国有企业。这些入围企业，都不是中国"亮丽"的出口业绩的贡献者，反观上榜的其他国家或地区，如美国的埃克森美孚、苹果和雪佛龙，日本的丰田，德国的大众毫无例外都是国际出口市场上的"大佬"。

（3）中国进出口贸易方式结构分析

根据《中国贸易外经统计年鉴》分类，我国贸易方式可以分为一般贸易、国家间及国际组织无偿援助和赠送的物资、其他捐赠物资、补偿贸易、来料加工装配贸易、进料加工贸易、寄售代销贸易、边境小额贸易、加工贸易进口设备、对外承包工程出口货物、租赁贸易、外商投资企业作为投资进口的设备物资、出料加工贸易、易货贸易、免税外汇商品、保税监管场所进出境货物、海关特殊监管区域物流货物、海关特殊区域进口设备及其他共 19 大类。统计显示，一般贸易与加工贸易无论是在进口还是出口方面都占 80% 以上份额，尤其是出口，两者在 1981 ~ 2015 年占中国出口总额的 90% 以上（只有 2014 年、2015 年为 89%）。因此，本书对贸易方式结构的分析集中在一般贸易与加工贸易两大类别。

1993 年以前，一般贸易在我国出口中占主导地位，但在出口总额中占比一直在下降，而加工贸易出口则一直处于上升态势。到 1993 年，一般贸易出口额从 1981 年的 94.5% 下降到了 47%，加工贸易则从 1981 年的 5.1% 迅速增长到 1993 年的 48.2%，超过一般贸易，在出口中占据主导地位。此后加工贸易实现的出口在出口总额中所占比例一直高达 50% 以上，直到 2008 年这一比例才下降，并在 2011 年被一般贸易出口占比超越；在进口领域也呈现出与出口相同的趋势，即加工贸易进口先增，在进口中比重超过一般进口贸易并维持一段时间后又被一般进口贸易所超越（见图 1 – 17）。

（4）中国各地区贸易能力分析

国内各区域对外贸易发展能力差异与区域之间经济发展差距有一定的相关性。关于经济增长与发展的研究显示，对外贸易是区域经济发展的重要驱动因素。为促进地区经济发展，充分利用国内外两种资源与两个市场，各区域在努力发展本地经济的同时，借助其他区域的对外贸易能力实现本地进出

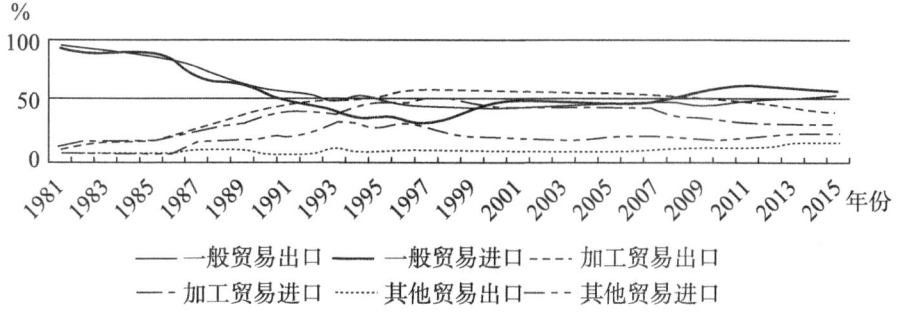

图 1 - 17　1981 ~ 2015 年中国各种贸易方式占比变化情况

口需求成为现实的选择。这直接体现于按单位所在地统计的进出口额与按照货源地或目的地统计进出口额的差距上，如果前者大于后者，则表明本地贸易能力超出本地需求，对外提供贸易服务；如果前者小于后者则本地对外贸易能力不能满足本地需求。从数据统计分析看，全国 31 个省区市 19 年的数据共 585 个样本（港澳台地区除外）中，只有 110 个样本的贸易能力超出本地贸易需求。其中北京除 1993 年需要通过其他区域贸易满足本地需求外，其余 18 年都为其他区域提供对外贸易服务。上海则从 1998 年开始向其他区域提供对外贸易服务。此外，黑龙江、四川及云南也在最近几年开始对外提供贸易服务。较为特殊的是西藏，只有 2000 年和 2001 年两个年份存在对其他区域对外贸易能力需求，剩余的 17 个年份则对外提供贸易服务。各省区在进出口能力上体现出了较大差别，考察年份内，全国 31 个省区市共有 250 个样本点出口能力超过本地出口需求，而只有 66 个样本点进口能力超过进口需求（见表 1 - 1）。由此可以看出，我国对外贸易日益向北京、上海少数几个国际化城市集中，其中出口集中现象弱于进口。导致这一现象的可能原因主要有：一是理论上对出口对区域经济发展的促进作用研究较多，各个区域都希望通过出口实现促进本地经济发展的目标；二是各地政府绩效考核中出口创汇的政绩显示功能驱动。

表1-1 1993~2011年不同省份对外贸易能力超过本地
对外贸易需求样本点个数

单位：个

	进出口	出口	进口
北京	18	18	18
天津	0	10	0
河北	2	10	0
山西	0	0	3
内蒙古	5	4	8
辽宁	3	12	0
吉林	0	0	1
黑龙江	3	7	4
上海	14	15	4
江苏	0	0	0
浙江	0	0	0
安徽	7	16	1
福建	3	7	0
江西	3	9	0
山东	0	0	0
河南	0	0	0
湖北	0	16	0
湖南	1	6	0
广东	1	0	0
广西	3	13	0
海南	13	16	7
重庆	0	11	0
四川	9	12	1
贵州	0	3	1
云南	—	17	2
西藏	17	18	14

	进出口	出口	进口
陕西	3	9	1
甘肃	3	7	1
青海	1	12	0
宁夏	1	2	0
新疆	0	17	0
合计	110	250	66
占样本比例（%）	19	43	11

数据来源：根据历年《对外贸易统计年鉴》整理。

（5）货物贸易传统市场占比下降，新兴市场重要性得到提升

从货物贸易总额看，亚洲一直是我国的主要市场。1998 年，我国在亚洲地区的进出口总额占贸易总额的 59.6%，2014 年下降到 52.9%；其次是欧洲和北美，占比分别从 1998 年的 18.4% 和 18.2% 下降到 2014 年的 18% 和14.1%。上述三个地区进出口额占我国进出口总额的比重从 1998 年的 96.2%下降到了 2014 年的 85%，下降了 11.2%。相应地，同非洲、拉丁美洲及大洋洲的进出口贸易总额占比都有所提升，其中非洲提升幅度最大，从 1998 年的1.7% 上升到了 2014 年的 5.1%，增长了 201.8%，拉丁美洲增长了 138.7%，而大洋洲则增长了 102%（见图 1 - 18）。

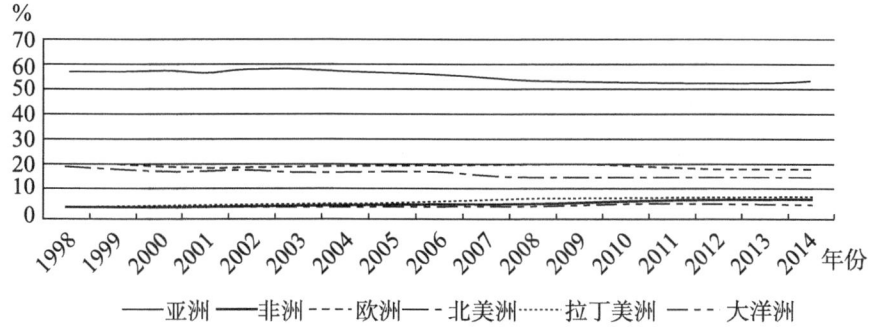

图 1 - 18 1998 ~ 2014 年中国向各大洲进出口占比变动情况

在进口方面，亚洲、欧洲及北美洲是中国前三大进口来源地。但是，在

1998～2014 年我国从三地的进口在总进口中所占份额都有不同程度下降，其中北美洲下降幅度最大，高达 31%；亚洲次之，下降了 11%；欧洲下降幅度最小，为 8.7%。而从非洲进口增长最快，中国从非洲进口占全部进口比重从 1998 年的 1% 增长到 2014 年的 5.9%，占比增长了 460.5%，从拉丁美洲及大洋洲进口占比也分别增长了 204% 和 150%（见图 1 - 19）。

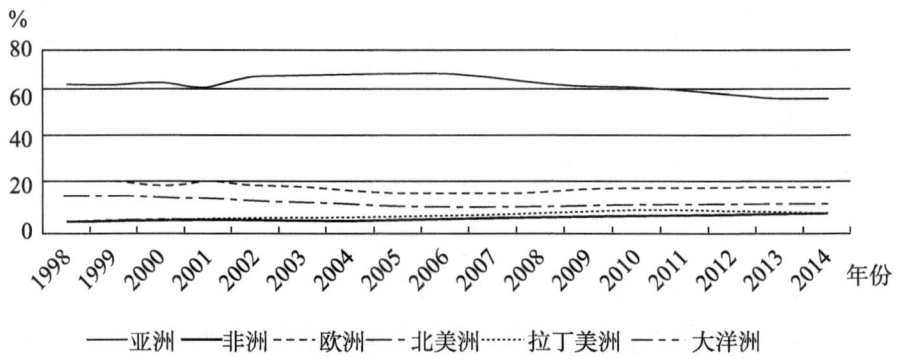

图 1 - 19　1998～2014 年中国进口来源地占比变化情况

在出口方面，亚洲、北美洲及欧洲是中国前三大出口目的地。1998～2014 年，中国向亚洲和北美洲出口在总出口中所占份额都有不同程度下降，其中北美洲下降幅度最大，高达 19.4%；亚洲次之，下降了 5.4%；向欧洲出口占比则有小幅增长，为 2.6%；而向非洲、拉丁美洲及大洋洲的出口占比均有一定幅度增长（见图 1 - 20）。

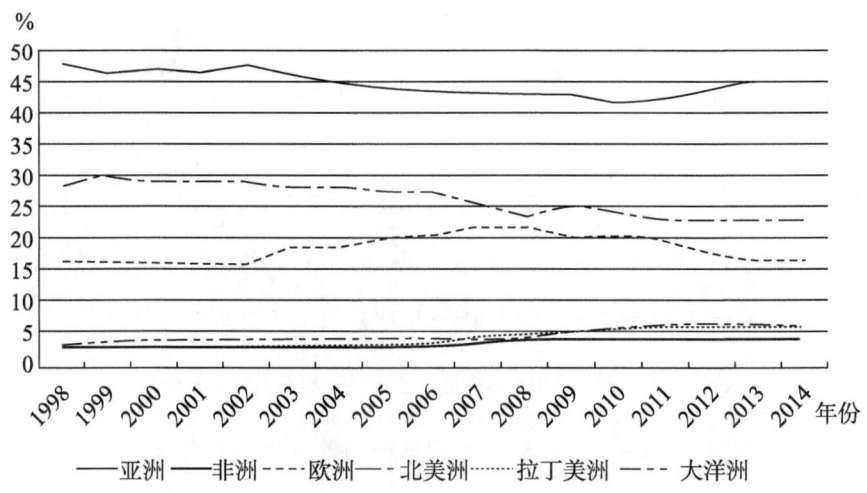

图 1 - 20　1998～2014 年中国向各大洲出口占比变化情况

从贸易差额看，亚洲一直是我国最大的逆差来源地，北美洲则是我国最大的顺差来源地。截至目前，来自北美洲的贸易顺差绝对额仍在增长（见图1-21），但是其在我国顺差总额中占比则呈现出波动中下降的趋势（见图1-22）；我国同非洲的贸易逆差增长迅速，特别是在 2004 年之后，逆差成为我国同非洲货物贸易的常态。来自欧洲的贸易顺差增长最为迅速，与 1998 年相比，2014 年来自欧洲的顺差增长了 13.5 倍。

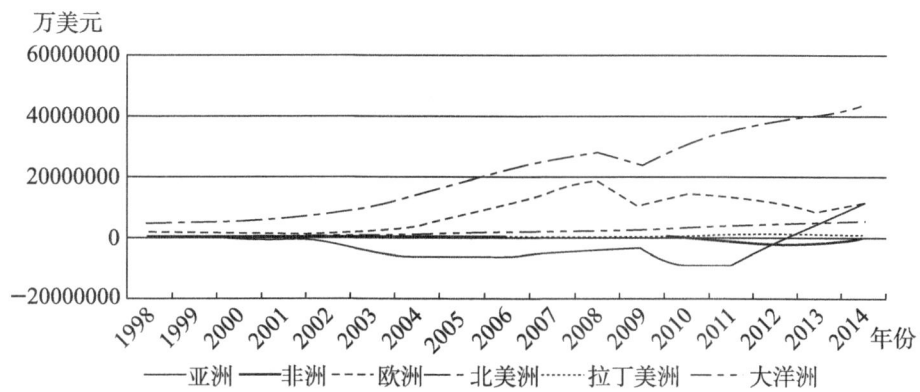

图 1-21　1998~2014 年中国同各大洲贸易差额变化情况

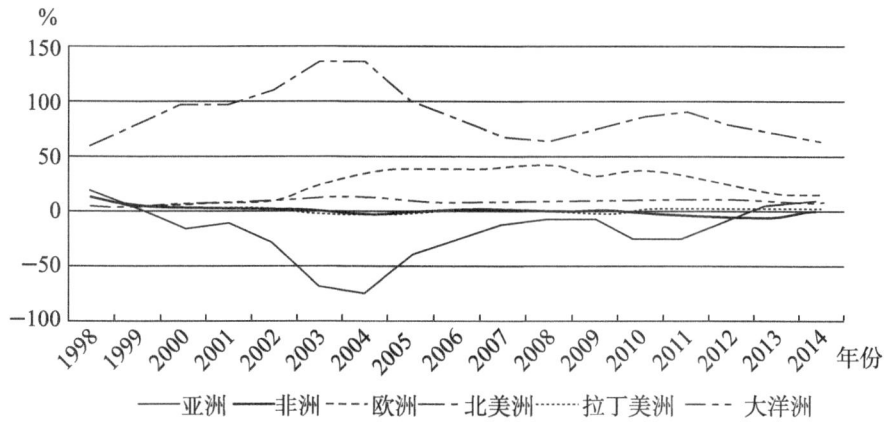

图 1-22　1998~2014 年中国同各大洲贸易差额占总差额比重变化情况

1.1.1.3　发展利益分析

对外贸易作为国民经济发展的重要部门，其发展收益具有静态性和动态性双重特点。传统贸易理论认为，对外贸易结构的改善与升级不仅能够极大地提高贸易参与国静态利益获取能力，而且能够推动贸易参与国动态比较优势的演进与贸易条件的改善。因此贸易结构的改善可以优化贸易发展环境，提高贸易发展稳定性，进而改善贸易条件，提高贸易盈利能力。从宏观上看，我国对外贸易规模与结构都得到了较大幅度提升，但对外贸易发展环境及贸易稳定性未显著改善，贸易条件甚至还在显著恶化。因此，我国参与国际分工的收益并未随贸易快速发展而同步提高。

首先，中国对外贸易发展障碍性因素普遍存在，环境有待改善。

2014 年 11 月 16 日，中国国家主席习近平在 G20 峰会第二阶段会议上指出："贸易保护主义损人不利己……要营造有利于各国发挥特长、实现优势互补的贸易环境，帮助发展中国家提升在全球价值链中的地位并获益。"和谐的对外贸易环境是一国经济健康发展的重要保证。然而国际贸易的现实却与此相反。随着中国对外贸易的快速发展，中国外部贸易环境却令人担忧。目前，中国仍是国际贸易救济调查的首要目标国。如在反倾销领域，1995 ~ 2013 年，G20 成员国对中国发起的反倾销调查共 989 起，占 G20 被诉反倾销调查总数的 32.4%；在反补贴调查中，中国达 76 起，占 G20 被诉反补贴调查总数的 37.3%，占全球反补贴调查总数的 22.7%。从个别国家看，韩国在 1995 ~ 2013 年共发起反倾销调查 121 起，其中对中国进行反倾销立案调查数量最多，达 25 起，占韩国对外发起反倾销调查总数的 20.7%；同期韩国对 77 起案件实施了反倾销措施，对中国实施了 21 起，占韩国实施反倾销措施案件总数的 27.3%。2008 年（含）以前，我国高新技术产品并未遭遇过贸易救济调查。但随着 2007 年我国高新技术产品贸易差额的转正，贸易救济案件开始在该领域出现，2009 ~ 2013 年，国外对华高新技术产品共发起 10 起反倾销调查和 5 起反补贴调查。

随着我国出口产品技术水平的提高，其他类型的贸易救济措施，特别是技术性贸易措施日益成为我国对外贸易发展的重要障碍。如 2006 年以来，美国对中国输美高新技术产品启动的"337"调查不断增多。而 2015 年上半年，有 15 个国家（地区）对华启动 337 起贸易救济调查，涉及电子、纺织、化工、建材、金属制品、汽车、食品、轻工、冶金、造纸、机械 11 个行业，涉案金额 35 亿美元。

《2013 年日本海关扣押知识产权侵权商品报告》显示，中国成为日本海关扣押侵犯知识产权侵权产品最多的国家。2003 年日本海关扣押中国侵权产品占比仅为 7.9%，2007 年则达到 71.1%，2010 年首次突破 90%，达 90.4%；2013 年，日本海关扣押的来自中国的侵犯知识产权的商品数量竟高达 25844 件，同比增加了 837 件，增幅达 3.3%，占比连续第四年超过 90%（见表 1 - 2）。此外，我国也成为美国食品和药物管理局（FDA）拒绝商品批次最多的国家，仅 2015 年上半年，美国 FDA 共拒绝来自中国的产品 1234 批次，占同期拒绝进口商品 8979 批次的 13.7%，比上年同期的 1125 批次增加 109 批次，增幅为 9.7%。

表 1 - 2　2009 ~ 2013 年日本海关扣押出口国（地区）知识产权侵权商品数量及比例

国家（地区）	2009 年	2010 年	2011 年	2012 年	2013 年	同比（%）	2013 年占比（%）
中国大陆	18893	20996	21235	25007	25844	3.3	91.9
中国香港	458	558	703	720	1053	46.3	3.7
新加坡	7	12	44	21	346	1547.6	1.2
韩国	1480	574	447	274	328	19.7	1.2
菲律宾	403	488	488	326	214	- 34.4	0.8
美国	75	55	45	68	119	75.0	0.4
泰国	392	313	159	85	84	1.2	0.3
中国台湾	35	68	40	15	62	195.2	0.2
越南	22	36	24	11	13	18.2	0.0
印度尼西亚	16	19	6	11	13	18.2	0.0
其他	112	114	89	63	56	- 11.1	0.2
合计	21893	23233	23280	26607	28132	—	100

上述一系列事实说明：在我国对外贸易规模迅速提升，贸易结构日益优化的背景下，我国外贸环境并未取得实质性改善，影响贸易的障碍性因素仍普遍存在。此类障碍性因素的存在有着广泛的原因，如贸易保护主义影响等。但是，其中最主要、影响最大的还是我国产品技术水平与质量的原因，如 Kiyota（2010）以日本进口产品层面数据（HS - 9 位分类）的研究发现：中美两国对日出口产品重合度高达 85%，但是美国出口产品质量远高于中国。特别是在国际分工已经深入产品层次的情况下，加强管理、自主创新，提高

产品质量和竞争力才是克服此类障碍的关键。

其次，中国贸易条件持续恶化，贸易收益提高乏力。

根据世界银行数据，以2000年为基础的中国净易货贸易条件指数呈现出显著的下降态势（见图1-23），到2013年该指数为74.77，降幅远大于多数主要贸易参与国。

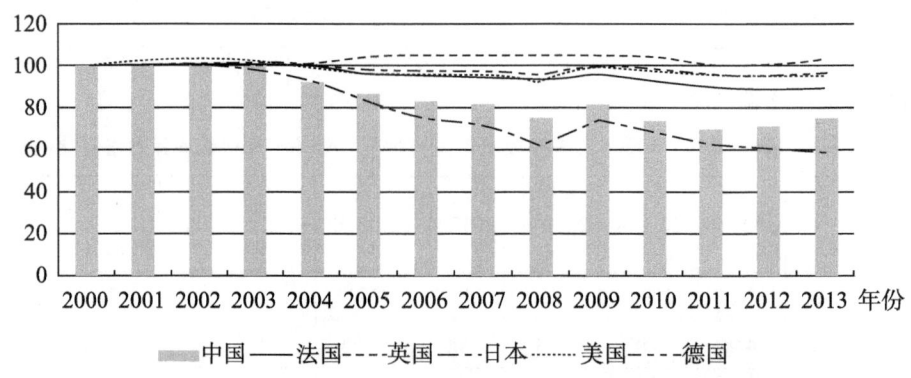

图1-23　2000~2013年中国与主要发达国家净易货贸易条件指数❶变化情况

虽然日本该指数同样呈下降态势，并且在2003年后显著低于中国，但日本在技术出口方面巨大的实力是中国无法比拟的，如日本在知识产权等技术出口方面一直占世界知识产权使用费收入的10%以上，而中国这一指标虽在波动中略有上升，但直到2013年占比仍不到世界份额的0.5%（见图1-24）。

对外贸易发展的要义不仅是要获得外汇储备等静态利益，更是要为国民经济的发展创造良好的外部条件，逐步提高参与国家分工的收益能力。但是，当前对外贸易规模迅速提高、结构快速调整并未能给中国带来上述收益的根本性改变，甚至在一定意义上中国所面临的一系列问题有恶化之趋势。为解决上述问题，党的十八大报告将全面提高我国开放型经济水平作为完善社会主义市场经济体制和转变经济发展方式的重要内容，明确提出要"坚持出口

---

❶　净易货贸易条件指数为出口单位价值指数与进口单位价值指数的比率，相对于2000年为基年度量。单位价值指数是基于各国所报告的按联合国贸发会议质量控制显示出一致性的数据，并以联合国贸发会议采用《国际贸易标准分类》三位数级的上年贸易额加权估算值作为补充。为了改进数据的涵盖面，特别是针对最近时期，联合国贸发会议在《国际贸易标准分类》第三修订版的三位数级构建了一整套平均价格指数，采用了联合国贸发会议《商品价格统计数据》、国际和国内资料来源以及联合国贸发会议秘书处的估算，并采用当年贸易额加权计算国家一级的单位价值指数。

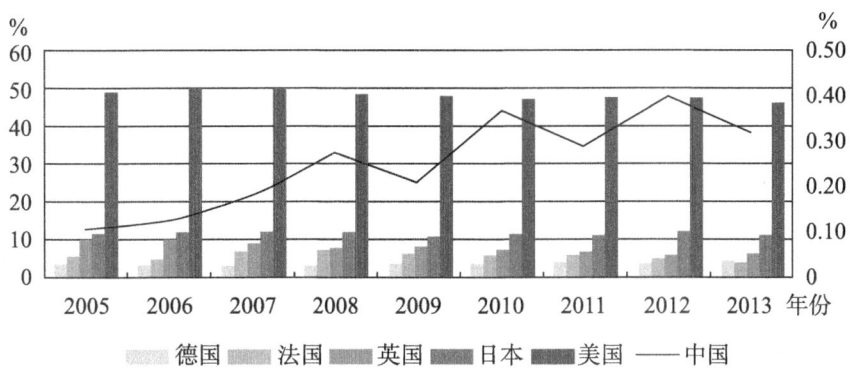

图 1-24 2005～2013 年世界主要国家知识产权使用费收入对比情况

数据来源：世界银行世界发展指标。

和进口并重，强化贸易政策和产业政策协调，形成以技术、品牌、质量、服务为核心的出口竞争新优势，促进加工贸易转型升级，发展服务贸易，推动对外贸易平衡发展"。党的十九大报告则明确提出：拓展对外贸易、培育新业态新模式，推进贸易强国建设。这既是我们党和政府在新的历史条件下对涉外经济形势做出的正确研判，更是对我国经济步入新常态发展阶段后涉外经济工作的纲领性要求。因此，加快转变对外贸易发展方式已成为当前我国经济发展中的共识。

1.1.2 研究意义

从 1996 年 3 月全国人大八届四次会议批准的《中国"九五"计划纲要和2010 年远景规划目标》开始，对外贸易发展方式转变开始成为党和国家经济发展中的一项主要任务。1999 年 9 月，中国共产党十五届四中全会提出，大力依靠科学技术，坚定不移地走"科技兴贸"的路子，即以技术为支撑实现对外贸易增长方式的转变。2005 年 10 月，中国共产党十六届五中全会通过的《中共中央关于制定国民经济和社会发展第十一个五年规划的建议》进一步提出，"实施互利共赢的开放战略"，即在提高对外开放水平的同时，加快转变外贸增长方式。2007 年，党的十七大报告则明确提出：加快转变外贸增长方式，立足以质取胜，调整进出口结构，促进加工贸易转型升级，大力发展服务贸易。2012 年，党的十八大报告进一步要求，要加快转变对外经济发展方式，推动开放朝着优化结构、拓展深度、提高效益方向转变。作为我国对外贸易的主管机构，商务部在《商务发展第十一个五年规划纲要》中明确提出：外贸增长方式将实现重大转变，在继续保持外贸适度增长的基础上，着力提升对外贸易的竞争力和综合效益，要从规模速度型增长向质量效益型增长转变，从低成本、低价格优势向综合竞争力、核心竞争力优势转变，从重视出口创汇向进出口均衡增长、实现贸易平衡转变。2012 年商务部出台了《关于加快转变外贸发展方式的指导意见》❶，明确了转变外贸发展方式的具体任务及政策措施。2015 年中央经济工作会议提出：在出口领域"必须加紧培育新的比较优势，使出口继续对经济发展发挥支撑作用"，2016 年中央继续要求统筹国内国际两个大局，按照"五位一体"总体布局和"四个全面"战略布局"要加快形成对外开放新格局，培育国际竞争新优势"。因此，大力推进对外贸易发展方式转变，实现对外贸易从"大进大出"向"优进优出"的转换既是对我国经济新常态发展阶段的认识、适应，也是引领对外贸易发展新常态的重要手段，更是供给侧结构性改革在对外贸易领域深入推进的必然选择。

此外，当前对贸易发展方式转变的探讨主要体现于贸易发展动因的研究中：亚当·斯密认为外生技术差距是贸易发展模式的决定因素；随后的大卫·李嘉图将其归结为相对技术差距的变化；赫克歇尔－俄林认为要素禀赋相对丰裕程度变化是贸易发展模式转变的原因。新贸易理论引入不完全竞争、规模经济、产品差异化等因素，特别是将技术进步内生化，较好地解释了贸易发展方式变化；新兴古典贸易理论以超边际分析为工具，认为交易效率的改进与专业化带来的技术进步是贸易发展方式变化的动因。新新贸易理论则在企业异质性基础上，对贸易发展的微观基础进行分析。这为贸易发展模式、贸易发展动力的变化提供了解释。但是，正如美国国家经济研究局（NBER）的 Robert E. Baldwin（1986）指出：无论静态还是动态贸易理论，其对贸易发展模式的研究主要着眼于技术、要素以及因此而导致的贸易结构的变化，但上述变化仅是制度与政策变化的结果，因此对贸易发展模式的预测研究应将更多的精力放在导致这些因素变化的原因的研究上。对此，制度经济学派表示赞同并认为：资本积累、技术进步等因素与其说是经济增长的原因，不如说是经济增长本身。

对贸易发展方式转变的实证研究随着计量经济学、统计学的发展而逐步

---

❶ 商贸发〔2012〕48 号。

兴起。早期的实证研究主要有：关于印度对外贸易发展方式的分析（Sukumar Chakravarti，1949），古代美索不达米亚为中心的世界贸易系统发展动力、贸易结构的研究（Christopher Edens，1992），美国贸易方式转变（Jack L. Hervey，1995）等的研究。进入21世纪后，随着国际竞争的日益激烈，经济学家期望通过对贸易的研究达到预测国家贸易发展方式变化路径以更好地应对将来变化、影响政府相关政策以为相关利益群体及国家在与贸易伙伴竞争中获得利益的目的，有关贸易发展方式转变的研究开始成为关注热点。但是，关于贸易发展方式转变的实证研究框架完全建立在新古典贸易理论基础上，没有注意到Robert E. Baldwin（1986）的诘问，局限于从贸易结构本身或影响结构变动的技术、资本等因素建立经济模型进行分析。

在知识经济、全球化等的深入发展背景下，国际科技与竞争方式发生了显著变化，产业（品）内分工取代产业间分工成为国际经济合作的主要模式，这使得全球利得表现形式及分配机制实现了动态化转换，贸易利益分配机制的隐蔽化，使以最终产品出（进）口国划分贸易利益不再有效，中国等发展中国家存在高新技术产品出口"统计假象"（Srholec，2007），存在被长期锁定在价值链低端的风险，环境资源约束矛盾日益激化。

从国内看，"三期叠加"与经济发展新常态成为当前我国经济发展的阶段性特征，认识、适应并引领是当前阶段经济发展的主要任务。以"创新、绿色、协调、共享、开放"五大发展理念为引领，通过供给侧结构性改革的推进解决当前我国经济发展中总量过剩及结构性失衡，提高供给体系质量和效率成为今后一段时间内的主要任务。对外贸易发展中存在的问题既是我国改革进程中的不平衡、不协调、不可持续问题的突出表现，更是我国深化改革的具体目标与对象。许多人提出了相应的对策与方法，如调整外贸增长评价指标体系、制度创新和技术创新、产业升级等，但为此而实施的政策调整并没有达到预期目标（裴长洪，2005），外贸发展方式转变仍为"十二五"期间重要战略且面临更大压力（张燕生，2010）。究其原因主要有：一方面，影响外贸增长方式因素的复杂性和综合性，单一宏观经济变量的调整对外贸增长方式影响并不显著；另一方面，多数研究给出的是贸易增长方式转变的理论途径，如在自主创新与技术模仿之间合理配置有限资源及提高内生性增长动力等。这些研究对转变外贸发展方式战略的制定具有重要启示，但缺乏对微观基础，特别是缺乏对外贸发展方式转变中的行为主体的研究。

因此，成功实现对外贸易发展方式的转变需要对相关政策及其主体进行有目的、有意识的考察。因此，这一转变过程实际上是对各类主体利益及获取利益条件的梳理与优化。如何梳理、如何优化不只是技巧与思路的问题，更重要的是需要清晰明确的目标引领。这一目标应能够实现对外贸易宏观目标与微观利益的有机结合，有利于宏观主体与微观主体利益取向的一致性，实现多主体激励相容。

（1）提高我国参与国际分工利益的获取能力

无论是对于微观主体的企业还是作为宏观管理者的政府，获取国际分工收益是对外贸易发展的根本动力。但是，国际分工收益来源及其获取途径随着国际分工参与方式的变化发生了显著的变化，在以比较优势为基础的产业间分工模式下，国际分工收益的获取能力决定于各国的要素禀赋，并主要表现为当期居民福利水平变化的静态贸易利益。随着国际分工从产业间向产业内，甚至产品内分工的转化，技术由外生给定逐渐内生化，参与国际分工国家的企业逐渐被融入全球产业链条中，处于产业链条中不同节点的企业获取利益能力呈现出较大的差异。富裕国家的企业占据产业链高端，拥有较强的利益分割能力；落后国家企业则广泛分布于产业链低端，利益实现程度受制于产业链高端企业。因此，更富有国家的购买商具有强烈动机让发展中国家的出口商永远充当低附加值产品的可靠出口商。我国以传统劳动力资源等要素禀赋优势为基础开始参与国际分工，逐渐实现了居民福利水平提升和国家财富数量的积累。但是，我国企业参与国际贸易的基础与竞争方式并未随着国际分工模式的变化而改变，以成本优势为基础的价格竞争导致企业获利能力下降，资源、环境过量消耗，严重影响了国民经济发展的可持续性。因此，对外贸易发展方式转变的首要目标就是提升国际分工利益的获取能力。要实现这一目标，就需要企业以技术能力为基础实现价值链的提升，而不是继续在劳动力成本优势基础上发展。因为一个国家的本土技术能力是所有企业本土技术能力的总和。

（2）增强贸易部门与国内经济发展适应性

对外贸易与国民经济之间复杂的关系至今仍存在争论。不同的研究对这一关系关注的重点和角度也存在较大的差异，如在同一本著作中分别提出"国际市场的成功主要源于对国内市场的控制"和"为出口设计世界一流产品带来的良好声誉能够为国家、企业和设计师个人带来积极影响"两种观点。

这两种观点从不同角度阐述了对外贸易与国内经济的相互促进作用。我国对外贸易的快速发展极大地带动了我国经济发展的速度与规模，但是对外贸易与国内经济之间密切、良好的协同发展机制并未真正建立。如出口贸易的快速发展不仅没有为我国产品带来良好的市场声誉，反而成为低廉、低档，甚至低质的代名词。国内技术水平也并未随着企业对外贸易规模的扩大而得到显著提升。国内市场规模的扩大也并未推动企业在国际产业链中升级和价值增值，相反出口产品价格却逐年走低。此外，国内产能过剩与需求不足并存，出口低价竞销与进口高价竞买同现等不协调现象普遍存在。这构成了我国国民经济健康协调发展的严重隐患。作为经济发展方式转变的重要内容和主要推动力量，对外贸易发展方式转变应以推动国内经济与对外贸易协调发展为己任，增强两者的适应性，形成国内外良性互动，为企业提升在国际产业价值链中的位置奠定良好的制度与市场环境。

（3）提升企业的内生成长能力与竞争力

企业是市场经济活动的主体，是宏观经济发展的微观基础。随着世界经济一体化程度的加深，国内市场国际化、国际市场国内化❶使得企业竞争环境日益复杂，不确定性日益提升。企业若想在激烈的市场竞争中胜出并保持成长，必须具有预测、应对各种风险的能力，如科技研发、产品投入及大规模生产过程中的"死亡之谷""达尔文之海"。

综上所述，国外对贸易发展方式的研究仍以对要素作用的分析为主。虽然"二战"后各国经济政策实践，特别是我国经济体制改革实践激发了一些学者的研究思路，并出现一些有价值的成果，但总体而言，目前对这一问题的研究尚欠系统与深入。因此，在贸易理论向微观层面发展基础上，引入博弈论等相关理论，对微观主体效用函数、行为及策略空间等进行研究，既是对贸易理论研究的发展和完善，更能为贸易发展方式转变的实证研究提供理论框架。对外贸易是我国经济的重要组成部分，对我国经济增长与发展做出了突出贡献。基于此，在既有研究基础上，结合当前研究的不足，本书将研究内容确定为"中国对外贸易发展方式转变博弈分析"。本研究以外贸增长方

❶ 前者是市场主体行为的国际规范化，市场管理方式的国际化，以及我国市场成为各国商品的重要市场；后者指由于企业向国际化发展，以本国市场为基础，通过出口、对外投资，建立销售公司、研发中心和生产基地等方式，不断经营发展，积极开辟国外市场，拓宽国内市场，使国际市场为本国服务，使其趋于国内化。

式转变中的行为主体及相关博弈为研究对象，是在前述外贸发展方式转变理论方向基础上的深化，具有较强的理论价值和实践意义。

1.2　相关文献综述

1.2.1　原因与内涵研究

国外早期对这一问题的研究以贸易产品结构转变为主要内容，如 Sukuma Chakravarti（1949）。随着内生经济增长理论与相关计量方法的发展，对贸易发展方式及其转变的研究逐渐增多。因为对外贸易发展方式与经济发展关系异常重要，如 Lucas（1988）认为：就经济发展的主要特征而言，构建新古典经济增长理论与国际贸易理论具有一致性。OECD（2012）的研究表明：一国对外贸易也随着产业技术水平、对外贸易战略、国际竞争态势的不同而发生变化。不同贸易发展方式下，参与国获利能力与水平存在较大差异。

当前，无论政策层面还是研究层面对贸易发展方式转变关注度日益提升。从政策与实践层面看，国家商务部颁发了《关于加快转变外贸发展方式的指导意见》（2012），中共十八大则明确提出要形成技术、质量、品牌、服务的核心优势。2014 年中央经济工作会议上，习近平总书记进一步明确提出："从市场竞争特点看，过去主要是数量扩张和价格竞争，现在正逐步转向质量型、差异化为主的竞争，统一全国市场、提高资源配置效率是经济发展的内生性要求，必须深化改革开放，加快形成统一透明、有序规范的市场环境。"这为对外贸易发展方式的转变奠定了国内市场环境基础。

国内多数研究从对外贸易存在的问题、贸易利得以及贸易环境等角度提出了促进贸易发展方式转变的原因及必要性，此外，黄静波（2008）、汪素芹和周健（2012）等研究了技术创新对贸易发展方式转变的作用。张亚斌、车鸣、易宪忠（2011）认为，中国外贸发展亟待调整以规避"合成谬误"，进而推进对外经济发展方式的转变；上海海关课题组（2011）则认为，制造经济时代的外贸评价标准和发展方式不再适应科学发展的需要，必须以服务经济的眼光重新审视上海对外贸易,因此上海外贸发展方式需要实现三个转变;● 季开胜(2011)探讨了影响外贸发展方式转变的体制与政策因素;郭熙保、陈志刚(2013)基于对世界经济增长、生产和贸易格局等方面的重大结构性调整的认识,提出迫切需要加快中国外贸发展方式的转变,稳定和拓展对外贸易规模,调整与优化外贸空间结构,提升对外贸易质量和效益,促进外贸协调和持续发展。由此可见,随着贸易实践的发展,对贸易发展方式转变原因的认识日益深化。无论是从我国对外贸易自身发展的内在性,还是从国际贸易发展战略协调以及国际生产贸易发展趋势看,对外贸易发展方式转变已经成为未来我国贸易发展战略的主要任务。

理论研究、政策研究与管理实践的同步发展深化、完善了对贸易发展方式内涵的认识与理解。从"九五"规划提出转变经济增长方式的问题,到党的十七大推出转变经济发展方式的部署,再到党的十八大明确提出"转变经济发展方式取得重大进展"的战略目标,经济发展的科学性逐步彰显。经济发展方式转变动力、机制及路径的研究为对外贸易发展方式转变这一战略抉择提供了坚实的理论基础和决策参考。对外贸易作为国民经济的重要组成部分,其发展方式转变既是经济发展方式转变的内在要求与重要内容,更是经济发展方式转变的推动力量与直接体现。因此,有学者将对外贸易发展方式转变概括为:转变外贸的国民收益方式和格局、转变外贸的竞争方式、转变外贸的市场开拓方式、转变外贸的资源利用方式(裴长洪、彭磊、郑文,2011),并具体表现为对外贸易发展从规模扩张向质量、效益提高转变,从主要依赖低成本优势向增强综合竞争优势转变,从牺牲环境资源为代价向资源节约型、环境友好型社会转变。从对外贸易发展实践角度看,这一转变是我国劳动力成本优势逐渐消失,人力资源优势逐渐彰显背景下的内在要求,更是我国积极推进供给侧结构性改革,主动提高供给体系质量和效率的必然选择。

综合理论研究与政策实践,对外贸易发展方式转变是我国应对发达国家高端制造业和周边国家发展低端制造业"双重挤压"竞争的应对之策,更是国内经济发展形势、环境承载能力、要素资源支撑条件对国际经济竞争模式与重点变化的适应。本书认为,对外贸易发展方式转变是指对外贸易发展向

---

❶ 在驱动模式上,需要从货物贸易推动为主向货物贸易与服务贸易共同推动转变;在贸易地位上,需要从国内贸易窗口向国际贸易枢纽转变;在国际分工上,需要从贸易链下游向贸易链上游转变。

以科技进步和创新为支撑、以生产网络竞争为重点、以产业内升级为途径、以生产与自然和谐为目标、以人的全面发展为核心的转变，其核心是对外贸易发展支撑要素从低端要素向高端要素的转变，其表现是对外贸易增长实现从产品数量向质量、种类的转变。对外贸易发展方式转变实现前后的主要区别体现为指导思想、发展目标等方面（见表1-3）。

表1-3 对外贸易发展方式转变前后的区别

指标	转变前	转变后
指导思想	规模优先	效益优先
发展目标	静态收益	动态收益
遵循原则	大进大出	产业链节点上移
贸易方式	加工贸易为主	一般、加工贸易并举
贸易结构	货物贸易	货物与服务贸易并重
主要障碍	国家间贸易壁垒	企业间技术壁垒
资源要素	劳动力、资源等初级要素	人才、技术等高级要素
产业升级	产业间升级	产业内升级
增长方式	产业规模增长	企业能力提升
资源使用	粗放使用	集约使用
国家政策	产业政策	竞争政策
关键技术	引进、吸收	消化、创新
竞争策略	同质化竞争	差异化竞争

表1-3中贸易发展方式转变前后差异表明：对外贸易发展方式的成功转变将实现我国对外贸易的发展从以国家产业政策支撑的产业规模为基础向以国家竞争政策为支撑的企业能力提升转变，从依赖劳动力、资源等初等要素向依赖人才、技术等高级要素转变，从与价值链上同节点企业竞争向与价值链上不同节点企业竞合转变，从突破国家间贸易壁垒向突破企业间技术壁垒转变等，从而在根本上改变我国国际分工参与方式，提高国际分工收益获取能力。

1.2.2 效果评价研究

此类研究主要表现在两个方面：一是评价指标体系的构建，如王宇华（2010）基于 AHP 方法建立包括外贸结构、外贸效益和贸易基础三个层次的外贸增长方式转变综合评价模型。汪素芹（2011）从外贸规模、贸易结构、外贸效益、可持续发展与竞争力五个方面建立了外贸增长方式及转变的评价指标体系，并以 1995～2008 年数据进行了实证研究。陈海波、朱华丽（2012）以全球价值链分析为基础构建了我国外贸发展方式转变评价指标体系及模型。二是评价方法的选择，当前关于此类问题的研究主要以主成分法和层次分析法（AHP）为主（见表 1 - 4）。

表 1 - 4　近年来我国对外贸易发展方式转变实证研究基本情况

研究者	年份	一级指标	研究对象	研究方法
范爱军、刘云英	2007	外贸结构、外贸综合效益、外贸可持续	山东省	AHP
霍强、罗卫	2008	外贸结构、外贸综合效益、外贸安全、外贸发展基础	中国	AHP
黄小峰	2008	量性发展、结构优化、效益提高、可持续发展、国际竞争力提升	中国	综合评价方法
季开胜	2010	外贸结构、外贸效益、外贸国际竞争力	中国	AHP
王宇华	2010	外贸效益、外贸结构、发展基础	浙江省	AHP
朱启荣	2011	外贸经济效益、外贸社会效益、外贸资源利用水平、外贸绿色发展能力、外贸结构优化	中国	主成分
汪素芹	2011	外贸规模、外贸效益、外贸结构、外贸可持续发展、外贸竞争力	中国	主成分
陈海波、朱华丽	2012	贸易增长、发展动力、外贸结构、可持续发展	中国	AHP
项义军、吕文	2013	外贸增长、发展动力、外贸结构、可持续发展	黑龙江	AHP
汪素芹	2013	外贸量速指标、外贸结构指标、外贸效益指标、外贸竞争力指标、外贸可持续发展力	15 省	主成分
汪素芹	2014	贸易规模、贸易结构、贸易效益、贸易竞争力、贸易可持续发展力	中国	—
蒲晓东、郑洪文	2015	贸易规模、质量效益、贸易结构、竞争优势	中国	PCFA❶

资料来源：根据 CNKI 所刊载论文进行整理。

---

❶　主成分因子分析模型。

当前，针对对外贸易发展方式转变的实证研究则略显不足，这既表现在研究成果数量方面，更表现在评价指标与研究方法上。首先，从研究成果数量看，从贸易增长方式转变到贸易发展方式转变，多数研究集中在转变的必要性及影响因素方面，而转变成效的实证研究则寥若晨星，研究力量亟待加强。其次，从评价指标看，虽然评价指标体系涉及要素日益增加，从最初的贸易结构、综合效益与可持续发展，逐渐增加了发展动力、质量提高、绿色发展以及竞争力等因素和指标，但也存在一系列问题。第一，指标越多，指标之间相互独立的可能性就越小，数据可获得性就越差，评价成本就越高，如结构、效益、竞争力与可持续发展几个指标之间存在较强的相关性，而贸易发展动力指标本身缺乏直接数值，需要用替性指标；第二，各指标之间及各指标与贸易发展之间缺乏统一的理论逻辑，只是对贸易发展结果的直观呈现，如贸易结构、贸易效益等（见表1－4）；第三，当前的评价过于宏观，缺乏对贸易结果的微观分析，因而无法针对当前贸易分工发展的纵深发展趋势对贸易发展的影响做出反应；第四，从研究方法看，当前关于此问题的研究主要以主成分法和层次分析法（AHP）为主（见表1－4），此类方法主要是基于当前对外贸易发展方式转变评价的指标体系涉及因素众多而做出的适应性选择，而非针对贸易方式转变内涵做出的选择。

当前，全球贸易的快速发展导致国家间竞争日益激烈，贸易发展收益成为诸多问题的核心与焦点。在这一进程中，我国对外贸易发展规模的快速提升与宏观结构顺利优化似乎并没有得到期望的结果，与之伴随的却是外部贸易环境与内部资源、生态环境的恶化。如何实现贸易发展规模、速度与贸易收益的一致性成为当前对外贸易发展亟待解决的问题。对外贸易发展方式转变成为解决这一困境的唯一出路。因此，当前对外贸易发展方式转变的评价逐渐将贸易发展环境与可持续性等指标纳入其中，以显示对外贸易发展与国民经济发展协调性的要求。但此类指标的增加并未能解决当前外贸发展方式评价中存在的问题。对贸易发展方式转变的准确评价必须做到：首先，抓住贸易发展方式转变的内核，即贸易发展方式转变是什么；其次，评价不仅关注结果，更要关注发展过程，以便通过评价结果制定有效的改进措施。因此，对外贸易发展方式转变评价必须抓住转变市场开拓与资源利用方式这一内核。因此，对贸易发展方式转变的评价应从以下两个角度进行：首先是对资源利用方式进行评价，即对外贸易发展的资源利用是否实现了从低等要素向高等要素的转变；其次是对贸易发展结果进行评价，即市场开拓是否实现从以数量为主向以质量和种类为主的变化。

1.2.3 转变途径研究

由于加工贸易在我国对外贸易发展中占有重要的地位，因此大量文献集中在了以加工贸易升级推动我国对外贸易发展方式转变的研究。如隆国强（2003）、朱启荣（2007）等肯定了加工贸易对我国外贸增长与就业的正效应。裴长洪等（2006）认为加工贸易影响产业整体协调性。姚志毅（2009）认为我国加工贸易处于产业链低端，容易引起贸易摩擦。但赵玉敏（2012）认为，加工贸易符合我国国情，应充分利用其内在优势。对加工贸易升级的研究主要集中在升级判定、问题及对策上，潘悦（2002）、刘德学（2006）、汤碧（2012）等认为，我国加工贸易已经升级，但依然面临升级压力。裴长洪（2011）提出以加工贸易出口增值率为指标判断我国出口产品在国际价值链中的提升水平。潘悦（2002）指出，我国加工贸易升级呈现阶梯状格局。张燕生（2004）提出了加工贸易升级演进方向。

随着国际产业链理论的发展及国内研究的深入，贸易发展方式转变实现途径的研究日益丰富。如赵丽君、吴建环（2009）提出全球生产网络内参与主体转型升级的基本机制是知识扩散与交流。孙国辉（2006）和曾贵（2011）进行了有益的探索，前者分析了企业、产业、地区三个层面转型升级机制，后者对加工贸易升级动力机制、学习机制、创新机制与支撑机制的影响因素进行了研究。黄静波（2008）认为，外贸发展方式存在问题的症结在于企业层面，即出口企业的核心竞争力不足，因此转变外贸发展方式应建立起以技术创新提高生产率、增强企业核心竞争力，从而提升外贸质量，实现外贸可持续发展的机制。金孝柏（2011）认为实行服务贸易补贴政策是我国外贸发展方式转变的必然要求和应选之策；傅京燕、张珊珊（2011）提出建立绿色贸易政策体系以促进贸易发展方式转变；张亚军（2012）提出出口信用保险是外贸发展方式转变的重要抓手；汤黎明（2013）提出进行税收政策改革，促进外贸发展方式转变。

1.2.4 动力机制研究

本质上讲，对贸易发展方式转变动力研究与对国家竞争优势转换的研究具有统一性。此类研究对于客观认识贸易发展过程及其参与要素的相互作用规律具有较强的解释能力。如 Edens（1992），Jack L. Hervey（1995），Krugman（1987），Lucas（1988），Grossman 与 Helpman（1989），Redding（1999）及 Krugman 与 Venables（1995）等分别以新贸易理论及贸易地理学模型等为基础指出了国际贸易发展动力，而 Proudman 与 Redding（2000），Brasili（2000），Redding（2002）对贸易发展方式变化动力的研究显示：边干边学及国家之间 R&D 差异对贸易模式具有自我强化机制。因此，贸易的发展并未如发展中国家所预期的那样产生技术转移效应，大幅度促进外贸产业转型升级（Deardorff，1998；Hanson，1996；Bustos，2007）等。从贸易自由化的视角研究认为，贸易开放对发展中国家的技术、技能升级提升效应是非常有限的。Schmitz（2004）发现，借助全球价值链代工体系，发展中国家可以实现起飞或低端工业化进程，但是在进行到高端工业化进程中，却广泛出现被"俘获"的现象；Srholec（2007）认为发展中国家被锁定在产业链低端，难于提高分工收益。但也有实证研究认为，发展中国家由于 FDI 等因素迅速融入全球价值链，技术密集型产品大幅提升（Bianka Dettmer，2009）。Terris Carolan，Jesse Mora（2012）基于时间序列数据对东亚贸易奇迹中的发展模式的分析认为：东亚贸易发展模式转换动力是技术，尤其是清晰的雁行模式。Hidalgo 和 Hausmann 等（2007）以产品空间模型为工具研究了产品升级与经济结构转换问题，Arnelyn（2011）和 Anna 等（2012）在此基础上分别研究了非洲次撒哈拉区域、巴西和韩国产品升级及拉美中等收入陷阱问题。

正如制度变迁理论的批评：资本积累、技术进步以及因此而导致的要素比较优势的变动与其说是经济增长的原因，不如说是经济增长本身。实际上，美国 NBER 的 Robert E. Baldwin 早在 1986 年就针对贸易发展方式转变的研究进行了批评：无论静态还是动态贸易理论，其对贸易发展方式的研究主要着眼于技术、要素以及因此而导致的贸易结构的变化，但上述变化仅是制度与政策变化的结果。因此，对贸易发展模式的预测研究应将更多的精力放在导致这些因素变化原因的研究上。特定的经济行为根植于本地化的网络与组织制度之中。因此，国际产业链中企业针对高节点企业的策略性行动必然受到本地资源、产业组织结构、相关制度即政策等方面的影响和制约。Irma Edelman（2000）通过对历史发展过程的梳理，发现政府无论在工业革命时期还是在 20 世纪都对贸易发展有很大影响。Martin（2000）利用 GTAP 分析后认为，中国贸易变化的原因是政策调整；Busots（2011）研究显示，贸易自由化对一国贸易发展模式具有强化机制；Dettmer（2009）指出，今后的研究应集中于竞争模式转变而不是比较优势的变动。Justin 与 Yifu Lin（2012）认为政府应在结构变换中充当积极的角色以减轻外部性的影响。国内对于动力机制的研究主要集中在遵循新古典研究范式，构建内生经济增长模型对相关要素与贸易发展方式转变相关性的研究上，如朱启荣（2011）认为制度变化、技术进步及人力资本积累对我国外贸发展方式转变的影响较大。李小平（2012）利用因子分析模型，在各省区对比基础上提出，技术创新在外贸发展方式转变中具有重要作用。王晨钟、施炳展（2012）基于引力模型提出，经济增长与贸易成本降低是外贸发展的主要动力。叶志东（2012）提出产业结构升级是外贸发展方式转变的选择。黄静波（2008）基于新新贸易理论提出，技术创新提高生产率，增强企业竞争力是外贸发展方式转变的实现机制。汪素芹（2012）认为技术创新是实现外贸发展方式转变的主要因素。杨继军、范从来（2012）认为中国要素禀赋仍不足以支撑外贸发展方式转变。陈海波、朱华丽（2012）从贸易增长、贸易动力、外贸结构、可持续发展四个方面构建指标，对贸易发展方式转变进行了评价，并提出以消费动力为主的内部动力概念。此外，陈希（2011）注意到了贸易主体内生动力问题，提出发展中间商以促进贸易发展方式转变。洪连英、刘建江（2012）从微观生产组织控制角度，利用博弈论相关理论分析了我国外贸发展模式转变的现实困境，分析了转变效果不好的具体原因，但没有给出突破现实困境的机制与动力，因此研究深度及实用性都有待提高。

从国外看，对于贸易发展方式转变的研究以在贸易发展过程中直接参与并发挥作用的要素之间相互关系的模仿与建模为主，但对引起要素变动的原因的研究虽然已经开始，如有研究认为，开放的贸易和技术竞争性经济环境似乎是附加值长期提升的必要条件，而不是充分条件等。这表明，国外的研究对 Robert E. Baldwin 的批评以及经济学研究中忽视社会功能主义理论观点（功能与实现功能的原因并不一致）所导致的严重失误仍然缺乏足够重视。由于要素边际生产率递减等规律的存在，比较优势的"锁定效应"以及边干边学及国家之间 R&D 差异对贸易模式具有自我强化机制已经得到学术界的普遍认可。特别是在经济发展过程中，企业在学习中既然不存在任何可以自动完成的过程，那么"锁定效应"的突破以及贸易模式的转变就不会自动完成。

就此，埃里克·S. 赖纳特（2007）曾指出：我们必须丢掉那种认为经济和谐会作为"神"的结果自我出现，或者能够预计的和谐理论，而应重新回到一种认识上来——经济和谐只能通过有意识、有目的的经济政策达到。因此，我们需要更加关注贸易动力以便更好地理解贸易的发展。

从这个意义上看，对外贸易发展方式转变就是对促进对外贸易发展的各种动力优化的过程。对外贸易发展动力是经济发展动力的一种，其来源于各类经济主体的利益诉求。因此，对外贸易发展方式转变推进过程，实际上就是对各类主体获取利益条件的梳理与优化过程，通过梳理使各类主体在贸易发展方式转变后获得的收益不少于转变前，尤其是作为对外贸易活动主体的企业。在国际分工中，分工收益获取能力的大小取决于参与分工的企业在国际产业价值链中的位置，取决于企业向国际市场提供高质量产品与新产品的能力。因此，对外贸易发展方式转变是供给侧结构性改革在对外贸易领域的深化与推进。为实现这一目标，政府应对贸易政策与产业政策进行协调，实现两者的和谐统一。从贸易政策看，政策目标则应由以往关注贸易发展规模与速度，转向关注如何将出口作为一种约束机制，以保证企业有效地致力于学习，并且学以致用，如何让公司将创新和国际竞争力作为首要问题，以促进企业技术能力提升，因为企业在价值链上位置的提升需要专有技术和新产品开发。从产业政策看，政策实施应该由以往以产业政策为主向竞争政策为主转变，实现企业从寻求政府产业政策支持向公平市场环境下寻求科技竞争、产品质量竞争的转变。因此，对外贸易发展方式的转变，实际上是政府政策目标与施政方式的转变。

1.3　结构安排与创新之处

1.3.1　结构安排

（1）结构安排

一是我国对外贸易发展方式转变现状研究。在对当前贸易发展方式转变评价实证研究分析基础上，以贸易发展方式转变内涵为核心，构建了新评价指标体系，并以合作博弈中夏普利值为核心，对我国贸易发展资源利用与市场开拓转变情况进行了评价。在此基础上，根据国际相关经验分析，得出了具有较强政策含义与启示的结论，即对外贸易发展方式转变的核心是技术水平的提升与产品创新。

二是我国外贸发展方式转变相关政策分析。本部分对几年来我国贸易发展及促进贸易发展方式转变的相关政策进行了深入细致的梳理，并以博弈论机制设计理论为指导对相关政策特征进行了分析，发现我国转变贸易发展方式相关政策具有参与约束明显、激励相容性约束不足的特征。

三是中国对外贸易发展方式转变困境的博弈分析。对外贸易发展方式转变的实现是宏观利益与微观利益一致性的体现，是短期利益与长期利益协调的结果。这一目标能否自动实现？当前贸易发展方式转变效果不佳的原因何在？相关促进政策能否实现参与约束与激励相容约束，激励各个主体为实现上述目标积极努力？我国社会主义市场经济是否具备激励企业积极创新的内在机制？市场中的主体能否在博弈中实现高水平均衡，自动实现贸易发展方式的转变？博弈论是上述相关主体行为、策略选择及均衡分析的恰当方法。

四是对外贸易发展方式效果提升的路径选择。对外贸易发展方式转变效果的提升，需要各个层面主体通力合作，为实现共同的目标而努力。博弈理论表明：相关主体间重复博弈、具有相融性约束的制度设计以及生存压力等都能促进相关博弈主体合作的实现。本部分将对我国企业重复博弈实现的充要条件、消费者抗衡势力培育以及企业生存压力三个方面构建博弈模型，对实现贸易发展方式转变可行路径进行验证。

上述四个方面的内容又分为十个具体研究问题，其内在逻辑结构框架如图 1-25 所示。

（2）研究内容

在上述框架结构确定的基础上，本书对以下内容进行重点研究（见图 1-26）。

对相关文献进行归纳、对相关理论进行梳理，分析当前研究中的问题、存在的不足及改进的方向，以明确本书的研究方向与重点。

第一，通过恒等式构建、分解与夏普利值，对我国贸易发展方式转变效果进行评价。本部分首先构建贸易发展过程与贸易发展结果恒等式，通过对贸易恒等式分解，得到以贸易发展方式转变内涵为核心的两组评价指标体系，即资源利用方式与市场开拓方式两个层面指标体系。随后采用夏普利值分解方法对贸易发展规模中各因素贡献度、贸易发展结果中各因素贡献度进行分解，通过比较各年度间不同指标对贸易发展贡献度的变化，对贸易发展方式

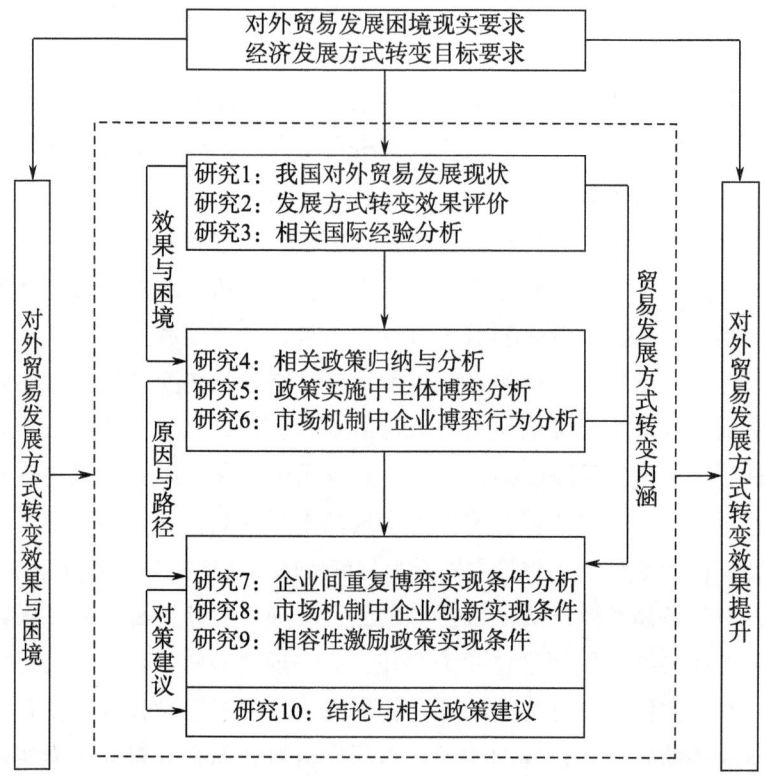

图1-25　中国对外贸易发展方式转变评价与博弈研究结构框架

转变的效果进行判别。

　　第二，相关政策主体间博弈分析与市场主体间博弈分析。以博弈理论为基础对我国贸易发展方式转变的困境进行分析，为贸易发展方式转变效果提升路径分析奠定基础。首先，我国贸易政策参与性约束特征明显，相容性约束明显不足，由此导致各个主体之间利益的不一致，最终导致企业创新乏力。其次，我国出口部门市场治理机制不完善，企业同质化竞争及消费者抗衡势力缺乏导致企业创新意愿低下。

　　第三，贸易发展方式转变中的博弈新均衡实现：首先，以不完全信息动态博弈为基础，对重复博弈及市场治理机制实现条件进行分析；其次，对相关贸易政策的相容性约束实现机制进行分析。

　　第四，根据上述博弈均衡实现条件，得出完善我国贸易发展方式转变相关政策的建议。

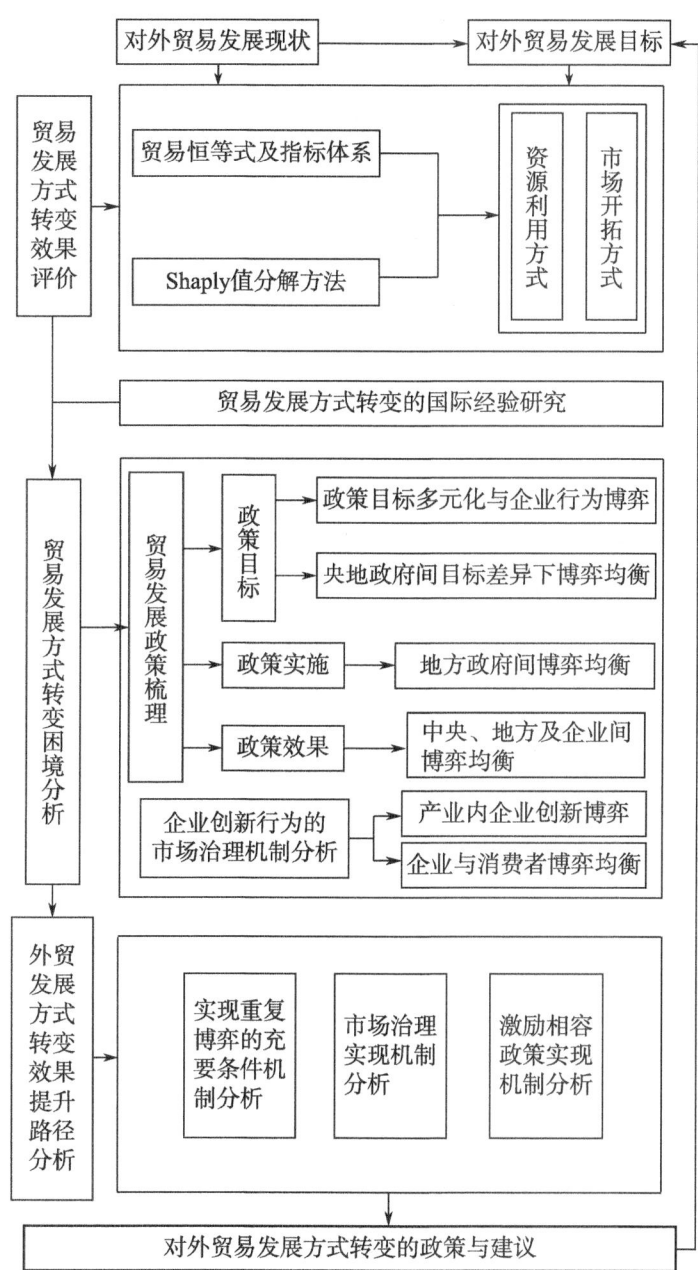

图1-26 中国对外贸易发展方式转变评价与博弈研究内容安排

1.3.2 创新之处

（1）贸易发展方式转变评价指标与方法

首先在贸易发展方式转变内涵基础上，通过构建贸易恒等式，以合作博弈中的夏普利（Shaply）值分解为方法实现了从资源利用与市场开拓两个角度对贸易发展方式进行综合、定量评价。结果显示：当前贸易发展中资源利用仍以规模投入为主，技术要素作用有一定提升；国际市场开拓仍以数量增长为主，价格提高因素的作用有一定提升。从而确立了贸易发展方式转变的核心是技术水平提升与产品创新的理念。因此，我国今后应注重企业产品质量提升，并在此基础上逐步提升产品创新能力。这一结论与国际"赶超"的经验研究具有一致性。这为对外贸易发展方式转变促进政策从理念引导向可实施、可度量的政策措施转变奠定了基础。

（2）贸易发展方式转变困境博弈模型构建

本书以中央政府、地方政府及企业为局中人，围绕对外贸易发展方式转变政策目标设定、政策实施过程及政策效果，构建了3个动态博弈模型、1个机制设计博弈模型和1个演化博弈模型及1个地方政府间外贸发展方式转变政策执行力度的静态博弈模型。上述模型的构建弥补了当前对贸易发展方式转变研究中注重对要素的研究，而对所涉主体行为关注不足的缺憾，更重要的是还增加了对政府之间和政企之间动态博弈行为的考察。

（3）市场治理机制下企业创新博弈模型构建

本书首先构建了技术差距与创新关系理论模型：技术差距虽然对创新具有阻碍作用，但企业数量、规模与创新却具有正相关关系。随后针对我国企业数量快速增长、规模迅速提高背景下却创新乏力，在贸易中仍粗放地利用资源并以数量增长为主要途径开拓国际市场的现实，构建了出口贸易一般化的"公共地"博弈模型、同质化企业创新博弈模型、消费者期望与企业产品质量提供博弈模型及委托代理框架下的企业改进产品质量努力水平博弈模型四个博弈模型。上述模型的构建不仅对企业行为进行了准确的分析，而且对满足激励企业创新行为市场机制的构建提供了思路与启示。

（4）重复博弈实现机制模型构建

重复博弈被认为是消除博弈参与者"囚徒困境"等机会主义行为的机制设计，但目前对于重复博弈均衡实现条件的研究明显不足。本书构建了添加时间因素的"囚徒困境"博弈模型、政府产权保护与企业创新努力博弈模型、企业集体行动与创新博弈模型，分别从信息传播速度、永续经营理念及行业治理结构三个方面提出了构建重复博弈实现机制。

（5）激励相容机制设计模型构建

5.1.1 中模型分析表明：贸易发展方式转变政策的执行力度为企业预期的因变量。针对这一现实问题，本书构建了市场多元化程度和能力优势多元化所组成的平面空间中的生境丧失"囚徒困境"博弈模型，分析结果表明在生存压力下企业间合作频率将显著提高。该模型具有显著的政策含义，即在我国出口贸易陷入困境的情况下，政府的最佳策略是放弃对企业的救助行为。这能够促使企业之间合作行为的出现，引导企业内生出良好的竞争秩序。此外，在 5.3.3.2 中企业在改进产品质量努力的博弈模型假设基础上，将产品增加值率作为信号因子，构建了新的产品质量努力模型，显著提升了企业改进产品质量的努力水平。为完善政府治理水平与提升市场机制的作用提供了启示。

1.4　小结

对外贸易发展方式转变是一国对外贸易资源禀赋条件、贸易主体能力转变与提升的过程。因此，对外贸易发展方式转变是一个国际分工收益重新分配的博弈过程。从国内外既有研究看，随着全球经济竞争的日益激烈、贸易复杂度的提高，贸易发展方式转变问题成为理论及政策关注的重点。

第2章　相关理论与研究方法

2.1　相关理论分析

2.1.1　国际贸易理论演进与发展方式转变

国际贸易理论是经济思想进化的产物，重商主义以及后来的亚当·斯密和大卫·李嘉图为现代贸易理论奠定了基础框架。亚当·斯密（1776~1994）在《国民财富的性质和原因的研究》（又称《国富论》）中提出了著名的"绝对比较优势"的理论模型，通过该理论对贸易动因、贸易结构以及贸易结果进行了合理的解释与分析。大卫·李嘉图（1772~1823）发现了斯密理论不严谨之处，即一个国家生产的所有商品都是绝对高（低）效率，互利贸易也可以发生，丰富了贸易产生的动因。绝对优势和比较优势理论都建立在相同的假定基础上，即假定：①市场处于完全竞争状态市场；②产品同质化；③企业同质；④在生产中只投入劳动力一种生产要素。两者的差异在于绝对优势是比较各国在生产同一产品时的劳动生产率，而比较优势则是对生产某种产品的机会成本进行比较。因此，在古典贸易理论假设商品质量、市场结构和企业其他生产要素等方面不存在显著差异，国际贸易的起因在于代表生产技术差异的劳动生产率差异。

古典贸易理论解释了贸易产生的动因以及贸易结果，即生产者和消费者都能从专业化和贸易中获益，但该理论并没有对比较优势的来源进行分析，而只是假设优势的存在。此外，该理论更不能对贸易对一国收入分配的影响，以及为什么某些社会群体支持自由贸易，而有些群体反对自由贸易做出彻底的解释。1933年，赫克歇尔－俄林在坚持古典贸易理论假设的同时，研究重点从交换环节转移到生产环节，解释了外生技术差距产生的原因：相对要素充裕程度的差异成为国际贸易产生与发展的原因。第二次世界大战后，国际贸易结构与模式超越了古典及新古典贸易理论分析范围，产业间贸易继续发展的同时，要素禀赋相近的发达国家之间产业内贸易快速发展。1977 年，以 Dixit 和 Stieglitz 共同建立的 DS 模型为基础，贸易理论逐步放弃了古典贸易理论的规模报酬不变假设，确立了不完全竞争、规模经济、产品差异化以及内生技术差距等基本假设。因此，新贸易理论认为，随着贸易的发展，规模的扩大会促使产品边际成本的递减，技术能够获得内生性增长。这成为国际贸易产生的新的动因。新新贸易理论在新理论基础上引入了企业异质性假设，开创了微观视角研究国际贸易理论先河。该理论认为：高生产率企业能够更好地克服国际贸易成本，获得比低生产率企业更多的利润。随着低效率企业的淘汰，更多的生产要素转移到高效率企业，产业国际竞争力将逐步得到提高。因此，高效率企业在利润驱动下有内在开展国际贸易的动力，企业的异质性也成为国际贸易产生的重要原因。

上述理论发展脉络表明：对利益的追逐是对外贸易产生和发展的主要驱动力量，而国际分工模式及参与方式决定了参与国利益分割能力。基于零和博弈的重商主义追求货币（贸易）差额，而亚当·斯密（1776）和大卫·李嘉图（1817）认为一国只要具有绝（相）对比较优势，就可以参与贸易并获利。赫克歇尔 – 俄林理论（1933）则从要素禀赋角度阐释了比较优势的来源及贸易利益的分配规律。贸易利益实现了从货币积累向福利水平提高的转变。里昂惕夫之谜（1953）以及 20 世纪 80 年代贸易实践的发展超出了传统产业间贸易理论的解释范围，以规模经济、不完全竞争、产品差异等为特征的新贸易理论深化了人们对于贸易利益来源及分配的认识，并促进了以产业内分工和产品内分工为特征的全球经济一体化及知识经济的发展。贸易利益再次深化为技术水平提升基础上产业国际竞争力的提高，其衡量指标也由产品为基础的贸易总量转变为一国出口产品中包含的本国要素报酬率及增长情况。因此，以产业（品）内分工为特征的国际分工方式的深化使得全球利得表现形式及分配机制实现了动态化转换（张少军，2009），即在贸易理论的进展过程中，贸易的现实结构也由行业间向行业内、企业间及产品内逐步深化；贸易利益也由古典贸易理论阶段的静态利益的分割转变为贸易动态利益的获取，即科技水平的提高和劳动生产率的提升。

2.1.2　国际贸易主体变化与发展方式转变

（1）对外贸易主体实现了从政府/国家向企业的转变

首先，从世界范围来看。对外贸易行为主体经历了一个政府向企业逐渐转变的过程。从理论进展看，15～17世纪，由于社会分工的发展，商品货币经济取得了较大的进步。资本主义因素迅速发展，新兴商业资产阶级对于加速资本原始积累有着迫切的需求；同时地理大发现使得西欧国家走上扩张道路，这一切使得国际贸易获得显著发展并真正具有了世界性质。各贸易参与国认为：要实现对外贸易顺差，必须推行国家干预对外贸易的做法，采取严厉的贸易保护措施。此时，国家/政府作为重要的贸易主体积极参与对外贸易扩张，企业不过是在国家严厉监管下实现其贸易目标的工具。这一现实直接并且显著地体现于贸易理论的进展中，如传统国际贸易理论（绝对优势、比较优势及要素禀赋理论）无视企业作为贸易主体的存在，以国家为主体定义国际贸易，以国家之间要素禀赋的差异造就的优势来解释贸易发展原因及模式。国际贸易的快速发展使得理论对企业在其中的重要影响做出了积极的响应，新新贸易理论在传统贸易理论基础上开始关注企业及企业行为对国际贸易的影响，规模经济、产品差异化成为影响贸易规模与结构的重要因素。新新贸易理论则进一步重视企业的存在，企业的异质性成为解释当代国际贸易快速发展及其贸易模式的重要原因。

其次，从贸易实践来看。国际分工的深化使得全球一体化快速发展，资本在世界范围内大规模地跨国界流动，公司设立自由使传统的货物、劳动、服务和资本的跨境流动表现为"公司流动"，企业的发展正在打破国家的界限。一国竞争力的大小也不再体现于进出口贸易指标，而是拥有的跨国公司的数量及其资产规模。发达国家的竞争力在很大程度上来源于其所拥有的竞争力强大的企业。因此，联合国《1994年世界投资报告》指出："跨国生产已成为世界经济结构中的主要特征。"

最后，从贸易政策来看。无论是重商主义理论推崇的贸易保护政策还是保护幼稚产业理论坚持的过渡性保护与扶持政策，其实施主体都是一国政府。甚至比较优势理论、新新贸易理论等所推崇的自由贸易政策及战略性贸易政策中，国家与政府在一国贸易发展中处于主导地位。但是，随着自由贸易理论在全世界的推广，贸易自由化成为当代主流思潮并深刻地影响着贸易实践的发展。其中，贸易自由化理论与实践的最大成绩，即 WTO 建立并成功运行。WTO 及其规则确定了当代国际经济规则的基本格局，不仅将原来游离于多边贸易协定之外的纺织品、农产品纳入贸易自由化的轨道，而且还针对技术贸易、服务贸易等新兴领域确立了自由化发展的基本规则。此外，WTO 规则对一国政府行为的规制越来越严格，传统意义上民族国家政府为加强国际竞争力而采取的各种政策手段正在不断地被"侵夺"。这使得 19 世纪美国、德国和日本，以及 20 世纪韩国和中国台湾采用过的旨在扶植产业发展的各种幼稚产业政策，对于 21 世纪早期的追随者而言，已经很难再同样程度地实施了。但是，企业作为直接的市场行为主体却获得了越来越大的空间。国际市场拓展及企业活动空间扩大的一个直接结果是，企业的经营行为在"母国"可能因为规模等因素会被反垄断，但在国际市场上却不受反垄断限制。国际经济竞争的重心正在从国家层次转向企业层次。因此，在当前的国际贸易竞争中，国家的重要任务就是创造适宜于企业成长与发展的环境。

（2）对外贸易行为主体的转化对贸易发展方式转变的影响分析

企业作为市场经济活动的最基础单位，不仅在传统贸易理论主张的国家要素禀赋优势向贸易竞争优势转化过程中发挥着中坚作用，更是当前国际竞争优势呈现的主要载体。当今世界，跨国公司已成为国际经济活动的行为主体，他们控制着全球生产的 40%，国际商品贸易的 50%～60%，国际技术贸易的 60%～70%，科技研究与开发的 80%～90%，国际投资额的 90%。因此，产业升级与贸易发展方式转变政策与实践中，企业的作用不可忽视。充分发挥企业在贸易发展方式转变中的积极作用，应注意两个方面的问题：

第一，企业能动性作用的发挥。

学术界对当今世界生产分工体系与贸易模式的产生存在三类解释，分别为技术本源论、制度本源论与跨国公司本源论。

技术本源论者认为，技术发展与创新，尤其是现代信息、通信及网络技术的发展通过降低交易成本和协调成本，推动了全球化生产体系的建立与发展。此外，技术创新与发展使得技术复杂度与技术研发规模日益提高，由此带来了创新风险迅速增大，为规避创新风险及尽快回收创新收益，企业需要在全球范围内合作研发、协同生产及全球销售。制度本源论者则认为：制度因素，尤其是市场管理制度和政府干预制度的变化与调整才是世界生产体系变革的主要决定力量。但制度本源论者也认为，各类政策的作用及规制对象均为从事国际经济活动的企业。综上所述可见，无论是技术还是制度，最终的作用主体或规制对象依然是企业。从时间层面看，哪个国家企业活力大、能动性强，哪个国家的产业在国际竞争中就具有优势。因此，对外贸易发展方式转变成功与否，直接取决于是否拥有充满活力、能动性强的企业。企业是否具有活力与能动性，表现为其是优先考虑如何维持业务还是优先考虑创新和国际竞争力的不断提高。以创新和国际竞争力不断提高为优先考虑的企业必将有效的致力于学习，并且学以致用。但是，正如纳尔逊（Nelson）和帕克（Park）所说，学习中不存在任何可以自动完成的过程。因此，对于政府而言，能否实现贸易发展方式的成功转变，其关键在于能否培养起企业的学习能力。

第二，企业结构及行为的引导。

具有较强的活力与能动性是企业发展壮大的前提，也是一国经济或某一产业竞争力提升的基础。良好的企业结构及规范的竞争行为是产业竞争力提升的充分条件。迈克尔·波特在其钻石模型中对其进行了详细且深入的研究。我国外贸企业数量众多，且企业竞争行为尚欠规范，因此我国对外贸易存在进出口秩序混乱，贸易利益获取能力低，企业在产业链中位置低，升级难度大等问题。而价值链的提升需要专有技术和新产品开发，充分激发企业的能动作用，激励企业优先考虑创新和国际竞争力的不断提高。实际上，鼓励培养出口竞争力比放松对国内市场、相关贸易主体的各种管制更为重要。因此，要想实现贸易发展方式的成功转变，必须规范企业的竞争行为，优化企业结构，但更重要的是激励企业同国际上高水准的企业竞争，在国际市场范围内开展经营。

国际贸易理论与实践发展表明：在贸易由行业间向行业内、企业间及产品内逐步深化过程中，贸易利益也由古典贸易理论阶段的静态利益的分割转变为贸易动态利益的获取。上述转变的成功实现依赖于作为贸易主体在国际产业链中攀升与生产产品的升级转换。国际贸易自由化的全球拓展使得贸易环境、技术环境更加开放与宽松，但发展中国家企业能力并不会自动提升。相关经验研究表明：大多数依赖政府干预的国家与完全依靠市场机制的国家都未能在培育可持续发展的技术能力和产业进步上取得成功。忽视市场在资源配置中基础性作用的发挥，依赖政府干预将忽视企业能动性的发挥，将导致更低的产业发展速度与经济增长率，如1980年前的印度、巴西、墨西哥，以及改革开放前的我国。同时，由于世界贸易组织规则约束，我国也不具备实施此类措施的条件。由于创新的高风险性，更由于作为创新成果的知识产权具有非排他性与非竞争性特征的存在，完全依靠市场将由于市场失灵而创新不足，甚至在对研发关注方式存在差异的情况下，创新结果也会存在非常大的差异。因此有研究认为，要想取得工业创新的成功，对研发内容的关注远比对研发的支出水平的关注重要得多。因为对研发内容的关注注意到了行为主体及主体的行为选择，而对研发支出水平的关注则忽视了对相关主体行为选择的关注。由此依然会导致低水平均衡，如"囚徒困境"的出现。

因此，我国对外贸易发展方式转变的成功实现需要在处理好政府与市场的关系基础上，以相关主体行为选择为对象，以构建高水平博弈均衡条件为指导，制定相关政策及组合，形成有利于企业发展技术能力与提升附加值的国家政策环境。

2.2　相关研究方法

由于比较优势的"锁定效应"以及边干边学及国家之间 R&D 差异对贸易模式具有自我强化机制的存在，对外贸易发展方式转变不可能自动完成，需要通过有意识、有目的的经济政策达到。因此局限于要素的研究无法对贸易发展方式提供有价值的结论，只有对相关决策主体及其相互作用情况下最优决策行为及均衡出现的影响因素进行分析，才能得出有利于贸易发展方式转变实现的政策建议与制度构建。博弈论相关理论模型的发展为这一思路的实现提供了方法。1944 年 Von Neumann 和 Morgenstern 合著的《博弈论和经济行为》(*Theory of Games and Economic Behavior*) 奠定了博弈论发展的理论基础和基本框架。以博弈参与者能否达成一个具有约束力的合约 (binding agreement) 为标准，博弈论被分为合作博弈和非合作博弈两类。如果在博弈中决策主体之间能够达成具有约束力的合约，则为合作博弈，反之则为非合作博弈。经过 70 多年的发展，现代博弈论理论不仅形成了一套完整的理论逻辑体系，而且在对实际问题的解释与指导方面表现出了强大的能力。

2.2.1　合作博弈

合作博弈讨论的重点是合作联盟成立的可能性，其关键问题是联盟收益利益如何在联盟成员之间进行分配，强调的是集体理性。1950 年 Nash 和 Shapley 提出的"讨价还价"模型，以及 1953 年 Gillies 提出的合作博弈中"核"的概念，成为合作博弈理论的重要理论支点，并为许多现实问题的分析提供了完美框架和工具。

2.2.2 非合作博弈

非合作博弈重点讨论了局中人在博弈中所采取的策略与其自身利益的实现，强调的是个体理性。纳什在 1950 年提出的纳什均衡（Nash Equilibrium）概念奠定了非合作博弈发展的理论基础。此后，学者们开始将研究重点从合作博弈转向非合作博弈。主流经济学与非合作博弈理论在个体理性假设上的一致性促进了两者的融合发展，并成为经济学研究的重要理论工具。从 1994 年诺贝尔经济学奖授予给 3 位博弈论专家开始，博弈论几乎是每一届诺贝尔经济学奖的热点领域。根据博弈参与人信息掌握程度、行动顺序的不同为标准，非合作博弈可以被分为完全信息静态博弈、完全信息动态博弈、不完全信息静态博弈和不完全信息动态博弈四种类型，每种类型的博弈都有与之相对应的特殊形式的均衡。

由于信息与行动顺序的差异，四种不同类型博弈给出了各自不同的均衡定义，这些均衡的定义成为非合作博弈理论的精华。完全信息静态博弈最为简单，各局中人同时行动，并且信息在博弈参与者间对称分布，即不存在任何的私人信息。纳什在 1950 年就此类博弈提出了纳什均衡的概念，即如果博弈中的每一个局中人，在给定对手策略选择的情况下，都做出了自己的最优策略选择。这些最优策略选择的组合就是一个纳什均衡。在上述模型基础上，如果允许参与者行动有先后顺序，则后行动者可以观察到先行动者的行动，并制定最有利于自己的策略。Selten 在 1965 年针对此类博弈提出了"子博弈精炼纳什均衡"（Subgame Perfect Nash Equilibrium）的概念。子博弈精炼纳什均衡的策略组合在每一个子博弈上都是纳什均衡，其核心是剔除了包含不可置信威胁的纳什均衡。

如果在完全信息静态博弈基础上放松信息分布假设，则模型演变为不完全信息静态博弈，即使各博弈参与方仍是同时"出招"，但部分局中人仍具有私人信息的优势。由于信息劣势方无法确定对手的类型，因此给博弈的分析造成了困难。Harsanyi 在 1967 年通过"海萨尼转换"给出了贝叶斯纳什均衡

（Bayesian Nash Equilibrium）的概念，即这种均衡是每个局中人都最大化自身期望效用的策略组合。在此基础上进一步放松假设，即允许信息在参与者间分布不均匀且参与者行动有先后顺序，则为不完全信息动态博弈。不完全信息动态博弈的复杂性相比其他三种类型大大地提高了。对于这种类型的博弈，学者们提出了精炼贝叶斯纳什均衡（Perfect Bayesian Nash Equilibrium）的概念，直观上说，该均衡要求每一个局中人的策略都是基于对对手类型后验概率基础上，符合序贯理性的最优策略。

2.2.3　机制设计

机制设计理论日益受到人们的关注，其原因不仅是诺贝尔经济学奖颁给该领域的研究人员，如 Leonid Hurwicz，Eric S. Maskin，Roger B. Myerson 等，更是因为其在对于现实问题的完美解决，如对众多领域存在的委托——代理问题的解决。实际上，机制设计是博弈论在经济学上的新运用，因此委托人与代理人构成一个博弈，且他们之间存在着信息不对称与行动的先后顺序。由于委托人观察不到代理人的支付函数，代理人从自身利益出发不会告诉委托人自己的类型，并且产生一系列的策略行为。委托人为了使代理人真实表达自己的类型，需要给代理人提供激励，这对委托人来说是一项成本。此时，委托人的任务就是在收益和成本之间进行权衡，通过提供适当的激励使得代理人的行为符合委托人利益最大化的需要。可见机制设计理论的核心问题就是委托人如何选择适当的激励机制。

机制设计理论认为，委托人在设计机制的过程中最关键的是考虑两个约束条件，参与约束（participation constraint）和激励相容约束（incentive – comparability constraint）。前者指委托人提供的激励必须让参与人进入这个博弈，即"参与比不参与更好"。后者则指当代理人进入这个博弈后，委托人提供的激励机制必须使得代理人自觉地从委托人的利益角度选择行为，即"努力比偷懒更好"。值得注意的是，在有些时候参与约束并不是必需的，这是因为代理人的参与有时可能通过某种强制力得以实现。如对外贸发展方式转变中，代理人只要进行对外贸易实际上也参与了对外贸易发展方式转变相关政策的执行。

2.2.4　演化博弈

前述博弈类型及相关模型假设博弈结构与理性是所有参与人的共同知识，

即理性人可以理解和计算出所有参与人的策略互动。因此，在这一框架下，只要对博弈结构有足够的信息，理性人就可以通过计算得到均衡战略。但经济与社会发展现实并不支持这一假设，博弈结构的复杂性与理性的有限性导致均衡难以通过精确的计算得到，并做出恰当的选择。此种情况下，"社会规范"成为人们行动的指南。但是，研究表明：规范的形成在很大程度上是一个自发演进的过程，而不是一个精心设计的结果。1973 年，莫纳·史密斯与普瑞斯提出经典"演化稳定战略"，为博弈研究提供了新的视角。特别是 20 世纪 90 年代之后，博弈论专家开始用演化博弈研究制度变迁、社会习俗与规范等问题。该类研究从演化视角出发，放松了理性假设，为纳什均衡以及均衡的选择提供了新的基础。

2.3 小结

经济学研究既不是对概念的简单争论与辩解，更不是对经验事实的简单概括，而是在理论阐述基础上通过一定方法构建理论模型平台，借此开展深入探讨和理论间的对话，形成具有建构性的学术交流与互动。因此，理论梳理与方法归纳不仅是研究的充分条件，更是理论进展具有连贯性的必要条件。我国对外贸易取得了巨大成就，如贸易大国地位逐步确立、贸易效益显著提升以及对我国经济社会发展的巨大贡献等。但是，外贸发展不平衡、不协调、不可持续问题突出，经济增长的环境资源约束强化，依靠资源能源、劳动力等有形投入的传统外贸发展模式已难以为继，外贸发展方式必须进行适应性转变，以推动我国经济发展方式转变，主动适应国际经贸格局变革与我国经济发展新常态的要求。因此，外贸发展方式转变的研究必须突破既有理论模型平台，对国际经贸领域及影响因素进行更深入的探讨。

第3章　对外贸易发展方式转变评价

3.1　评价指标构建与方法选择

3.1.1　评价指标构建

本部分首先构建贸易发展恒等式，将贸易发展分解为经济水平、国民经济技术密度、技术部门出口强度和人口总量4个因素，构建贸易发展过程评价指标，以对资源利用方式进行考察；其次，以 CEPII - Basic 数据库为基础，在赫梅尔和克列诺（2005）、施炳展（2010）等方法基础上，将贸易发展结果分解为产品规模、产品价格和产品数量3个因素，构建基于结果的贸易发展方式转变评价指标，以对市场开拓方式进行考察。

（1）基于贸易发展过程恒等式的指标选择

资源利用方式体现于贸易发展过程中，如果贸易发展以要素数量、规模的投入为主要驱动力，则为资源的粗放利用；如果贸易发展以要素质量、使用效率提升或者组合优化推动为主，则为资源的集约利用。资源利用方式从粗放型向集约型转变既有利于破解当前我国经济社会发展的资源瓶颈，又有利于解决环境问题，更是提升我国经济和贸易发展可持续性的必要选择。如果贸易能够表示为要素质量或数量的组合，则可通过对相关因素在贸易发展中贡献的测算，实现对资源利用方式转变的度量。根据这一思想构建贸易发展恒等式见式（3 - 1），其中 Q 为贸易发展规模❶、GDP 为国内生产总值、P 为总人口、T 为专利授权数量。式（3 - 1）右边四项分别为：GDP/P 代表人均 GDP、T/GDP 代表国民经济技术密度（每单位 GDP 中专利的含量）、Q/T 为技术部门贸易强度（每单位技术带来的贸易额）和 P 为人口数量。如此，

---

❶　此处限指货物贸易。

贸易规模被分解为具有较强经济含义的几个指标，内涵表达较为清晰，即对外贸易的发展是上述四个因素共同作用的结果。

$$Q = \frac{Q}{T} \cdot \frac{T}{\text{GDP}} \cdot \frac{\text{GDP}}{P} \cdot P \qquad\qquad (3-1)$$

不同因素对贸易发展过程贡献度的变化体现了对外贸易发展主要支撑性因素转变。首先，如果人均 GDP 对贸易发展的影响超过其它因素，说明对外贸易发展的非技术性因素较强，如劳动、土地等因素起主要作用，对外贸易发展处于低级阶段；其次，如果国民经济技术强度影响较大，或者技术部门贸易强度在对外贸易发展中影响较大，则说明对外贸易发展受技术因素影响较大；最后，如果国民经济的技术强度影响大于技术部门贸易强度，说明国民经济技术水平对贸易发展影响较大，反之则表明贸易部门技术的影响力度大。

根据因素分解原理，0 时期到 T 时期贸易规模的变化量表示为各个解释变量变化对贸易规模变化的贡献，其加法形式的线性表达式为：

$$\Delta Q = \Delta GP + \Delta TG + \Delta QT + \Delta P \qquad\qquad (3-2)$$

式（3-2）右侧 Δ 表示在 0 时期到 T 时期，假设其它因素不变的情况下，某一种因素的变化对贸易规模的净贡献。可见，0 时期到 T 时期贸易规模可以分解为四大效应之和：①经济水平变动效应（ΔGP），反映在其它因素不变的情况下，人均 GDP 发展水平的变化对贸易发展的影响；②国民经济中技术密度变动效应（ΔTG），反映在其它因素不变的情况下，每单位 GDP 中的技术含量的变化对贸易规模造成的影响；③技术部门出口强度变动效应（ΔQE），反映在其它因素不变的情况下，每单位技术产出的出口规模的变化对贸易规模的影响；④人口规模变动效应（ΔP），反映在其它因素不变的情况下，人口规模的变化对对外贸易发展规模的影响。

进一步通过将 ΔGP、ΔTG、ΔQT 及 ΔP 与 ΔQ 相比，我们还可以得到人均 GDP 变化对贸易变动的贡献百分比 $\Delta GP/\Delta Q$，国民经济技术密度变动的贡献百分比 $\Delta TG/\Delta Q$，技术部门出口强度变动的贡献百分比 $\Delta QT/\Delta Q$，以及人口规模变化对贸易规模变动的贡献百分比 $\Delta P/\Delta Q$。

（2）基于贸易发展结果的指标选择

市场开拓方式体现于国际贸易发展结果中，如果出口的增长主要依赖数量的增加，则价格为主要竞争手段，该国贸易收益较低；如果出口的增长主要依靠产品价格提高或种类增长，则该国产品质量或者其它非价格因素优势得到增强，或创新能力显著提高，贸易具有较高的竞争力。国际市场开拓方式从以数量增长为主向价格提升、种类增长为主的转变，既有利于破解当前我国贸易发展困境，提升贸易收益，更有助于改善我国产品的国际形象。若贸易的增长能够表示为产品数量、质量或种类的组合，则可通过对不同要素对贸易发展贡献度的测算，实现对贸易发展方式转变效果的评价。贸易三元分解理论为上述思路的实现提供了途径，本书以赫梅尔和克列诺（2005）、施炳展（2010）、耿伟（2014）的研究为基础构建贸易恒等式，将贸易增长（X_i）表示为产品种类（EX_i）、产品价格（P_i）和产品数量（Q_i）的组合见式（3-3）。不同分量对贸易增长（X_i）贡献度的变化体现了市场开拓方式变换，即贸易发展方式的转变。

$$X_i = \frac{E_i}{E_w} = \frac{\sum\limits_{p \in I_p} P_{ip} Q_{ip}}{\sum\limits_{p \in I} P_p Q_p} = \frac{\sum\limits_{p \in I_i} P_p Q_p}{\sum\limits_{i \in I} P_p Q_p} \times \frac{\sum\limits_{p \in I_i} P_{ip} Q_{ip}}{\sum\limits_{p \in I_i} P_p Q_p} \qquad (3-3)$$

其中：

①X_i 为 i 国出口产品占世界总出口的比重；

②E_i 为 i 国出口量，E_w 为世界出口量；

③$I_i \subset I$，I_i 为 i 国出口集，I 为世界出口集；

④P_{ip} 为 i 国出口商品 p 的价格，P_p 为世界出口商品 p 的价格；

⑤Q_{ip} 为 i 国出口商品 p 的数量，Q_p 为世界出口商品 p 的数量。

又因为：

$$\frac{\sum\limits_{p \in I_i} P_{ip} Q_{ip}}{\sum\limits_{p \in I_i} P_p Q_p} = \prod_{p \in I_i} \left(\frac{p_{ip}}{p_p} \right)^{w_{ip}} \prod_{p \in I_i} \left(\frac{q_{ip}}{q_p} \right)^{w_{ip}} \qquad (3-4)$$

$$w_{ji} = \frac{\dfrac{S_{ip} - S_p}{\ln S_{ip} - \ln S_p}}{\sum\limits_{p \in I_{ip}} \dfrac{S_{ip} - S_p}{\ln S_{ip} - \ln S_p}}, \quad S_{ip} = \frac{p_{ip} q_{ip}}{\sum\limits_{p \in I_i} p_{ip} q_{ip}}, \quad S_p = \frac{p_p q_p}{\sum\limits_{p \in I_i} p_p q_p}$$

S_i，S_p 分别为 j 国和世界第 p 种产品出口占比。所以：

$$X_i = \frac{\sum\limits_{p \in I_i} P_p Q_p}{\sum\limits_{p \in I} P_p Q_p} \times \prod_{p \in I_j} \left(\frac{p_{ip}}{p_p} \right)^{w_{ip}} \prod_{p \in I_i} \left(\frac{q_{ip}}{q_p} \right)^{w_{ip}} = EX_i \times P_i \times Q_i \qquad (3-5)$$

通过式（3-5）可以发现，一国出口贸易在世界出口贸易中占比变化是出口种类、出口价格及出口数量三个因素综合影响的结果。如果出口的增长（比重的上升）从主要依赖数量变化逐步转向依赖种类及价格变化，这种变化越快，则表明贸易发展方式转变越迅速。

0时期到T时期贸易规模的变化量可以表示为各个解释变量变化对贸易规模变化的贡献，其加法形式的线性表达式为

$$\Delta X = \Delta EX + \Delta P + \Delta Q \tag{3-6}$$

式（3-6）右侧Δ表示在0到T时期，各因素的变化对一国在世界贸易中占比变化的边际贡献程度。可见，0时期到T时期贸易占世界贸易中占比变化可以分解为三大因素变化效应之和。

（3）对外贸易发展方式转变评价指标体系

通过对贸易发展过程及结果的分解，得到贸易过程及贸易结果两个层面的指标，从而实现对贸易发展的资源利用与市场开拓方式转变效果的判别，紧扣贸易发展方式转变的内涵。如果对外贸易能够从主要依赖非技术因素驱动，转变到技术因素驱动，则表明我国对外贸易发展方式实现了较大的转变，不仅对资源依赖性降低，对环境更加友好，而且提升了内外经济联系程度。如果我国贸易市场开拓能够实现从依赖数量向种类以及质量途径转变，则说明我国对外贸易发展方式转变的效果较好。

综上所述，通过构建贸易恒等式，可以从贸易发展过程和结果两个角度实现对贸易发展依赖要素、结果及其变化的判定。更为重要的是，贸易发展方式评价指标体系都内生于贸易发展过程和贸易发展结果，不仅指标数量精简，而且经济含义与联系机制明确（见表3-1）。因此，以贸易恒等式为基础的评价指标体系较好地修正了当前贸易发展评价指标体系中存在的问题。

表3-1 对外贸易发展方式转变评价指标

指标来源	评价指标	基本含义	评价角度
贸易发展规模恒等式	人均GDP	经济规模驱动作用（非技术因素）	资源利用方式
	GDP技术密度	技术因素驱动作用	
	技术部门贸易强度	技术部门对贸易发展的驱动作用	
	人口	人口规模的驱动作用	

指标来源	评价指标	基本含义	评价角度
贸易发展 结果恒等式	出口种类	新产品发挥了重要作用	市场开拓 方式
	出口价格	产品质量发挥了主要作用	
	出口数量	生产规模发挥了主要作用	

3.1.2　评价方法选择

对上述贸易恒等式进行因素分解的方法，也构成了贸易发展方式评价的基本方法。因素分解的思想可以通过具体数学方法得以实现，且在现实应用中不断发展，出现了许多不同的形式，其中最基本、应用也最为广泛的为拉式因素分解法（Laspeyres Decomposition）和迪式因素分解法（Divisia Decomposition）。但是，上述方法存在着交叉项无法解释等一系列问题。合作博弈中夏普利值在经贸合作与政治科学中的成功应用，[1] 为上述问题的解决提供了可行途径。

罗伊德·夏普利（Lloyd S. Shapley）是美国杰出的数学家和经济学家，获得了 2012 年诺贝尔经济学奖。实际上，夏普利早在 1953 年就提出了 Shapley 值的思想和概念[2]：合作联盟 S 若由 n 人组成，则任何一人从合作联盟所得到的价值都可以由其加入合作联盟的边际贡献加以确定。

根据排列组合原理，在由 n 个人组成的合作中，其合作形式有 $n!$ 种。对任意成员 i 来说，其能够参与的合作数量可以表示为 $(s-1)! \cdot (n-s)!$，s 为其参与的合作的人员规模；未参与其中的合作形式有 $s! \cdot (n-s-1)!$ 种。则对于成员 i 来说，其参与联盟所创造的边际贡献可以表示为：

---

[1]　20 世纪 50 年代，夏普利与苏比克（1954）利用夏普利值计算联合国安理会成员国的权利值是该方法在社会科学中的最早一次应用。随后，在 1962 年，苏比克将该方法应用于会计学上，并认为该方法适用于计算公司内部成本调配；1962 年博克将夏普利值应用在保险学上。

[2]　这篇论文最早被收录于由 H. W. Kuhn and A. W. Tucker 编著，普林斯顿大学出版的《博弈理论贡献》（*Contributions to the Theory of Games*）一书中，后收录于由 H. W. Kuhn 编著，同样由普林斯顿大学出版的《博弈论经典》（*Classics in Game Theory*）一书中。后一本书已由韩松等翻译，中国人民大学出版社出版，此文为其第七章。

$$\Delta i = \left| \begin{array}{l} \displaystyle\sum_{S \subseteq N, i \in S} \frac{(s-1)! \cdot (n-s)!}{n!} v(S) \\ - \displaystyle\sum_{S \subseteq N, i \notin S} \frac{s! \cdot (n-s-1)!}{n!} v(S) \end{array} \right. \qquad (3-7)$$

其中，$v(S)$ 为合作联盟 S 所创造的价值，个人 i 参与其中时联盟所创造的价值可以表示为 $\displaystyle\sum_{S \subseteq N, i \in S} \frac{(s-1)! \cdot (n-s)!}{n!} v(S)$；个人 i 未参与其中时联盟所创造的价值可以表示为 $\displaystyle\sum_{S \subseteq N, i \notin S} \frac{s! \cdot (n-s-1)!}{n!} v(S)$。

进一步利用等式 $\gamma_n(s) = \dfrac{(s-1)! \cdot (n-s)!}{n!}$，夏普利给出了更为简洁的个人 i 参与联盟所创造的边际贡献表达式：

$$\Delta i = \sum_{S \subseteq N} \frac{(s-1)! \cdot (n-s)!}{n!} [v(S) - v(S-i)] \qquad (3-8)$$

其中，$v(S-i)$ 为不包含个人 i 时联盟所创造的价值。式（3-8）为对每个具有有限载体的合作联盟博弈，在满足合作博弈联盟条件的情况下，个人 i 参与联盟所创造的边际贡献的唯一支付函数。根据夏普利（1953）的研究，当联盟的支付配置 $C(N, r)$ 存在唯一的支付函数时，还需要满足如下三个公理。

①对称性（或叫平等对待）公理。要求参与人 i 和 j 在支付配置 $C(n, v)$ 中，是可以互换的，也即：

$$x_i(N, v) = x_j(N, v) \qquad (3-9)$$

其中，N 表示由 n 人组成的集合，这个集合的任意非空子集（如 $S \subset N$）就被称为联盟，其中 N 被称为一个大联盟（grand coalition）。

②有效性（或叫群体理性）公理。要求支付配置 $C(N,r)$ 分配了合作博弈的总支付：

$$\sum_{i \in N} x_i(N,v) = v(N) \qquad (3-10)$$

③可加性（或称加法法则）公理。要求对于任意两个联盟博弈 (N, r) 和 (N, λ)，对于所有的 $i \in N$ 都有：

$$x_i(N, r+\lambda) = x_i(N, r) + x_i(N, \lambda) \qquad (3-11)$$

对称性公理表明的是参与人在博弈中的角色，而非参与人在 N 中的名称或标志在起作用，被价值创造函数 $v(\cdot)$ 同等对待的参与人，也应当被支付

函数 $x(\cdot)$ 同等对待。有效性公理如同上述群体理性条件一样要求可行性和效率。对称性公理和有效性公理所阐明的是单独的联盟博弈的条件，可加性公理则将不同的联盟博弈的支付联系起来。可见，夏普利值是个十分有用的合作博弈解概念，具有很强的理论完备性，其不仅直观地给出联盟博弈中参与人存在唯一支付函数，同时还利用"边际贡献"的概念兼顾了参与人可行分配的公平性或公正性的原则。

3.2　基于过程的 Shapley 值分解与评价

3.2.1　贸易发展过程 Shapley 值分解

根据上述思想，将式（3 - 1）理解为对外贸易是人口（p）、人均 GDP（gp）、国民经济的技术密度（tg）和技术部门出口强度（qt）四个要素组成的联盟共同合作而产生的结果。那么 0 时期到 T 时期对外贸易规模的变化，也可以理解为由四个要素共同变化而产生的结果。任何一个要素变化对对外贸易发展规模变化的贡献都可由其参与共同合作情形下的边际贡献加以计量。以式（3 - 1）中的 ΔP，即人口因素对贸易发展过程的贡献度为例进行计算，ΔP 的计算公式可以表示如下：

$$\Delta P = \sum_{s=1}^{4} \left\{ \frac{(s-1)! \cdot (4-s)!}{4!} \sum_{\substack{S:p \in S \\ |S| = s}} \left[Q(S) - Q(S - p) \right] \right\} \quad (3-12)$$

其中，$Q(S)$ 是包含人口因素 p 变化的对外贸易规模变化决定函数，$Q(S - p)$ 是不包含因素 p 变化的对外贸易规模变化决定函数，那么不同情形下，$Q(S) - Q(S - p)$ 的计算公式为：

参与形式 1：$s = 1$，此时对外贸易规模的变化仅存在由人口因素变化而造成影响的一种形式，也即 $S = \{p\}, S - p = \{0\}$。此时的 $Q(S) - Q(S - p)$ 的计算公式为：

$$Q(S) - Q(S - p) = p^T \cdot gp^0 \cdot tg^0 \cdot qt^0 \cdot - p^0 \cdot gp^0 \cdot tg^0 \cdot qt^0 \quad (3-13)$$

其中，p^T 为 T 时期人口规模，p^0 为 0 时期人口规模；gp^0 为 0 时期的人均 GDP，tg^0 为 0 时期的 GDP 的技术密度，qt^0 为 0 时期的技术部门贸易强度。

参与形式 2 - 1：$s = 2$，此时对外贸易规模变化不仅包括由人口因素变化而造成的影响，还会包括另一个要素变化所造成的影响。当这一要素为人均

GDP 时，$S = \{p,gp\}$，$S - p = \{gp\}$ 时，$Q(S) - Q(S - p)$ 的计算公式为：

$$Q(S) - Q(S - p) = p^T \cdot gp^T \cdot tg^0 \cdot qt^0 - p^0 \cdot gp^T \cdot tg^0 \cdot qt^0 \quad (3-14)$$

其中，gp^T 为 T 时期的人均 GDP。

参与形式 2 - 2：$s = 2$，此时对外贸易规模变化不仅包括由人口因素变化而造成的影响，还包括 GDP 技术密度变化所造成的影响时，$S = \{p,tg\}$，$Q(S) - Q(S - p)$ 的计算公式为：

$$Q(S) - Q(S - p) = p^T \cdot gp^0 \cdot tg^T \cdot qt^0 - p^0 \cdot gp^0 \cdot tg^T \cdot qt^0 \quad (3-15)$$

其中，tg^T 为 T 时期的 GDP 技术密度。

参与形式 2 - 3：$s = 2$，此时对外贸易规模变化不仅包括由人口因素变化而造成的影响，还包括技术部门贸易强度变化所造成的影响时，$S = \{p,qt\}$，$Q(S) - Q(S - p)$ 的计算公式为：

$$Q(S) - Q(S - p) = p^T \cdot gp^0 \cdot tg^0 \cdot qt^T - p^0 \cdot gp^0 \cdot tg^0 \cdot qt^T \quad (3-16)$$

其中，qt^T 为 T 时期的技术部门贸易强度。

参与形式 3 - 1：$s = 3$，此时对外贸易规模变化不仅包括由人口因素变化而造成的影响，还会包括另外两个要素变化所造成的影响。当这两个要素为人均 GDP 和 GDP 技术密度时，此时 $S = \{p,gp,tg\}$，$S - p = \{gp,tg\}$，$Q(S) - Q(S - p)$ 的计算公式为：

$$Q(S) - Q(S - p) = p^T \cdot gp^T \cdot tg^T \cdot qt^0 - p^0 \cdot gp^T \cdot tg^T \cdot qt^0 \quad (3-17)$$

参与形式 3 - 2：$s = 3$，此时对外贸易规模变化不仅包括由人口因素变化而造成的影响，还包括人均 GDP 和技术部门贸易强度变化对贸易规模变化所造成的影响时，$S = \{p,gp,qt\}$，$S - p = \{gp,qt\}$，$Q(S) - Q(S - p)$ 的计算公式为：

$$Q(S) - Q(S - p) = p^T \cdot gp^T \cdot tg^0 \cdot qt^T - p^0 \cdot gp^T \cdot tg^0 \cdot qt^T \quad (3-18)$$

参与形式 3 - 3：$s = 3$，此时贸易规模变化不仅包括由人口因素变化而造成的影响，还包括 GDP 技术密度和技术部门贸易强度变化对贸易规模变化所造成的影响时，$S = \{p,tg,qt\}$，$S - p = \{tg,qt\}$，$Q(S) - Q(S - p)$ 的计算公式为：

$$Q(S) - Q(S - p) = p^T \cdot gp^0 \cdot tg^T \cdot qt^T - p^0 \cdot gp^0 \cdot tg^T \cdot qt^T \quad (3-19)$$

参与形式 3 - 4：$s = 4$，此时贸易规模变化不仅包括由人口因素变化而造成的影响，还包括其他三个要素变化对贸易规模变化所造成的影响时，$S = \{p,gp,tg,qt\}$，$S = \{gp,tg,qt\}$，$Q(S) - Q(S - p)$ 的计算公式为：

$$Q(S) - Q(S-p) = p^T \cdot gp^T \cdot tg^T \cdot qt^T - p^0 \cdot gp^T \cdot tg^T \cdot qt^T \tag{3-20}$$

将式（3-13）-式（3-20）带入式（3-12）可得：

$$\Delta p = \left|\begin{array}{l} \dfrac{1}{4}(p^T \cdot gp^0 \cdot tg^0 \cdot qt^0 - p^0 \cdot gp^0 \cdot tg^0 \cdot qt^0) \\[2mm] + \dfrac{1}{12}(p^T \cdot gp^T \cdot tg^0 \cdot qt^0 - p^0 \cdot gp^T \cdot tg^0 \cdot qt^0) \\[2mm] + \dfrac{1}{12}(p^T \cdot gp^0 \cdot tg^T \cdot qt^0 - p^0 \cdot gp^0 \cdot tg^T \cdot qt^0) \\[2mm] + \dfrac{1}{12}(p^T \cdot gp^0 \cdot tg^0 \cdot qt^T - p^0 \cdot gp^0 \cdot tg^0 \cdot qt^T) \\[2mm] + \dfrac{1}{12}(p^T \cdot gp^T \cdot tg^T \cdot qt^0 - p^0 \cdot gp^T \cdot tg^T \cdot qt^0) \\[2mm] + \dfrac{1}{12}(p^T \cdot gp^T \cdot tg^0 \cdot qt^T - p^0 \cdot gp^T \cdot tg^0 \cdot qt^T) \\[2mm] + \dfrac{1}{12}(p^T \cdot gp^0 \cdot tg^T \cdot qt^T - p^0 \cdot gp^0 \cdot tg^T \cdot qt^T) \\[2mm] + \dfrac{1}{4}(p^T \cdot gp^T \cdot tg^T \cdot qt^T - p^0 \cdot gp^T \cdot tg^T \cdot qt^T) \end{array}\right. \tag{3-21}$$

同理可得，$\Delta gp, \Delta tg, \Delta qt$ 可以分别表示为：

$$\Delta gp = \left|\begin{array}{l} \dfrac{1}{4}(p^0 \cdot gp^T \cdot tg^0 \cdot qt^0 - p^0 \cdot gp^0 \cdot tg^0 \cdot qt^0) \\[2mm] + \dfrac{1}{12}(p^T \cdot gp^T \cdot tg^0 \cdot qt^0 - p^T \cdot gp^0 \cdot tg^0 \cdot qt^0) \\[2mm] + \dfrac{1}{12}(p^0 \cdot gp^T \cdot tg^T \cdot qt^0 - p^0 \cdot gp^0 \cdot tg^T \cdot qt^0) \\[2mm] + \dfrac{1}{12}(p^0 \cdot gp^T \cdot tg^0 \cdot qt^T - p^0 \cdot gp^0 \cdot tg^0 \cdot qt^T) \\[2mm] + \dfrac{1}{12}(p^T \cdot gp^T \cdot tg^T \cdot qt^0 - p^T \cdot gp^0 \cdot tg^T \cdot qt^0) \\[2mm] + \dfrac{1}{12}(p^T \cdot gp^T \cdot tg^0 \cdot qt^T - p^T \cdot gp^0 \cdot tg^0 \cdot qt^T) \\[2mm] + \dfrac{1}{12}(p^0 \cdot gp^T \cdot tg^T \cdot qt^T - p^0 \cdot gp^0 \cdot tg^T \cdot qt^T) \\[2mm] + \dfrac{1}{4}(p^T \cdot gp^T \cdot tg^T \cdot qt^T - p^T \cdot gp^0 \cdot tg^T \cdot qt^T) \end{array}\right. \tag{3-22}$$

$$\Delta tg = \begin{vmatrix} \frac{1}{4}(p^0 \cdot gp^0 \cdot tg^T \cdot qt^0 - p^0 \cdot gp^0 \cdot tg^0 \cdot qt^0) \\ + \frac{1}{12}(p^T \cdot gp^0 \cdot tg^T \cdot qt^0 - p^T \cdot gp^0 \cdot tg^0 \cdot qt^0) \\ + \frac{1}{12}(p^0 \cdot gp^T \cdot tg^T \cdot qt^0 - p^0 \cdot gp^T \cdot tg^0 \cdot qt^0) \\ + \frac{1}{12}(p^0 \cdot gp^0 \cdot tg^T \cdot qt^T - p^0 \cdot gp^0 \cdot tg^0 \cdot qt^T) \\ + \frac{1}{12}(p^T \cdot gp^T \cdot tg^T \cdot qt^0 - p^T \cdot gp^T \cdot tg^0 \cdot qt^0) \\ + \frac{1}{12}(p^T \cdot gp^0 \cdot tg^T \cdot qt^T - p^T \cdot gp^0 \cdot tg^0 \cdot qt^T) \\ + \frac{1}{12}(p^0 \cdot gp^T \cdot tg^T \cdot qt^T - p^0 \cdot gp^T \cdot tg^0 \cdot qt^T) \\ + \frac{1}{4}(p^T \cdot gp^T \cdot tg^T \cdot qt^T - p^T \cdot gp^T \cdot tg^0 \cdot qt^T) \end{vmatrix} \qquad (3-23)$$

$$\Delta qt = \begin{vmatrix} \frac{1}{4}(p^0 \cdot gp^0 \cdot tg^0 \cdot qt^T - p^0 \cdot gp^0 \cdot tg^0 \cdot qt^0) \\ + \frac{1}{12}(p^T \cdot gp^0 \cdot tg^0 \cdot qt^T - p^T \cdot gp^0 \cdot tg^0 \cdot qt^0) \\ + \frac{1}{12}(p^0 \cdot gp^T \cdot tg^0 \cdot qt^T - p^0 \cdot gp^0 \cdot tg^0 \cdot qt^0) \\ + \frac{1}{12}(p^0 \cdot gp^0 \cdot tg^T \cdot qt^T - p^0 \cdot gp^0 \cdot tg^T \cdot qt^0) \\ + \frac{1}{12}(p^T \cdot gp^T \cdot tg^0 \cdot qt^T - p^T \cdot gp^T \cdot tg^0 \cdot qt^0) \\ + \frac{1}{12}(p^T \cdot gp^0 \cdot tg^T \cdot qt^T - p^T \cdot gp^0 \cdot tg^T \cdot qt^0) \\ + \frac{1}{12}(p^0 \cdot gp^T \cdot tg^T \cdot qt^T - p^0 \cdot gp^T \cdot tg^T \cdot qt^0) \\ + \frac{1}{4}(p^T \cdot gp^T \cdot tg^T \cdot qt^T - p^T \cdot gp^T \cdot tg^T \cdot qt^0) \end{vmatrix} \qquad (3-24)$$

Shapley 值法依据各因素变化对整体变化的边际贡献分配创造的价值，具有较强公平性和合理性。由此准确地给出了各个要素对贸易发展规模变化的贡献程度，即对外贸易发展规模不同阶段对不同要素的依赖程度能够被清晰、准确、客观地计算出来,从而实现对贸易发展过程中支撑要素变换与否的判断。

3.2.2　发展方式转变效果评价

贸易发展过程各指标值均源自国家统计局《中国统计年鉴》各年版本。由于中国统计年鉴中 GDP 及对外贸易(货物)数据以当年实际物价水平为基础进行计算,未考虑通货膨胀因素,因此本研究使用 GDP 缩减指数对名义 GDP 及对外贸易数据进行修正,由此得到人口、人均 GDP、GDP 技术密度和技术部门贸易强度四个指标数据(见表 3 - 2)。2000 ~ 2014 年,各指标的变化表现出了较大差异。人均 GDP 与 GDP 技术密度有了大幅度提升,分别增长了约 242.95% 和 234.11%,年均增幅分别为 9.2% 和 9%;技术部门贸易强度则从 2000 年的 0.104 下降为 2014 年的 0.033,下降了约 68.4%;人口则在该期间内保持了微弱增长,增长了约 7.92%。

表 3 - 2　2000 ~ 2014 年影响我国对外贸易发展过程的各因素各指标值　(货物贸易)

年份	GDP/P (亿元/万人)	T/GDP (项/亿元)	Q/T (亿元/项)	P (万人)
2000	0.219686	3.783438	0.104036	126743
2001	0.236269	3.788879	0.100966	127627
2002	0.256091	4.024824	0.105497	128453
2003	0.280063	5.035017	0.102506	129227
2004	0.306477	4.775256	0.124489	129988
2005	0.339265	4.824138	0.130379	130756
2006	0.380299	5.361167	0.120811	131448
2007	0.432044	6.162373	0.101029	132129
2008	0.471221	6.583388	0.086281	132802
2009	0.512232	8.513971	0.051194	133450
2010	0.563982	10.77457	0.045786	134091
2011	0.614521	11.60075	0.042093	134735
2012	0.658877	14.06876	0.032492	135404
2013	0.70602	13.66717	0.032124	136072
2014	0.753406	12.64101	0.032872	136782
增长(%)	242.9462	234.1144	− 68.403	7.9208

根据夏普利值表达式,得到各年度中四个因素对贸易发展的贡献额(见

表3－3）。首先，从变化趋势看，人口因素与人均 GDP 的贡献始终为正。其中，前者贡献较小，但在波动中略有上升，后者呈现出先升后降并小幅波动的态势，且在多数年份中贡献最大；国民经济技术密度在多数年份中贡献为正，但规律性不强；技术部门贸易强度在 2002 年、2004 年及 2005 年贡献为正，其余年份均为负值。2007 年以后，技术部门贸易强度的贡献明显上升，虽然仍为负值，但 2014 年比 2007 年增长了 92.3%。从增幅看，技术部门贸易强度最大，增长了约 390.2%；人均 GDP 次之，增长了约 237.6%；人口因素则以约 183.1% 的增长幅度排在第三位；国民经济技术密度对贸易发展的贡献在此期间下降了 206 倍。由于各指标间数据相差较大且数据量纲存在差异，直接使用标准差来比较指标之间的离散程度并不合适，因此采用变异系数对此进行衡量。从变异系数看，人口与人均 GDP 的贡献度最为稳定，而国民经济技术密度与技术部门贸易强度的变异程度较大。

表3－3　2001～2014 年各指标对贸易发展的贡献额的变化情况

年份	Δp	Δgp	Δtg	Δqt
2001	78.19765	818.4696	16.16913	－337.04
2002	82.08622	1023.865	768.0273	558.2639
2003	97.84218	1454.476	3628.053	－468.83
2004	124.2728	1904.359	－1122.4	4097.019
2005	151.7441	2614.723	262.3281	1190.142
2006	159.1811	3438.621	3179.151	－2300.67
2007	176.3369	4349.173	4747.985	－6110.87
2008	181.1353	3094.624	2356.181	－5626.08
2009	163.2431	2801.768	8654.653	－17371.2
2010	161.1129	3230.485	7883.413	－3762
2011	186.4336	3337.643	2873.507	－3274.45
2012	202.9593	2855.674	7902.717	－10610.1
2013	204.2129	2867.188	－1201.84	－472.385
2014	221.3773	2763.072	－3320.44	978.0946
增长（%）	183.0997	237.59	－20635.7	390.201
标准差	43.74028	948.9072	3562.58	5333.85
均值	156.4382	2611.01	2616.25	－3107.86
变异系数（%）	27.96	36.34	136.17	－171.62

因此，从发展过程看，规模因素对我国贸易增长贡献最大且较为稳定，人口因素对贸易发展的贡献虽然较小，但呈现平稳增长态势。国民经济技术密度对贸易发展的贡献虽然曾在少数年份超过人均 GDP，但波动幅度较大，特别是 2009 年后呈现出较大的下降态势。技术部门贸易强度不仅在多数年份对贸易发展的贡献为负，而且不同年份间差异巨大，最不稳定。此外，2001 年后，国民经济技术密度与技术部门贸易强度对贸易发展的贡献呈现出明显的负相关关系。特别是 2008 年后，我国技术部门贸易强度对贸易发展的贡献逐年增长，甚至在 2014 年首次由负转正，但国民经济技术密度对贸易发展的贡献却在波动中下降。由此可见，从贸易发展过程看，技术因素对贸易发展的贡献逐渐增大但仍较小且不稳定，劳动、资本等资源的数量、规模性投入仍为贸易发展的主要驱动力量。这表明，资源利用方式转变取得了一定效果，但仍需进一步提升；同时国内经济与出口贸易之间的协调性仍然较差。

3.3　基于结果 Shapley 值分解与评价

3.3.1　贸易发展结果 Shapley 值分解

根据对贸易发展结果实现途径的分解见式（3 - 5），我国出口贸易在全球出口贸易中的比重是出口产品种类、产品价格及产品数量三个要素组成的联盟合作而产生的结果。任何一个要素变化对我国出口贸易在全球贸易中比重变化的贡献都可由其参与合作情况下的边际贡献加以计量。以式(3 - 5)中 EX 的计算为例，EX 对 X_i 变化的贡献可以依据式（3 - 8）计算得到：

$$\Delta EX = \sum_{s=1}^{3} \left\{ \frac{(s-1)! \cdot (3-s)!}{3!} \sum_{\substack{s: p \in S \\ |S| = s}} [V(S) - V(S - EX)] \right\} \quad (3 - 25)$$

其中，$V(S)$ 是包含出口产品种类 EX 变化的出口贸易占比变化的决定函数，$V(S - EX)$ 是不包含因素 EX 变化的出口贸易占比变化的决定函数，那么不同情形下，$V(S) - V(S - EX)$ 的计算公式为：

参与形式 1：$s=1$，此时出口贸易占比变化仅存在由出口产品种类因素变化而造成影响的一种形式，也即 $S=\{EX\}, S-EX=\{0\}$ 时，$V(S)-V(S-EX)$ 的计算公式为：

$$V(S)-V(S-p)=EX^T \cdot P^0 \cdot Q^0 - EX^0 \cdot P^0 \cdot Q^0 \qquad (3-26)$$

其中，EX^T 为 T 时期出口产品种类，EX^0 为 0 时期出口产品种类；P^0 为 0 时期的出口产品价格，Q^0 为 0 时期的出口产品数量。

参与形式 2-1：$s=2$，此时出口贸易占比变化不仅包括由出口产品种类因素变化而造成的影响，还会包括另一个要素变化所造成的影响。当这一要素为出口产品价格时，$S=\{EX,P\}, S-EX=\{P\}$ 时，$V(S)-V(S-EX)$ 的计算公式为：

$$V(S)-V(S-EX)=EX^T \cdot P^T \cdot Q^0 - EX^0 \cdot P^0 \cdot Q^0 \qquad (3-27)$$

其中，P^T 为 T 时期的出口产品价格。

参与形式 2-2：$s=2$，此时出口贸易占比变化不仅包括由出口产品种类因素变化而造成的影响，还包括出口产品数量变化所造成的影响时，$S=\{EX,Q\}, S-EX=\{Q\}$，$V(S)-V(S-EX)$ 的计算公式为：

$$V(S)-V(S-EX)=EX^T \cdot P^0 \cdot Q^T - EX^0 \cdot P^0 \cdot Q^T \qquad (3-28)$$

其中，Q^T 为 T 时期的出口产品数量。

参与形式 3：$s=3$，此时出口贸易占比的变化不仅包括由出口产品种类变化而造成的影响，还包括另外两个要素变化所造成的影响。此时 $S=\{EX,P,Q\}$，$S-EX=\{P,Q\}$，$V(S)-V(S-EX)$ 的计算公式为：

$$V(S)-V(S-EX)=EX^T \cdot P^T \cdot Q^T - EX^0 \cdot P^T \cdot Q^T \qquad (3-29)$$

将式（3-26）、式（3-29）带入式（3-25）可得：

$$\Delta EX = \begin{vmatrix} \dfrac{1}{3}(EX^T \cdot P^0 \cdot Q^0 - EX^0 \cdot P^0 \cdot Q^0) \\[2mm] +\dfrac{1}{6}(EX^T \cdot P^T \cdot Q^0 - EX^0 \cdot P^T \cdot Q^0) \\[2mm] +\dfrac{1}{6}(EX^T \cdot P^0 \cdot Q^T - EX^0 \cdot P^0 \cdot Q^T) \\[2mm] +\dfrac{1}{3}(EX^T \cdot P^T \cdot Q^T - EX^0 \cdot P^T \cdot Q^T) \end{vmatrix} \qquad (3-30)$$

同理可得，ΔP、ΔQ 可以分别表示为：

$$\Delta P = \left|\begin{array}{l} \dfrac{1}{3}(EX^0 \cdot P^T \cdot Q^0 - EX^0 \cdot P^0 \cdot Q^0) \\[2mm] +\dfrac{1}{6}(EX^T \cdot P^T \cdot Q^0 - EX^T \cdot P^0 \cdot Q^0) \\[2mm] +\dfrac{1}{6}(EX^0 \cdot P^T \cdot Q^T - EX^0 \cdot P^0 \cdot Q^T) \\[2mm] +\dfrac{1}{3}(EX^T \cdot P^T \cdot Q^T - EX^T \cdot P^T \cdot Q^T) \end{array}\right. \qquad (3-31)$$

$$\Delta Q = \left|\begin{array}{l} \dfrac{1}{3}(EX^0 \cdot P^0 \cdot Q^T - EX^0 \cdot P^0 \cdot Q^0) \\[2mm] +\dfrac{1}{6}(EX^T \cdot P^0 \cdot Q^T - EX^T \cdot P^0 \cdot Q^0) \\[2mm] +\dfrac{1}{6}(EX^0 \cdot P^T \cdot Q^T - EX^0 \cdot P^T \cdot Q^0) \\[2mm] +\dfrac{1}{3}(EX^T \cdot P^T \cdot Q^T - EX^T \cdot P^T \cdot Q^0) \end{array}\right. \qquad (3-32)$$

因 Shapley 值法是按照每个影响因素变化对整体变化的边际贡献大小来进行分配的，所以充分体现了对传统指数分解法中剩余项分摊的公平性和合理性，从而很好地避免了其他完全分解方法在剩余项分配时所面临的缺乏原则和合理经济解释的困境。

3.3.2 发展方式转变效果评价

CEPII - Basic 数据库以 HS 六位编码为基础，对世界各个国家出口总值与出口数量进行了统计，由此可以得到每类产品的出口数量、价格。根据式（3-5），可以得到 1995～2013 年我国出口种类系数、价格系数及数量系数（见图 3-1）：种类系数增长率最低，仅为 0.44%，但变化较为平稳；价格系数增长率较高，为 87.46%，但不稳定，方差高达 0.91；数量系数不仅增长率最高（97.94%），而且最为稳定，方差接近 0。

根据夏普利值表达式可以得到三个系数对中国出口占世界出口比重变化的贡献程度。首先，从总体看，三类因素的贡献均值中数量系数最大，价格系数次之，种类因素最小；分年度看，有 14 个年度数量系数的贡献最大，有 5 个年度价格系数贡献最大，而种类系数在各年度的贡献都最小。其次，从各因素贡献度发展变化看，价格因素在期间内增长率最高，为360%；数量因素与种类因素贡献度则在考察期内出现不同程度下降，分别为57.78%和11.19%（见图3-2）。这表明，在我国贸易发展中，数量增长是市场开拓的主要方式，但贡献正在下降；质量因素贡献虽然较小，但稳步增长。我国贸易发展正在逐步由以数量为主向以质量为主转变。价格因素对我国出口增长的贡献度较不稳定，容易受到其他因素影响。如国际金融危机后价格因素贡献度显著下降，数量因素贡献度又迅速上升。特别需要注意的是，种类因素对我国贸易发展的贡献度一直很小，且小幅下降。这表明在国际市场上，我国产品创新能力较弱。

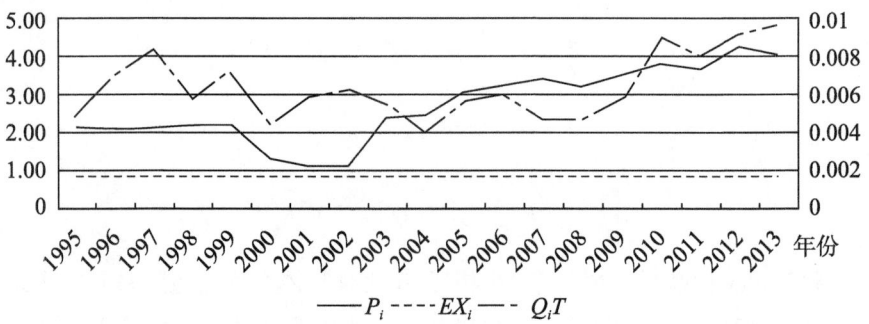

图3-1 1995~2013年我国出口数量、价格及种类系数变化情况

数据来源：CEPII-Basic 数据库（1995~2013）。

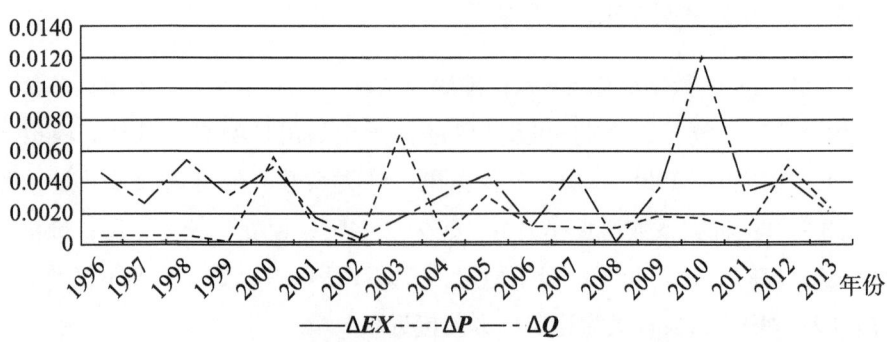

图3-2 1996~2013年三个分量因素对我国出口占世界出口比重增长贡献度及变化情况

数据来源：CEPII-Basic 数据库（1995~2013）。

3.4　相关国际经验分析

3.4.1　美国经验分析

美国成为当今世界"头号"经济强国并非一蹴而就，其中对外贸易在美国经济发展过程中起到了至关重要的作用。自 1776 年独立以来，美国对外贸易发展先后经历了贸易保护主义阶段、自由贸易阶段以及变革与公平贸易并行三个阶段。三个不同阶段的出现是美国对外贸易随着约束条件适时作出的转变，从而实现了利用对外贸易增进自身国民收益的正确把握，成就了其世界贸易强国的地位。回顾美国对外贸易发展历程发现，美国虽然没有明确提出"对外贸易发展方式转变"这一概念，但其所采取的各类政策措施事实上起到了推动贸易发展方式转变，提升国际市场竞争力的目标。

（1）积极推广利用新技术，发展新产业

美国是世界上实施"赶超"最为成功的国家之一，不仅顺利实现了由农业经济向工业经济的成功转变，而且逐步赶超英国成为头号经济强国。美国成功赶超的实现与其在现代新科技的推广、新产业的发展息息相关，如美国充分利用第二次科技革命的技术成果，建成了世界第一个发电厂，率先实现了电力技术产业化。此外，通过管理创新（如泰罗科学管理方法）与工艺创新，实现了大规模生产方式，由此奠定了美国钢铁、汽车、机器设备及电气产品等产业的全球竞争优势，并强化了美国科技创新发展之路。

新技术的研发成为美国经济发展的重要支撑，新科技层出不穷，如 300 多位美国科学家获得诺贝尔奖，居世界各国之首。特别是在自然科学领域（物理、化学、生物、医学），美国以压倒性的优势获得自然科学领域的诺贝尔奖（远超世界其他国家的总和）。更为重要的是美国对于技术成果产业化的重视与推动，如美国政府 1991 年发表的《美国国家关键技术报告》指出：技术本身并不能保证经济繁荣和国家安全。技术的确能够对美国的国家利益作出重要的贡献，但只有在我们学会将其更有效地应用研制新型、高质量、成本有竞争力的产品时才能达到这一目标。美国政府的努力是卓有成效的，在许多领域充当了创新者，如美国最早发明电视机、第一个使用打字机。由此实现了美国企业源源不断地向世界市场提供新技术、新产品的目标，如自 20

世纪90年代以来，全世界90%以上的应用科技创新，都离不开硅谷的技术支持。当今世界的每一轮新产品出现，都有美国企业的身影。当今世界潮流产品，如特斯拉（Tesla）、3D打印机、苹果手机、无人驾驶汽车等无一不是由美国率先向世界推出。新产品的推出不仅提升了美国产品的国家品牌形象，更使美国获取了较高贸易利得。

（2）大力提升边境措施、国内政策协调度

第一，通过边境政策为国内产业发展创造空间。

美国协调利用边境措施与国内政策的历史渊源来自汉密尔顿，其在《有关制造业的财政部长报告》（1791）中认为，如果美国政府不对其幼稚产业的最初损失进行援助，国外竞争和"习惯势力"将使美国无法建立起本能够很快具备国际竞争力的新的产业。此后美国开始了围绕进口关税及其税率设定的政治讨论及实践，总统林肯不仅是一位蓝色阵营的贸易保护主义者，而且更是亨利·克莱倡导的"美国体系"❶的积极践行者。美国南北战争中北方的胜利为美国幼稚产业保护政策的实施奠定了政治基础，并一直持续到第二次世界大战期间。如美国1890年通过的《麦金莱关税法》，大幅提高了商品税率，使得进口商品的平均税率达49.5%，放弃了保护幼稚工业理论，提出成熟工业仍需要实行高关税贸易保护的理论，该法案还加入了"互惠"原则条款，以利于美国企业进军海外市场。"二战"后，随着工业霸权地位的巩固，美国才转变其关税政策，开始实施自由贸易政策。

第二，利用产业政策为产业发展提供扶持。

虽然美国关税在其工业化过程中起到了关键性作用，甚至有观点认为：失去了对幼稚产业的保护，美国就不会完成工业化，也不可能像它在赶超时期内所经历的那样发展得如此迅速。但是，美国并非仅依赖边境的关税措施实现了赶超的目标，国内产业政策的恰当实施也是其重要原因。这些产业政策包括：①政府加大对教育的投入，如政府教育投资占教育投资总量从1840年的不到50%增长到1900年的近80%；②通过向铁路公司提供土地和补贴等方式促进交通基础设施建设；③政府提供研发资金支持，如美国联邦政府的研发投资在1930年不足研发投资总额的16%，但"二战"后这一比例维持在了1/3～1/2。而根据美国提供的信息表明，美国政府的全国健康协会向制药

---

❶ 幼稚产业保护和发展基础设施是这一体系的主要内容。

和生物科技行业提供 29% 的经费支持；④联邦政府的国防采购。

第三，利用竞争政策为国内产业发展优化秩序。

美国早在 1890 年就出台了第一部反垄断法《谢尔曼法》，针对该法存在的问题，1914 年又通过了美国历史上最重要的两部反垄断法《克莱顿法》和《联邦贸易委员会法》。特别是后者建立了独立的执法机构联邦贸易委员会，与司法部共享反垄断执法权，由此美国的反垄断法律制度体系由反垄断法律和联邦贸易委员会共同构成。这一系列旨在维护公平竞争和生产秩序的法律文件被公认为是世界反垄断法的鼻祖。1936 年，美国出台《罗宾逊－帕特曼法》，对《克莱顿法》所列举的不正当竞争范围进行了拓展，从而有效地保护了小企业免受有效率的大企业的"侵害"。1950 年，《塞勒－克弗沃法》又进一步弥补了《克莱顿法》的漏洞：将资产收购纳入到合并控制的范畴，采取了美国有史以来最严格的合并控制标准。1994 年，"国际反垄断援助法案"获得美国国会批准，授权美国反垄断机构与国外反垄断机构签订双边合作协议的权利。由此开始了美国反垄断法的国际拓展阶段：1998 年美国和欧盟签订了"欧盟—美国积极礼让协议"❶；2001 年 10 月，美国联合一些国家宣布共同建立"国际竞争网络"，并于 2002 年春在巴黎召开首次会议，成立了常设委员会。

美国反垄断法的出台及体系的完善为优化国内市场竞争秩序奠定了基础，促进了美国企业竞争力的提升。特别是美国反垄断法随着经济研究重点从结构向效率的转变，其判定违法原则也由"本身违法"向"合理推定原则"转变，并顺应国际竞争的需要逐渐推动反垄断政策的目标实现了从"维护竞争性价格"向"推动创新"的转变。如 1997 年美国联邦贸易委员会发布的《竞争政策报告》强调：将推动科技创新作为反垄断政策的目标，一起提高美国企业的竞争力，应对经济全球化环境和国际竞争的日益加剧。

以高关税政策为代表的幼稚产业保护、以政府采购及补贴为手段的产业扶持政策、以反垄断政策工具的竞争政策是美国促进产业发展，提升竞争力的重要制度框架。三类政策在实施时间、目标取向等方面实现了较好的协调与配合，从而实现了企业成长空间构筑、成长能力培育，特别是反垄断法的

---

❶　该协议规定：一方反垄断机构对特定案件做出最终裁决前，应充分听取对方反垄断机构的意见。

不断调整、完善及国际拓展，为美国在全球生产竞争优势取得及维持发挥了重要作用。这正如美国总统经济顾问委员会主席约瑟芬·斯蒂格利茨曾经说过的，"反托拉斯政策不仅远远没有使美国企业在竞争中处于不利地位，而且成为美国国内厂家在全球生产取得成功的最重要原因。国内竞争使美国企业变得更为敏捷，更具有创新能力，从而成为全球市场上有力的竞争者"。

（3）适时推动建立国际贸易规则、概念体系

1934 年，美国出台的《互惠贸易协定法》成为其由贸易保护主义向自由贸易转变的转折点，从此美国开始迈向自由贸易之路，推行双边互惠贸易。该法案不仅确定了减少商品的进口限制，降低进口关税，减少贸易壁垒等贸易促进措施，以国内市场换取进军国外市场的机会，特别是授权美国总统进行贸易谈判和签订贸易协定及不经国会批准修改现行关税税率（修改幅度不超过 50%）。此外，该法案还确立了无条件最惠国待遇原则。此后，美国高举"机会均等""最惠国待遇"的旗帜，开始大力推广自由贸易的活动，广泛展开互惠谈判。先后与古巴、巴西、海地等美洲国家，比利时、瑞典、荷兰和瑞士等欧洲国家达成贸易协议。"二战"结束后，美国便开始着手建立以多边为中心的世界贸易新秩序。如 1944 年建立"布雷顿森林体系"取得了货币储备、汇率体制优势；1947 年成立 GATT 开始推动关税减让进程，初步建立了多边贸易新秩序。

随着美国优势产业逐渐由制造业向技术与服务部门的转移，1973～1979年 GATT 东京回合谈判中，美国提出了服务贸易纳入谈判议题要求，最终因日本、欧洲等发达国家反对没有实现。但在 1986 年开始的乌拉圭回合谈判中被纳入，并最终成功签订 WTO 及 GATS 协定。由此实现了美国将服务贸易带入到自由化进程的目的。

除此之外，美国创造了"公平而有害""不公平"等一系列概念，并构建了以此为基础的制度框架。如 1988 年美国通过了《综合贸易和竞争法》，标志着公平贸易开始取代自由贸易，并成为美国贸易政策的基本原则，该法案的关键思想体现在第 301 条款中，包括超级 301 条款和特别 301 条款，授权美国政府对"不公平贸易"进行调查，授权总统的贸易谈判代表可对外国进行贸易报复。1989 年《国家贸易政策纲要》提出 20 世纪 90 年代美国外贸政策的基本方针是"自由和公平贸易"。1993 年克林顿政府推出"国家出口战略"，政府外交活动的重要内容之一便是扩大出口、打开他国市场。小布什上

台之后，以"公平贸易"为借口，采取了一系列动摇世界贸易体系稳定性的单边措施，对多边贸易谈判造成了不利影响。奥巴马政府上台以来，兼顾国内和国际两方面因素，最大限度维护美国的国家利益。在国内，奥巴马政府制定贸易政策兼顾劳工阶层和美国优势产业的利益；在国际方面，需要考虑多重因素。奥巴马政府的贸易政策不稳定，是为了在贸易保护和自由贸易之间寻求平衡。

3.4.2 德国经验分析

虽然德国普遍认为是幼稚产业保护的发源地，但关税保护在德国经济发展中的作用远远不如美国或者英国那么重要。德国经济国际竞争力提升的关键因素在于：①推行各种政策以促进新兴工业的发展，其中政府对关键领域的介入在引进新技术及示范效应方面至关重要；②培养技术及企业家人才，如德国早在1820年就创办了工艺学院，以培养技术工人，研究模仿国外机械设备，此外，重新设定中小学及大学教学目标，将教学内容由神学引导到科学技术教学中来；③鼓励发明创新，奖励创新者。当然，这一阶段，德国关税的调整也使得企业在相关行业领域内的创新行为具有可行性和较高的回报，从而促进了创新的积极性。

3.4.3 法国经验分析

法国竞争力提升的最主要手段就是通过各种途径大力缩小与国外的技术差距。首先，法国很早就开始有组织地招募国外技术工人，积极鼓励通过各种途径获得国外先进技术，甚至设定"外国产品总监"的政府岗位，有组织地进行工业谍报行为；其次，政府组织各种活动营造创新氛围，鼓励发明创造，如组织工业展览、机器发明公开赛以及成立相关协会，增强与政府部门的交流等；最后，政府积极鼓励基础设施建设，建立各种研究机构，特别是积极推动各种现代企业治理机制的发展与完善，如政府建立土地银行等现代金融机构，并大力推行有限责任制等。

3.4.4 瑞典经验分析

瑞典成功转型的关键在于，实现了关税保护、工业补贴以及新技术研发的有机结合。瑞典在1880年之后开始把关税作为抵御国外竞争的关键手段，但与此同时，在国内实施了一些有力的措施以提升产业技术水平。①大力提高基础设施建设水平，如铁路、电报及电话设施网络建设；②对新技术的研发及获取提供相应支持与补贴，如政府为鼓励新技术引进，对企业考察和研究提供资助，报销交通费等；③提高民众受教育水平，如早在1878年就实现了六年制义务教育，并在更高层次上提供帮助，如建立相关技术研究院，并向特定行业直接提供研究经费等；④通过建立工会制度，提升工人福利以促进低工资行业采用新技术，提升效率实现产业升级。

3.5 小结

通过构建贸易发展过程和结果恒等式，得到资源利用方式和市场开拓方式两个层面的指标体系。以合作博弈中夏普利值方法对各指标在各年度中对贸易发展过程与结果贡献度进行度量，通过各指标各年度贡献的变化对贸易发展方式转变效果做出判定，具有较好的效果。计算结果显示：从发展过程即资源利用方式看，规模因素一直是我国对外贸易发展稳定的支撑。国民经济技术密度对出口的贡献虽然得到一定程度的提升，但不稳定。特别是全球金融危机以来，其对贸易发展的贡献迅速下降。技术部门贸易强度的贡献在近期得到显著提升，从负转正，但与国民经济技术密度贡献呈现明显的负相关性关系。从结果即市场开拓方式看，数量系数对贸易发展的贡献度最大但呈现下降态势；价格系数贡献度增幅较大，但易受外界因素影响；种类系数的贡献度最小且呈现出下降态势。综上所述，无论从资源利用方式还是市场开拓方式看，我国对外贸易发展方式转变均取得了一定效果，但资源利用仍以规模投入为主，市场开拓仍以数量增长为主，转变效果仍需进一步提升。特别是在贸易发展过程中，出口部门与非出口部门协调程度较差，在市场开拓中种类因素贡献较小，即产品创新匮乏。因此，我国贸易发展方式转变仍需加大力度，特别是后续政策应首先提高国民经济中出口部门和非出口部门协调性，其次提升企业产品创新能力与水平，提高新产品生产及出口能力为目标。发达国家对外贸易发展经验表明：技术创新是贸易竞争力提升的关键，政策体系与制度的完善是保障。在全球产业链竞争日益加剧的背景下，微观生产组织对产业链各环节控制程度越来越高，技术创新成为产业链末端环节企业突破控制，实现产业与贸易升级的关键路径。

第4章 对外贸易发展方式转变政策分析

转变外贸发展方式就是要转变市场开拓与资源利用方式，以实现企业或国家通过不断价值增值提高并保持竞争力。在导致国际分工的力量中，技术似乎显得越来越重要。美国的经验表明：贸易政策可以是决定技术变革速度的一个重要因素，因为政府行为可以改变由本国及外国厂商参与的战略性博弈。改革开放后，随着对外贸易发展态势的变化，我国有关对外贸易的政策在不断调整、完善，有力地促进了贸易的发展。但是，由于贸易发展方式转变是相关经济主体在政策激励下的努力过程，其经济利益能否一致成为影响努力程度的关键性因素。

4.1 对外贸易发展方式转变政策梳理

4.1.1 贸易发展方式转变相关政策分类

在我国，与贸易相关的政策可以分为两大类，一类是党中央、各级政府及各主管部门颁布的各项大政方针；一类是具体的操作性政策工具。前者是对后者的统辖，后者是前者的操作性方案。两大类政策相互配合，形成了我国对外贸易及其发展方式转变的政策环境。

（1）促进对外贸易发展方式转变的重要文件

1995 年 9 月，中国共产党十四届五中全会提出，大力依靠科学技术，坚定不移地走"科技兴贸"的路子，即以技术为支撑实现对外贸易增长方式的转变。从 1996 年 3 月八届全国人大四次会议批准的《中华人民共和国国民经济和社会发展"九五"计划和 2010 年远景目标纲要》开始，对外贸易发展方式转变成为党和国家经济发展中的一项主要任务。2005 年 10 月召开的党的十六届五中全会通过的《中共中央关于制定国民经济和社会发展第十一个五年规划的建议》进一步提出，"实施互利共赢的开放战略"。因此，应在提高对外开放水平的同时，加快转变外贸增长方式。2007年，党的十七大报告则明确提出：加快转变外贸增长方式，立足以质取胜，调整进出口结构，促进加工贸易转型升级，大力发展服务贸易。2012年，党的十八大报告进一步要求，要加快转变对外经济发展方式，推动开放朝着优化结构、拓展深度、提高效益方向转变。上述大政方针的确定，为我国对外贸易发展重点指明了方向，更对我国相关贸易政策调整完善提出了明确要求。

为落实上述指导方针，中央、各级政府专门针对对外贸易发展方式转变，发布了一系列政策文件（见表4-1）。如作为我国对外贸易的主管机构，商务部在《商务发展第十一个五年规划纲要》中明确提出：外贸增长方式将实现重大转变，在继续保持外贸适度增长的基础上，着力提升对外贸易的竞争力和综合效益，要从规模速度型增长向质量效益型增长转变，从低成本、低价格优势向综合竞争力、核心竞争力优势转变，从重视出口创汇向进出口均衡增长、实现贸易平衡转变。2012年商务部等十部委联合出台了《关于加快转变外贸发展方式的指导意见》，明确了转变外贸发展方式的具体任务及政策措施。这一系列文件的出台，为我国对外贸易发展方式的转变奠定了坚实的宏观政策基础，更为贸易发展方式转变具体政策的确立、颁布与实施构建了完整的框架。

表4-1　部分有关外贸发展方式转变的重要政策文件

序号	名称	发布时间	发布部门及文件号	主要内容
1	《对外贸易壁垒调查暂行规则》	2002年9月	对外贸易经济合作部令〔2002〕31号	外贸壁垒确定、立案程序
2	《关于加快转变外贸发展方式的指导意见》	2012年2月	商贸发〔2012〕48号	外贸发展方式转变指导思想、目标、原则、任务和体制保障

序号	名称	发布时间	发布部门及文件号	主要内容
3	《国务院关于加快发展对外文化贸易的意见》	2014 年 5 月	国发〔2014〕13 号	拓展我国文化发展空间、提高对外贸易发展质量,对于继续扩大改革开放、转变经济发展方式,稳增长促就业惠民生、提升国家软实力提出加快发展对外文化贸易的总体要求,采取明确支撑重点、加大财税支持、强化金融服务、完善服务保障四项政策措施,明确组织领导
4	《国务院办公厅关于支持外贸稳定增长的若干意见》	2014 年 5 月	国办发〔2014〕19 号	优化外贸结构、改善外贸环境、强化政策保障、增强外贸竞争力
5	《国务院办公厅关于加强进口的若干意见》	2014 年 10 月	国办发〔2014〕49 号	实施积极的进口促进战略,加强技术、产品和服务进口
6	《贸易政策合规工作实施办法(试行)》	2014 年 12 月	商务部公告 2014 年第 86 号	贸易政策涵盖范围、合规性的界定、适用主体、对现行的和拟议中的贸易政策提出合规问题的有关要求和程序、商务部的职责范畴及办理合规问题的程序及时限规定等

序号	名称	发布时间	发布部门及文件号	主要内容
7	《国务院关于加快培育外贸竞争新优势的若干意见》	2015 年 12 月	国发〔2015〕9 号	优化我们的国际市场布局、国内区域布局、商品结构、经营主体结构和贸易方式，推动货物、服务、技术和资本输出相结合，加快形成技术、品牌、质量、服务为核心的综合竞争优势，积极打造创新驱动的增长动力，大力营造法治化、国际化营商环境，主动参与国际经贸规则制订
8	《国务院关于促进加工贸易创新发展的若干意见》	2016 年 1 月	国发〔2016〕4 号	针对"留、来、转"三类情况明确了加工贸易创新发展的路径

（2）与贸易直接相关的具体政策

企业经营活动直接受到各种法律、法规及相关政策影响，良好的政策环境不仅能够引导企业外贸经营活动与国家宏观经济目标趋向一致，而且能够降低企业经营成本，提升企业外贸经营活动附加值。近年来，为促进我国对外贸易快速、健康发展，我国政府及各相关部门制定了大量的政策措施，形成了对外贸易发展的完整的政策体系。根据商务部《贸易政策合规工作实施办法（试行）》的说明，影响贸易的政策措施包括三大类 25 项政策措施：第一类是直接影响进口的政策措施，主要包括海关程序、估价和原产地规则；关税；影响进口的间接税；进口禁令和许可；国营贸易；贸易救济；标准和其他技术要求；与进口有关的融资政策。第二类是直接影响出口的政策措施，主要包括出口税；出口退税；加工贸易税收减让；出口禁止、限制和许可；

国营贸易;与出口有关的融资、保险和担保政策;促进和营销支持措施。第三类是其他影响贸易的政策措施,主要包括税收优惠政策;补贴和其他政府支持;涉及贸易的产业政策;价格管制;竞争政策和消费者保护政策;与贸易有关的知识产权政策;与贸易有关的投资政策;与服务部门市场准入有关的政策;与服务部门国民待遇有关的政策;其他影响贸易的政策。

4.1.2　直接影响出口的政策措施

根据商务部公告 2014 年第 86 号公布的《贸易政策合规工作实施办法(试行)》,直接影响出口的政策措施包括:出口税、出口退税、加工贸易税收减让、出口禁止与限制和许可、国营贸易、与出口有关的融资、保险和担保政策、促进和营销支持措施等几项政策。直接影响进口的政策措施包括:海关程序与估价和原产地规则、关税及影响进口的间接税、进口禁令和许可、国营贸易、贸易救济、标准和其他技术要求、与进口有关的融资政策等。

在我国对外贸易发展的不同阶段,上述直接影响出口的各项措施发挥了不同的作用。

(1) 出口关税政策

一般而言,国家征收出口关税主要的目的是:①增加财政收入;②限制重要的原材料大量输出,保证国内供应;③提高以使用该国原材料为主的国外加工产品的生产成本,削弱其竞争能力;④反对跨国公司在发展中国家低价收购初级产品。从我国出口税征收实践看,出口关税的征收目标在于保障国内资源供给、维护国际贸易环境与促进国内产业升级。因此,我国出口税涉及应税品种较小,且随着国内外形势的变化调整较为频繁。如我国在 2002 年出口税则中仅对一小部分关系到国计民生的重要出口商品征收出口税,一共有 36 个税目,其中对 23 个税目实行了出口暂定税率,其余的不征税。

为减少国际贸易摩擦,促进纺织行业优胜劣汰,我国于 2005 年 1 月 1 日起对一部分纺织品以及电解铝、铜、镍等部分高耗能产品和资源性产品恢复征收适当的出口关税。2006 年 11 月 1 日开始对钢坯加征 10% 的出口关税。此后化肥、粮食、萤石等产品都曾相应的征收出口关税。随着国内外形势的变化,2015 年 5 月 1 日,取消钢铁颗粒粉末、稀土、钨、钼等产品的出口关税,对铝加工材料等产品出口实施零税率;2016 年 1 月 1 日起,我国停止征收纺织品进口关税。

（2）出口禁止、限制和许可类政策

此类政策分为两大类，一类为针对军品及敏感物项的出口管制政策，另一类为涉及文物、动植物、粮食、自然资源、金银等出口限制措施，此类措施形式多样，诸如配额、许可证、价格设限、国营贸易等都属于此类措施。改革开放前，中国主要采用行政手段对进出口进行管理。改革开放以后，中国已初步建立起较为完整的社会主义市场经济体制，国内经济体制和外贸环境发生了重大变化，法律手段逐渐取代行政手段在进出口管理中发挥作用。中国加入 WTO 时承诺：①自加入之日起，只有在被 GATT 规定证明为合理的情况下，才实行出口限制和许可程序；②每年就现存对出口产品实行的非自动许可限制向 WTO 通报，并将予以取消，除非这些措施被证明为合理；③《中国加入 WTO 议定书》第 11.3 条规定："中国应取消适用于出口产品的全部税费，除非本议定书附件 6 中有明确规定或按照 GATT1994 第 8 条的规定适用"，因此中国出口管制政策及管理商品逐渐减少。如从 1999 年，我国对稀土产品出口实施配额管理后，稀土配额总量逐渐下降，从 2005 ~ 2010 年，稀土出口从 5 万吨下降到 2.4 万吨。2015 年 1 月，商务部宣布，正式取消稀土出口配额制度，企业只需凭出口合同即可申领出口许可证。这是自 2010 年中国稀有金属出口政策调整以来首次出现的重大变化。

总体来看，2011 年我国实行出口许可证管理的 49 种货物分为三大类，分别实行出口配额许可证、出口配额招标和出口许可证管理。2016 年，中国共有 48 种货物实行出口许可证管理，其中小麦、玉米、棉花、煤炭、原油、成品油（不含一般贸易方式出口润滑油、润滑脂及润滑油基础油）由商务部签发出口许可证；活牛、活猪、活鸡、小麦粉、玉米粉、大米、大米粉、甘草及甘草制品、蔺草及蔺草制品、滑石块（粉）、镁砂、锯材、锑及锑制品、锡及锡制品、白银、铟及铟制品、磷矿石、钨及钨制品、铂金（以加工贸易方式出口）、钼、天然砂（含标准砂）21 种货物出口许可证由商务部驻各地特派员办事处签发，冰鲜牛肉、冻牛肉、冰鲜猪肉、冻猪肉、冰鲜鸡肉、冻鸡肉、矾土、稀土、焦炭、成品油（仅限一般贸易方式出口润滑油、润滑脂及润滑油基础油）、石蜡、碳化硅、消耗臭氧层物质、部分金属及制品、钼制品、柠檬酸、青霉素工业盐、维生素 C、硫酸二钠、氟石、摩托车（含全地形车）及其发动机和车架、汽车（包括成套散件）及其底盘 22 种货物出口许可证由有关地方商务主管部门负责签发相应货物的出口许可证。

（3）出口退税及加工贸易税收减让政策

1936 年后，由于财政政策操作与实施的便利性，其逐渐成为各国政府实施宏观管理的主要工具，并影响社会经济运行。在开放经济条件下，一国财政政策的目标主要包括经济增长、物价稳定、充分就业和国际收支平衡。因此，财政政策特别强调对于国家经济发展战略的服务功能，并通过具体政策工具实现国家引导、协调、控制及稳定宏观经济的目标。为实现上述目标，各国一般通过税收和政府开支两项工具。

1985 年，我国开始建立出口退税制度，并在此后随着宏观调控目标的差异先后对出口退税机制和出口退税率进行调整。因此，我国出口退税政策呈现出明显的阶段性变化特征。

第一阶段（1985~1993 年）：出口退税制度建立与发展期。

1985 年 3 月，财政部制定并颁布《关于对进出口产品征、退产品税或增值税的规定》，要求从当年 4 月 1 日起对出口产品退（免）税、对进口产品征税。这标志着我国出口退税制度的正式建立。此后到 1993 年，财政部、国家税务总局会同海关总署、外经贸部根据对外经济政策和外贸情况的变化相继发布了《关于出口退税若干问题的规定》《关于改进出口产品退、免产品税或增值税颁发的通知》等补充规定，以进一步完善出口退税制度。在这期间，出口退税制度的调整主要体现在：一是退税范围的扩大。1988 年之前，我国出口退税只退生产环节的增值税及最后环节的产品税，之后则实施彻底的退税政策，退还之前所有环节的流转税；二是退税负担的分担机制调整。1988 年，出口退税全部由中央财政负担，之后地方财政分担比重逐渐提高（见表 4-2）。

表 4-2　1985~1993 年我国出口退税中央与地方分担情况

时间	中央与地方分担情况
1985~1987 年	中央外贸企业退税由中央负担，地方外贸企业退税由地方负担
1988~1990 年	中央外贸企业退税由中央负担
1991 年	中央外贸企业的退税由中央负担，地方外贸企业退税中央负担 90%，地方负担 10%
1992~1993 年	中央外贸企业的退税由中央负担，地方外贸企业中央负担 80%，地方负担 20%

第二阶段（1994~2003 年）：出口退税政策成熟阶段。

出口退税政策的实施在促进对外贸易发展的同时，也带来了超额应退税款的问题。特别是到1995年，出口贸易的持续增长使得出口退税指标不足的问题更加突出。因此，从1995年7月1日，国务院开始对出口退税率进行全面调整，分两次大幅降低出口退税率。国家税务总局、财政部发布了《出口货物退（免）税若干问题规定》，出口退税的方法、使用范围等项目都有所调整。本轮调整的政策结果是出口增速开始回落。但是，1997年亚洲金融危机的发生却加剧了我国出口贸易回落。为应对严峻形势，1998年我国政府分六次对出口退税政策进行了调整，1999年又进行了5次调整，大幅上调出口退税率。一系列的努力极大地促进了我国出口贸易的发展，贸易增长率从1999年的6.1%增长至2000年的27.8%。出口贸易的快速发展也使国家财政背上了沉重的负担，出现大面积拖欠出口退税款的现象，出口退税政策再次面临调整困境。

第三阶段（2004～2007年）：出口退税的结构性调整期。

出口贸易的迅速发展导致主要贸易伙伴国摩擦增多、出口退税财政负担过重、低端产品大量出口影响我国资源合理配置与出口效益提高等问题构成了2004年出口退税政策调整的基本原因。首先，2004年建立了出口退税的中央与地方分担机制，并较大幅度地降低了出口退税率；其次，对出口退税率进行了结构性调整，特别是2005年调低和取消了部分"高耗能、高污染、资源性"产品的出口退税率，适当降低了容易引起贸易摩擦的纺织品等产品的退税率，并提高了重大技术设备、生物医药产品、IT产品等高技术产品等出口退税率。2006年和2007年又连续两次进行调整，实行差别化税率。特别是2007年，取消了553项资源性、高污染、高能耗产品的出口退税，降低了2268项易引起贸易摩擦产品的出口退税率。本次调整共涉及商品2831项，调整后的出口退税率变为5%、9%、11%、13%和17%五档，平均税率下调了2个百分点。

第四阶段（2008年至今）：政策目标变换时期。

2008年以来，国际和国内形势变化较为剧烈，因此出口退税政策也随着国内外经济形势的发展变化进入快速调整期。首先，随着2008年美国金融危机爆发、国际市场上原材料价格及我国劳动力成本的上升，我国出口形势急转直下，由此带来宏观经济持续低迷。为改变这一态势，国务院决定从2008年8月1日起调整出口退税政策，如纺织品、服装及竹制品的出口退税率；

11 月 1 日，又进一步提高了纺织品、服装、玩具等劳动密集型产品和部分高技术含量、高附加值产品的出口退税率，如抗艾滋病药物等。2009 年又分三次上调了出口退税率，主要涉及技术含量和附加值较高的产品，如机电产品；我国优势产品，如纺织服装及化工产品、钢材及深加工农产品等。

随着全球与我国经济的双向向好，我国政府对部分产品的出口退税率进行了回调。如从 2010 年 7 月 15 日起，取消了 406 种产品的出口退税，主要包括：部分钢材、部分有色金属加工材料、酒精、玉米淀粉、部分农药、医药、化工产品、塑料及制品、橡胶及制品、玻璃及制品。2011 年，出口退税政策调整的亮点是跨境服务等出口贸易及软件设计出口业务纳入到了出口退（免）税范围。2015 年 1 月 1 日，提高血管支架、电动自行车、喷涂机器人等产品退税率，对生产过程存在污染的含硼钢铁类产品取消出口退税。

除了退税品种及退税率调整外，我国政府在退税资金的担负机制方面也随着宏观经济形势的变化进行了调整。2003 年以前，出口退税全部由中央财政负担。随着出口贸易的快速增长，中央财政负担日益沉重，出口退税拖欠情况日趋严重。为改变这一状况，2004 年开始建立中央与地方共同负担机制。以 2003 年出口退税指标为基数，对超基数部分的应退税额由中央与地方按照 75∶25 的比例分别担负。随着对外贸易的发展，部分地方因退税而负担日益严重，甚至又开始出现拖欠税款现象。2005 年 8 月，国务院下发《关于完善中央与地方出口退税负担机制的通知》，改革原担负机制，中央与地方超基数部分退税划分改为 92.5∶7.5，并赋予地方政府自行制定本省出口退税的权限。本次出口退税担负机制改革，有力地促进了出口贸易的快速发展。但是，出口退税中央与地方分担机制也带来了一系列问题，如地方财政负担过重且地方之间分布不平衡、征税地与退税地不一致诱发地方政府行政干预，阻碍区域之间资源优化配置与商品的自由流动。因此，《关于完善出口退税负担机制有关问题的通知》明确规定，从 2015 年 1 月 1 日起，出口退税全部由中央财政负担，地方 2014 年原负担的出口退税基数定额上交中央。

上述历程表明，出口退税政策从原来的单一目标即鼓励出口，转变为多目标的策略性政策，以实现不同类别商品出口有限制、有促进的弹性效果。这表明，我国政府对出口的关注已经逐渐从总量向结构优化、产业升级的方向转变。出口退税政策也被赋予了实现淘汰低端产业、实现资源优化配置、优化产业结构，从而改变出口贸易发展方式的目的。因此，出口退税政策的调整逐渐在出口退税率提高与降低的选择之外，在不同产品间实施了出口退税率差异化调整策略。

但是，出口退税率的调整与政策内容的丰富虽然实现了对出口量调控的目的，但并没有实现淘汰低端产业、优化产业结构、提升产品附加值的目的。首先，我国多次有意以降低出口退税率倒逼企业转型升级，向产业链高端发展。但是，我国调低出口退税率的政策效果尚未显露时，又面临出口增长压力，因此不得已对出口退税率再次调整，如2007年我国刚刚调低出口退税率，便逢美国、欧洲金融危机，随后演变为全球经济危机，不得已从2008年开始调高出口退税率。其次，只有当出口企业为具有较强议价能力的大型企业时，通过出口退税政策调整实现提升产品附加值的目的才能实现。当出口退税率上调时，外商向大多数不具备议价能力的企业施压，进一步压低产品价格，导致利益传递错位，出口退税收益被转移给外商。只有很少有议价能力强的大公司才能扛住外商压力。❶ 当出口退税率调低时，缺乏议价能力的企业也无法提高产品的销售价格。

因此，虽然我国出口退税政策在促进出口贸易的同时，也逐渐承担了促进资源优化配置与产业升级，以实现出口贸易发展方式转变的目的，但由于我国出口政策调整的时机及国内外环境影响、出口企业议价能力等因素影响，出口贸易发展方式促进效果并不理想。

（4）国营贸易、促进和营销支持措施等政策

世贸组织虽然允许各成员国通过谈判保留进出口国营贸易，但也对此进行了相应限制，如出口程序应透明，避免采取任何措施对销售货物的数量、价值或原产地施加影响或指导。我国保留了对茶、大米、玉米、大豆、钨及钨制品、煤炭、原油、成品油、丝、棉花等商品的出口实行国营贸易管理的权利，只由政府指定的数量有限的公司专营。2001年12月11日，我国首次公布了国营产品及相应的企业目录（见表4-3）。

---

❶ 出口退税的背后逻辑。

表 4-3 2001 年公布的国营出口商品及公司名录

序号	产品类别	公司名称
1	原油、成品油	中国国际石油化工联合公司
		中国联合石油有限责任公司
		中国化工进出口总公司
2	煤炭	中国煤炭工业进出口集团公司
		山西煤炭进出口集团公司
		神华集团
		中国五金矿产进出口总公司
3	大米、玉米	中国粮油食品进出口（集团）有限公司
		吉林粮食集团进出口公司（自营及代理辽宁、吉林、黑龙江、内蒙古四省区出口）
4	棉花	中纺棉花进出口公司
		新疆维吾尔自治区棉麻公司
		新疆农垦进出口股份有限公司
5	钨及钨制品	出口国营贸易企业名录另行发布
6	锑及锑制品	出口国营贸易企业名录另行发布
7	白银	出口国营贸易企业名录另行发布
8	蚕丝类	出口国营贸易企业名录另行发布

资料来源：商务部网站。

为保护资源和环境，我国相继制定了一系列出口产品的出口经营管理办法、出口企业资格标准及申报程序。如《钨及钨制品、锑及锑制品出口经营管理暂行办法》《钨品、锑品出口供货企业资格认证暂行办法》《白银出口管理办法》《2012 年钨、锑、白银国营贸易出口企业，钨、锑出口供货企业资格标准及申报程序》。

（5）与出口有关的融资与保险和担保政策

金融发展与国际贸易之间关系一直受到理论研究的高度重视，并在传统贸易理论中形成一定共识，即金融支持水平高低成为影响一国贸易格局的重要因素：金融支持水平高有利于资本技术型产品出口，金融支持水平低则有利于劳动密集型产品出口。Kletzer 与 Bardhan （1987）认为，即使不存在传统的资源禀赋差异，信贷市场的不完美也会使得不同国家之间存在差异化的比较优势，因为金融发展水平高低与偿债能力大小、声誉水平高低等有紧密联系，并影响一个国家从国际市场筹集资金的能力与成本大小。随后 Beck（2002）进一步认为：高效率的金融部门能够帮助私营部门克服流动性约束，促进一国规模经济发展，提高专业化生产水平，促进该部门产品出口。Becker 与 Greenberg（2003）认为，前期巨大投入限制了企业出口能力，因此金融发展好的国家出口绩效较高。因此，各国政府都积极发展、完善金融政策，以期通过金融发展水平的提高而提高国际产业竞争力。我国《金融业发展和改革"十二五"规划》指出：中国加快改革开放面临诸多挑战，对外开放不断扩大，需要建立和完善能够有效调节大国开放经济的金融政策框架。由此可见，构建大国开放经济的中国金融政策框架已经成为我国金融发展的战略内容。

改革开放前，中国几乎不存在严格意义上的金融体系。中国人民银行成为整体金融体系唯一的金融机构，肩负货币发行、政策制定与信贷管理多重职能。社会上既不存在私人金融机构，企业也不存在外部融资需求。改革开放后，邓小平同志提出，"要把银行作为发展经济、革新技术的杠杆，要把银行办成真正的银行"，我国开始正式建立完整的金融机构系统，真正意义的金融政策及其改革开始出台。

1980 年，为利用金融发展对外贸易发放了中短期设备贷款、支持技术改造，选择了重点出口行业，如轻纺业。随着国际贸易业务的拓展，为适应国际贸易发展要求，逐渐建立和规范了以商业票据为主的商业信用。在金融政策改革进程中，外汇及汇率政策调整对贸易发展影响最大也最直接。虽然改革开放后，外汇分配、外汇市场建设及人民币汇率调整等方面进行了大幅度调整，但是中国外汇体制较为僵化的局面并未彻底改变，严重影响了企业出口创汇的积极性。1994 年，中国外汇管理体制开始进行较大幅度变革。汇率并轨，实行以市场供求为基础的有管理的、单一的浮动汇率制度；实行银行结售汇制度，建立银行间外汇市场并改革汇率形成机制等。2005 年 7 月 21 日，我国实行以货币供求为基础，参考一揽子货币进行调节、有管理的浮动汇率制度，进一步推进了我国汇率形成的市场化步伐。

为进一步发挥金融政策对贸易发展方式转变的促进作用，2010 年 12 月 16 日，科技部会同中国人民银行等四部门联合发布《促进科技和金融结合试点实施方案》，并于次年 2 月 24 日联合召开了"促进科技和金融结合试点启动会"，共同启动了"科技和金融结合试点"工作。特别是针对专门业务领域服务的出口政策性金融的发展，不但对出口规模起到了较大的推动作用，而且对出口结构的优化起到较大的促进作用。

出口税、出口禁止与限制和许可、国营贸易几项措施虽然实施方式、实施机构等都存在一定差异，但其政策目标却存在一定的共性，即以维护秩序、保证安全及提升国内竞争优势为主；而出口退税、加工贸易税收减免、与出口有关的融资和保险与担保政策、促进和营销支持措施等政策虽然也起到了提升竞争优势的目的，但以促进出口、提升出口竞争力为主要目标。

4.1.3　直接影响进口的政策措施

2001 年加入 WTO 后，我国进口相关政策逐步实现与 WTO 规则接轨。根据 2014 年商务部公布的《贸易政策合规工作实施办法（试行）》，直接影响进口的政策措施包括：海关程序与估价和原产地规则、关税及影响进口的间接税、进口禁令和许可、国营贸易、贸易救济、标准和其他技术要求、与进口有关的融资政策等。

（1）海关程序与估价和原产地规则

第一，海关程序方面。我国海关各项业务程序办理均依据以海关法和关税条例为构架的海关法律制度要求设定。目前，继续有效的海关执法依据包括：海关法律 2 件、与海关执法相关的法律 34 件；海关行政法规 16 件；海关规章 110 件、海关公告 600 余件、与海关执法相关的其他部门部委文件近 100 件、海关总署制发的规范性文件 837 件。总体上看，我国口岸管理涉及海关、税务、检验检疫、税务、外汇监管等多个部门，由于信息共享复杂、协同作业困难，交叉业务的执行也不够科学高效，相互之间缺乏协调，因此我国海关程序在实际进出口业务中经常出现业务交叉、重复管理、沟通协调不畅、信息共享复杂等问题，形成了成本高、效率低的局面。2015 年 9 月 4 日，我国常驻世界贸易组织特命全权大使俞建华向世贸组织总干事罗伯特·阿泽维多递交了《贸易便利化协定》（TFA）（以下简称"协定"）议定书的接受书，完成《贸易便利化协定》的核准程序，这标志着我国成为第 16 个接受议定书的成员。这要求我国公布进出口程序信息，使企业能够从互联网快速获取进口国海关程序要求；允许贸易商在货物抵港前向海关等口岸部门提交进口文件，并在货物的税率和费用最终确定前，允许贸易商在提交保证金的情况下放行货物等。这些措施都将有助于加速货物的放行和结关。

第二，海关估价协定方面。根据 1987 年颁布的《中华人民共和国海关法》，我国确立了以"正常价格"为准则的海关估价制度。同年修订的《中华人民共和国进出口关税条例》进一步明确："进口货区以海关审定的正常成交价格为基础的到岸价格作为完税价格。"1989 年颁布的《中华人民共和国海关审定进出口货物完税价格办法》规定："海关审定的进出口货物的成交价格，应该是该项货物在公开市场可以采购到的正常价格。"1992 年修订的《审价办法》事先实现与《WTO 海关估价协定》规定的接轨，即开始以"成交价格"作为估价准则。加入 WTO 后，我国分别在 2001 年、2006 年及 2013 年三次修订《中华人民共和国海关审定进出口货物完税价格办法》。这是《WTO 海关估价协定》的中国化，在加入 WTO 后的十年过渡期内，中国海关经历 WTO 多次关于《WTO 海关估价协定》履行情况的检查，均都圆满通过审核。此外，我国制定并实施的《海关估价工作规程》要求：在实施海关估价时必须严格履行规定程序，即要经过价格审查、价格质疑、价格磋商和估价告知环节。此外，完善了价格复议程序、提高了海关估价的信息化水平，建立了海关估价系统等信息化管理支持系统；以期实现价格管理中宏观监控与微观监控的相结合，确保海关税收和公平竞争的贸易秩序。

第三，原产地规则方面。为适应我国对进口货物关税改革按进口国课征的变化，1986 年海关总署颁布了《中华人民共和国海关关于进口货物原产地的暂行规定》，确定我国原产地法规目的、原则及判定进口货原产地的两种准则，即税目改变标准和增值百分比标准。2004 年，《中华人民共和国进出口货物原产地条例》颁布，并于 2005 年 1 月 1 日起实施，进一步规范了我国进口贸易中的原产地管理。该条例最显著的特点是，①引入了反规避条款，为我国限制国外出口商逃避我国反倾销、反补贴和保障措施等有关行为提供了依据；②确认了进口货物的"原产地预确定原则"，并规定了冒称原产地、提交虚假材料骗取原产地证书及伪造原产地证书应承担的法律责任。

（2）关税及影响进口的间接税

进口关税作为国家宏观调控工具，在不同时期围绕国家经济战略目标发挥着重要作用。新中国成立后，建立海关总署并开始行使税收管辖权。由于欧美国家封锁，中国不具备参与国际分工能力和条件，因此实行内向型贸易保护政策，并以保护性高关税为重要政策工具。1951 年政务院通过的《关税政策和海关工作的决定》确定了我国关税政策的目标，即保护国内生产。与此同时，确定了制定《进出口税则》的六原则：一是国内能大量生产或者暂时不能大量生产的，海关税率应高于我国成本与进口产品成本之差；二是奢侈品和非必需品征收高税；三是国内不能生产或很少生产的设备器材、原料、机械和粮食种子化肥低税或者免税；四是必需的科学图书、防治农业病虫害物品、国内不能生产的药品免征或减征；五是与中华人民共和国有贸易条约的按规定正常税率征收，没有的要按规定比一般税率高；六是鼓励的出口货物减征或免征。根据这一规则，我国于 1951 年制定了第一部《进出口税则》。此后的三十余年内，税则经历了 23 次局部微调修改，并没有改变当初制定的格局。

改革开放后，"一个中心两个基本点"基本国策的确定提出了关税政策改革的内在要求。1984 年，国务院修改税则领导小组正式提出我国改革开放阶段的关税政策目标：体现对外开放政策，贯彻奖出限入、保护和促进国民经济发展、保证国家税收收入。围绕这一系列目标，确定了制定《进出口税则》的六个基本原则：一是国家建设和人民生活需要且国内不能生产或供应不足的予以免税或低税；二是原材料税率应低于半成品和成品；三是国内不能生产的机械设备仪表的零部件低于整机；四是国内已能生产的非国计民生物品应征高税；五是国内能生产且需要保护的征收更高关税；六是多数出口品免征关税，少数原料征收关税。1985 年，国务院审议通过了《关税条例》及新的《进出口税则》，为适应改革开放需要，1985 年税则采用了《海关合作理事会商品分配目录》。同时在复关过程中，我国政府于 1987 年 2 月 13 日向《关税与贸易总协定》提交了《中国对外贸易制度备忘录》，并在其中明确以"促进改革开放、保护民族工业、贯彻产业政策及反对贸易歧视"为关税政策原则。自此开始了我国进口商品关税调整的频繁期，先后调低了 83 种进口商品税率，调高了 140 种商品进口税率，到 1991 年我国算数平均关税水平为 47.2%。

1992 年，我国制定了第三部《进出口税则》，并在《关税条例》中增添了"特别关税"条款，即一旦我国商品遭遇国外歧视，可以采取对等报复措施。1993 年 11 月 14 日，中国共产党第十四届三中全会确立了社会主义市场经济体制改革目标，计划经济体制正式向市场经济体制过渡。为适应改革需要，关税政策目标确定为：分步降低关税税率，"九五"期间降到发展中国家平均水平，扩大对外开放程度，提高对外开放水平，建立统一规范的对外经济体制。自此，我国开启了大幅度自主降税的阶段。1992～2001年，我国进口关税水平从42.5%降到了15.3%，降幅高达64%。由此实现了减少关税对进口商品的价格扭曲作用，逐渐发挥市场，特别是价格信号对经济活动的引导功能。

2001年，中国加入WTO后开始了承诺降税历程。以世界海关组织修订后的《海关商品名称及编码协调制度》为基础，中国在2002～2005年逐年调整《进出口税则》相关规定，降低关税水平，以履行"入世"承诺。2005年是我国加入世界贸易组织后履行关税减让承诺，大幅度降税的最后一年。此后，税则、税目调整完善的重点不再是履行承诺，更多的是适应国内经济发展及结构性调整的需要自主进行，特别是针对科技进步、节能减排以及经济结构调整等目标而进行了相应调整。如2007年调低了40多种汽车零部件的进口关税，完善了化肥等商品的进口关税优惠政策，2010年又针对新型显示器件等商品调低进口关税，2011年继续对600多种生产原材料及关键零部件等产品实施低关税率。2012年则以扩大进口规模为目标进行关税调整，对能源、生产资料及日用品等730多种商品的进口暂定平均税率仅为4.4%，比最惠国税率低50%以上。2013年又对784种商品进口关税进行调整，2014年则对767项进口商品关税进行调整，平均优惠幅度高于60%。2015年5月29日，中华人民共和国海关总署发布21号公告，宣布当年6月1日起以暂定税率方式降低护肤品、西装、短靴和纸尿裤等日用消费品进口关税税率。

进口禁令和许可、国营贸易标准和其他技术要求以及与进口有关的融资政策在我国"入世"后都按照当初加入世界贸易组织的承诺合规履行。总体趋势是放松对进口贸易管制，降低进口贸易成本。其中，贸易救济措施的实施在"入世"后我国进口贸易管理方面具有显著特征。商务部贸易救济案件公开信息查询网站显示了2002年起我国发起的反倾销反补贴案件及产业损害调查案件情况（见表4-4）。

表4-4 2002年以来我国贸易救济案件发起情况

反倾销反补贴（件）	2002年	2003年	2004年	2005年	2006年	2007年	2008年
	20	4	10	6	4	1	8
	2009年	2010年	2011年	2012年	2013年	2014年	2015年
	12	7	11	16	14	8	13
产业损害调查（件）	2010年	2011年	2012年	2013年	2014年	2015年	2016年
	10	9	12	8	4	——	——

数据来源：http://tdi.mofcom.gov.cn/，截至2016年9月。

4.2 我国贸易发展方式转变相关政策特征

4.2.1 政策有效性约束与实现条件

（1）政策有效性评价标准

政策构成了经济主体的活动空间与环境，并构成了对其活动效率的激励。在经济人的偏好假定下，一方面，为实现对经济利益的追求，经济人在政策激励下将努力工作；另一方面，如果经济政策的激励与经济人偏好并不一致，经济主体行为将与政策激励方向存在差异。这意味着，经济政策并不总是有效。那么有效的经济政策具有什么特征呢？

经济政策的制定实际上是政策在设计博弈规则，其目标是政策受众按照既定的规则行事以达到相应的目标。因此，这是一个机制设计与选择的过程。在这一过程中，政策制定者的目标是通过政策制定、执行获得期望的目标。为此，政策制定者制定的政策需要满足两个约束条件：一是参与约束，即政策的受众积极参与政策，按照政策要求实施行为能够得到的收益不小于不参与时获得的期望收益；二是相容性约束，即政策受众积极的选择政策制定者所希望其选择的行动。由于政策的制定、实施具有层级性，因此政策受众不仅包括政策规制的直接对象，还包括政策执行主体。

满足参与约束的政策，称为可行政策；满足相容约束的政策，称为可实施政策。只有在政策满足可行、可实施的条件下，政策受众才会积极参与并有效执行相应政策，实施政策制定者期望的行为，达到预定目标。

（2）政策有效性实现条件

假定中央政府代表国家，根据对外贸易发展现状、问题等困境决定制定、颁布并实施贸易发展方式转变的相关政策。对于中央政府而言，政策一旦颁布实施就对特定对象具有强制性。因此，政策参与性约束并不成问题，问题的关键是相容性约束能否实现。因为任何一个地方政府和企业都不仅不会公开宣称不支持、不参与贸易发展方式转变，而且都会积极表态，加大对外贸易发展方式转变的努力。否则，无论地方政府还是企业都将受到惩罚，甚至会失去参与对外贸易发展的收益。因此，相关主体都会积极地发布相关信号，以表明其参与其中。一般而言，此类信号可以分为两类：一是公开宣称（D）。地方政府和企业通过公开途径表示积极参与贸易发展方式转变，包括制定配套政策、企业宣传等。二是贸易额（X）。由于贸易发展方式转变与贸易额之间没有固定联系机制，因此贸易额只能表示该主体有贸易行为。上述两个方面信息在我国对外贸易发展实践中表现较为典型，如对于党中央和政府的重要文件，地方政府都会组织学习、宣讲，并以此基础制定相应配套政策。对于贸易额，商务、海关等部门都有详细的统计及报告制度。因此，中央政府对通过上述两方面信息实现对政策受众中任意一主体是否参与到贸易发展方式转变中作出判断。

但问题是，即使地方政府与企业积极地参与到对外贸易发展中，其是否会努力进行贸易发展方式转变呢？因为即使政策受众实施了 D 且有 X 出现，但这并不表明其积极进行了发展方式转变的努力。因为根据对外贸易发展方式转变评价指标体系可知，如果企业努力进行对外贸易发展方式转变，则其资源使用方式和市场开拓方式都将发生变化。而 D 与 X 并不包含上述信息。同时，企业的资源利用方式与市场开拓方式属于微观行为范畴，是政策受众中相关主体私人信息。因此，相关主体的类型 θ_i 中央政府并不能直接观察到。如果不能对 θ_i 属于参与型还是消极型进行观察，则贸易发展方式转变相关政策的执行效果仅取决于相关主体的利益选择。

4.2.2 政策的相容性激励特征不足

多年来，我国对外贸易发展方式亟待转变已经成为学术、政策甚至实践层的共识。从中央及各职能部门到地方政府，关于对外贸易发展方式转变的政策、文件屡见不鲜，甚至二十多年来年年都有发布。但是，粗放型对外贸易发展的基本态势并没有得到根本改变。本书的评价结果表明：从发展过程即资源利用方式看，规模因素一直是我国对外贸易发展稳定的支撑。国民经济技术密度对出口的贡献虽然得到一定程度的提升，却不稳定。特别是全球金融危机以来，其对贸易发展的贡献迅速下降。技术部门贸易强度的贡献在近期得到显著提升，从负转正，但与国民经济技术密度贡献呈现明显的负相关性关系。从结果即市场开拓方式看，数量系数对贸易发展的贡献度最大但呈现下降态势；价格系数贡献度增幅较大，但易受外界因素影响；种类系数的贡献度最小且呈现出下降态势。综上所述，无论从资源利用方式还是市场开拓方式看，我国对外贸易发展方式转变均取得一定效果，但资源利用仍以规模投入为主，市场开拓仍以数量增长为主，转变效果仍需进一步提升。特别是在贸易发展过程中，出口部门与非出口部门协调程度较差，在市场开拓中种类因素贡献较小，即产品创新匮乏。

上述问题的根源在于我国贸易发展方式转变及其政策本身。首先，贸易发展方式转变是一个宏观话题，其微观基础在于企业学习与创新能力的提升。经验研究表明：企业的学习中不存在任何可以自动完成的过程。因此，在宏观目标与个体目标之间就存在一个如何协调个体行动，以实现宏观目标的问题。其次，政策有效实施的条件并不具备。从当前相关政策看，虽然有关社会主义市场经济及对外贸易发展的方向、要求等大政方针对于贸易发展方式转变格外重视，但在有关贸易发展的具体政策实施中，依然以"物"为主要管理对象，反映的是地方政府及企业的参与情况，无法对其努力程度作出准确的反映。如在政府层面，考核评价各个地方对外贸易发展绩效的主要指标是贸易规模与增速、出口收汇额等。在对企业的管理中，出口额、出口创汇额也成为企业发展状况的重要评价指标。如在出口退税政策执行过程中，对企业经营行为的合规性、经营效益等缺乏足够的关注，而只以企业出口货物报关、装船离港等出口行为为主要实施标准，由此导致一系列的行为异化，如货物出口"一日游""出口骗税"等。

4.3　小结

我国对外贸易发展方式转变相关政策主要体现于党和政府发布的各类政策文件，宏观导向性特征明显，具有操作性的政策工具基本都以贸易量为管理对象。这在继续激励贸易量增长的同时，对贸易质的提升缺乏激励。因此，参与约束明显，相容性约束不足是当前我国对外贸易发展方式转变促进政策的主要特征，并成为影响转变效果提升的重要原因。因此有研究认为：现行的开放政策体系是实现一个封闭经济向开放经济转型的政策体系，这一政策体系并不具有在开放条件下实现一个低端结构经济向高端结构经济转移的功能（张幼文，2010）。

第5章 对外贸易发展方式转变困境的博弈分析

对外贸易发展方式转变是代表国家的中央政府、代表局部利益的地方政府以及作为贸易实施主体的企业之间的三方博弈过程。贸易发展方式转变所带来的缓解资源环境压力、优化国际环境等对于国家而言具有紧迫性与实际收益，但是对于作为局部区域的某个省份而言，在与其他区域的对比中获得更大规模的发展才是其利益所在。作为贸易实施主体的企业，其利益则取决于产业发展环境。不同主体之间在对外贸易发展方式转变过程中利益具有明显差异，因此分析其利益差异、策略选择及博弈均衡条件对于政策执行过程中相容性激励机制的构建具有重要意义。

5.1 中央对外贸易发展方式转变政策执行的博弈分析

5.1.1 中央政策一致性与企业创新博弈分析

（1）中国对外贸易发展政策目标多样化分析——以出口退税政策为例

中国对外贸易发展面临多条件约束，相关政策总是试图满足多个目标的要求。因此，对外贸易发展方式转变政策呈现出在多个不同目标之间摇摆的特征，最典型的就是出口退税政策。自1985年实施出口退税政策开始，其政策目标就在鼓励出口—减轻财政负担—鼓励出口—促进发展方式转变—鼓励出口—促进升级等多个目标间调整（见图5-1）。因此，虽然我国政府多年来高声疾呼对外贸易发展方式的转变，但由于出口退税政策并未紧紧围绕对外贸易发展方式转变目标而实施，导致贸易发展方式转变目标并未如期实现。

实际上，政府事后规则变更可能性的提高会阻碍企业事前开展经济活动的积极性，特别是对企业开拓和创新活动影响更为严重。在出口陷入困顿，增长乏力的情况下，出口退税政策的适应性调整会弱化企业进行技术创新和

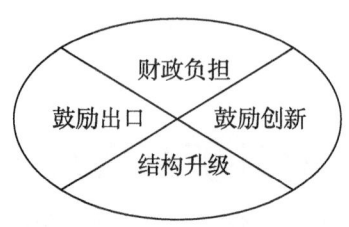

图5-1 出口退税政策目标多样性

产品开发，提高竞争力的激励，而强化企业维持现有业务的耐心。由此可见，促进对外贸易发展方式转变的相关政策目标的多样化导致对贸易主体追求转变发展方式激励的弱化。因此，在对外贸易发展方式转变这一总目标引领下，相关政策应着力解决影响对外贸易发展方式转变的核心因素与现实障碍，规范对外贸易发展秩序，促进企业提高技术能力，为普通企业提升附加值营造良好的政策环境。

（2）对外贸易发展方式转变中的企业利益与行为选择

企业是出口贸易的基本主体，处于某个具体区域，受到地方政府的具体辖制。因此，每个企业都是在各种约束下选择经营行为，追求利益最大化。对外贸易发展方式转变相关政策的最终落实都需要通过企业的具体行动实现。因此，能否成功实现对外贸易发展方式的转变，关键在于每个企业能否成功实现从只会生产现有产品转变为能够进行有效创新。这种转变的实现取决于两个因素：转变能力与转变意愿。

第一，企业转变的能力分析。

与发达国家企业相比，我国企业在技术成果数量与技术影响力方面都存在较大的差距。但发达国家经济发展实践表明：创新在更大程度上是指产品和工艺上无数的细小改进，而非根本性飞跃（Forbes & Wield，2001）。即使是领先企业，渐进性创新也是其成功的一个重要因素，如通用电气公司（GE）中心实验室规定，其研发经费支出15%用于改进现有产品，35%用于引入后续产品，另外35%用于研制新一代产品，剩余15%用于研究还未在头脑中形成具体概念的产品。[1]埋头苦干而不是蛙跳，从自身所处位置开始，逐步缩小和世界最成功的实践者之间的差距是企业成长的一条现实路径。因此，当前我国企业不必要与国际市场上具有竞争优势的企业在研发支出上一较高

---

❶ 《金融时报》1996年7月23日。

低，而应该从生产现场开始，目标是生产质量更好的产品，以实现从价格竞争向质量竞争的转变。由此可见，虽然与发达国家企业的技术差距成为落后国家企业实现新产品生产的巨大障碍，但如果相关政策能够引导企业践行"工匠精神"，从提升企业当前产品质量着手，在质量提升中逐渐提升技术能力，最终实现对国际产业价值链上的富裕国家的购买商让落后企业永远充当其低附加值产品可靠供应商的目标的突破是可行的路径。从这一被实践证实的路径看，我国企业完全有能力实现向生产新产品的跳跃。从我国对外贸易发展现实看，前述章节中关于贸易发展方式转变的评价表明，我国出口产品质量水平在提升，对贸易增长的贡献度越来越大。

第二，企业转变的意愿分析。

转变能力虽然关键，但只是转变的必要条件。相关研究表明：对于成功创新而言，对研发的关注态度比研发支出水平重要得多。因为技术后进者面对确定的未来，可以学习生产再到学习效率化生产，再从学习生产改进到学习产品改进，最后学习开发新产品；而领先者则由于始终需要开发新产品而处于不确定环境中，需要数额巨大的投资。墨西哥经验表明：墨西哥政策的目标是就业，而并没有将国内供应商的培养和加强企业内部学习作为目标，由此导致墨西哥加工区以低工资作为其主要动力，进而导致企业在学会如何借助低工资成本进行有效率生产后就停止不前。因此，国家政策是企业是否进行学习以提升技术能力的关键。以促进企业技术能力提升为政策目标，企业就有可能超越自身环境，缩小与世界领先企业的差距，因而国家政策决定了普通企业是否进行能力提升与发展模式转变。这意味着，企业与国家在对外贸易发展方式转变过程中存在稳定的博弈关系。因此，企业进行转变的条件：一是现有模式下不可持续，二是技术能力提升收益更高。只有政府各种政策设定能够满足上述两个条件的情况下，企业才能表现出强烈的学习与研发意愿，才能实现价值链的提升。

（3）政府规制下企业进行研发创新的博弈分析

政府与企业是外贸发展过程中密切联系的两个主体：企业是对外贸易的活动主体，贸易发展方式转变的实际承担者；政府是对外贸易活动规则的制定者，政府可以通过财政、金融及贸易政策等规范引导企业行为，创造企业进行创新的充分条件以实现政策目标。

对外贸易发展方式转变的成功实现符合企业和政府两个主体的长远利益。

从政府角度看，粗放型、数量型贸易增长不仅降低了国家或者区域经济竞争力，而且也缺乏可持续性。与此同时，面对越来越激烈的国际市场竞争，依靠资源大量投入、数量规模大幅增长及价格竞争的国际贸易越来越不可持续，提高技术水平，生产市场差异化产品，以质取胜才是企业可持续发展之路。

但是，在外贸发展方式转变过程中，政府与企业也存在目标不一致的情况。就政府而言，一方面希望通过积极推动对外贸易发展方式的转变，改善国内资源、环境压力，提高国际竞争力和国际分工收益；另一方面却又对当期就业、经济增长的稳定性心存疑虑。因此，在对外贸易发展方式转变的推进政策上，方向性号召呼吁多，对传统模式具有约束性的实质性推进政策少，甚至在对外贸易发展方式转变与当期出口增长出现冲突时，推进产品升级的相关政策被迫调整。对于企业而言，积极进行自主知识产权研发，创立自主品牌，积极拓展市场，实施多元化策略，可以提升产业价值链，因此面对低水平发展困境，亟待升级突破，希望政府给予更多支持优惠政策。但是，由于长期低水平发展导致积累不足，又存在着转变困境，即缺乏投入能力。特别是，如果政府事后规则变动频繁，缺乏相应的产权保护，创新投入无法形成企业回报，企业则缺乏进行学习、技术创新的积极性与现实行动。面对这一局面，如何破解目前均衡，能否引入新的均衡，使企业形成稳定预期，提高企业博弈参与的利益成为对外贸易发展方式转变能否快速成功推进的关键。

博弈：政府规制政策执行力度与企业策略性行为完全信息动态博弈。

假设：博弈参与方包括政府与外贸企业两个主体。

政府（G）：政府策略是选择政策执行前后一致或放弃执行。

企业（E）：政府若保证对外贸易发展政策执行的前后一致性，企业则积极学习新技术，进行新产品研发，减少低质量产品出口，否则企业仍将生产旧产品。

企业选择根据政府对外贸易发展方式转变促进政策前后一致性的概率，政府则根据对外贸易发展实际情况及国内经济形势选择是否保持政策前后一致性。政府与企业之间进行的是完全信息动态博弈。

政府对外贸易发展方式转变的需求是迫切的，比企业更明白转变外贸发展方式对于国家竞争力、国家经济发展的可持续性的影响，但是政府同样关心当前外贸发展及其对宏观经济的影响。假设政府不进行对外贸易发展方式转变促进政策的实施，则外贸部门保持一个均衡的产量 $\bar{y}$，而政府对外贸易发展方式转变促进政策前后一致性的概率 ρ ，$0 < \rho < 1$ ，则政府单阶段的效应函数为：

$$G(\rho,y) = -c\rho^2 - (y - k\bar{y})^2 \qquad (5-1)$$

其中，$c > 0$ ，$k > 1$ ，$\bar{y}$ 为没有明显政策倾向时的产量，y 为实际产量，k 表示由于政府执行严格的对外贸易发展方式转变政策，如严格的环保政策、严格的知识产权保护政策等，导致执行对外贸易发展方式转变时的实际产量低于政府认可的产量水平。这意味着，政府尽管可能因为声誉及转变贸易发展方式的迫切性等原因不愿意提高政策转变的概率，尽可能保持政策前后的一致性，但是如果能够提高实际产量水平，政府也会提高政策变动的概率以应付眼前困难，确保当期利益。

由于转变对外贸易发展方式促进政策，即降低环保标准、放松知识产权保护以及建立更严格的区域市场封锁政策等，在一定意义上都会促进企业产出的增加，因此，建立如下关系函数：

$$y = \bar{y} + \beta(\rho^e - \rho) \qquad (5-2)$$

其中，ρ^e 是企业预计到的政府对外贸易发展方式转变促进政策执行力度的概率。这意味着，如果企业预计到政府会降低政策执行力度，其将加大传统贸易发展规模，从而降低进行技术创新的积极性。

因此，政府的最优选择是：

$$\max_{\rho} G(\rho,y) = -c\rho^2 - (y - k\bar{y})^2 \qquad (5-3)$$

$$\text{s. t.} \quad y = \bar{y} + \beta(\rho^e - \rho) \qquad (5-4)$$

将约束条件带入式（5-3）可得：

$$G(\rho) = -c\rho^2 - [\bar{y} + \beta(\rho^e - \rho) - k\bar{y}]^2 = 0 \qquad (5-5)$$

根据最大值求解方法可得：

$$\frac{\mathrm{d}G}{\mathrm{d}\rho} = -2c\rho - 2[\bar{y} + \beta(\rho^e - \rho) - k\bar{y}] \times (-\beta) = 0 \qquad (5-6)$$

对上式进行整理可以得到：

$$(c + \beta^2)\rho = \beta(\bar{y} + \beta\rho^e - k\bar{y}) \qquad (5-7)$$

则政府认为的最优决策，即最优政策变动率为：

$$\rho^* = \frac{\beta[(1 - k)\bar{y} + \beta\rho^e]}{c + \beta^2} \qquad (5-8)$$

这表明，政府对外贸易发展方式转变政策执行力度的变动概率是企业预期变动率的函数。也就是说，企业的策略性行为可以导致政府对外贸易发展方式转变促进政策的执行力度发生改变。由此导致的结果是：政府管制的政策在事前与事后很难保持一致性。这对我国出口退税政策频繁调整做出了合理解释，出口退税政策初衷是通过让企业以不含税价格出口产品，推动出口规模的增长，并在此基础上提高企业综合竞争力。企业是否能因出口退税政策的实施而提高竞争力取决于企业的策略性选择：如果企业能够利用此项利得，加强研发，则可提升企业的技术水平，以质量提升或种类创新提升未来收益；如果企业维持当前产品质量和种类，继续以扩大规模获取收益，则企业竞争力不会得到提升。

5.1.2 中央政府与地方政府之间目标博弈及均衡分析

中央政府、地方政府构成了对外贸易发展方式转变政策生态中的第一层次博弈主体。在转变外贸发展方式存在较强外部性的情况下，中央政府与地方政府在外贸发展方式转变中存在着较大的利益差异。因此，地方政府的利益诉求不仅仅是委托方，即中央政府所代表的是整体利益与长远利益，而地方短期收益以及地方政府官员自身的自治目标或自身利益成为地方政府关注的重点。特别是外贸作为经济发展的"三驾马车"之一，贸易发展的现期规模与速度直接影响地方经济增量与增速，进而直接影响地方政府官员的晋升。因此，在中央政府的外贸发展宏观调控目标与地方政府政绩评价之间陷入难以协调的利益博弈困境。

5.1.2.1 对外贸易发展方式转变中的中央政府利益与行为选择

20世纪90年代以来，国际贸易自由化与全球经济一体化的发展没有实现保罗·萨缪尔森所预测的要素价格均衡化趋势，反而沿着瑞典经济学家冈纳·谬尔达尔的预测发展，即穷国与富国之间差距不断扩大。谬尔达尔式的发展使得在国际经济竞争中落后的国家不仅面临国际分工收益越来越低的困境，更为严重的是由此带来的国内经济的恶化，甚至"国家失败"。虽然中国对外贸易并未使国家走在越来越贫穷的道路上，但面对发达国家越来越专业化于持续创新的经济路线，大幅收取创新租金，而中国却处在缺少创新的例行性经济活动中。这使得中国参与国际分工承担了较高的成本，如资源环境的日趋紧张甚至恶化、对外贸易环境日益恶化，对国际经济依赖性越来越大，劳资分配逐渐失去平衡。这一结果的出现与国家参加国际分工的初衷大相径庭，甚至会带来进一步的恶果。因此，传统贸易发展方式的持续并不符合一国及其代表——中央政府的利益。

（1）对外贸易发展方式转变中的中央政府利益

博弈目标决定博弈的行为选择。因此，如果博弈目标不明确、不清晰，中央政府的行为选择就无法确定或者会混乱不堪，博弈分析结果也将谬以千里。转变对外贸易发展方式与参与国际分工在目标上具有同一性，即通过国际交换，实现国民价值增值。因此，贸易利益的本质是价值增值。转变贸易发展方式不是否定参与国际分工，而是对过去参与国际分工方式的优化与提升，是为了进一步提高国际分工利益分割能力，更好地参与国际分工，更有效地通过国际经济竞争促进本国战略目标的实现，即财富的增加及财富生产力的提升。在这一过程中，中央政府的收益主要表现在以下几个方面。

首先，通过贸易利益提高改善民生、提升政府权威和影响力。

国际贸易政策是我国经济政策的重要组成部分。当前所遭遇的对外贸易困境是经济转型发展期与国际经济竞争白热期各种矛盾在对外贸易方面的集中表现。党的十八大报告提出，将全面提高我国开放型经济水平作为完善社会主义市场经济体制和转变经济发展方式的重要内容，并明确要求：要坚持出口和进口并重，强化贸易政策和产业政策协调，形成以技术、品牌、质量、服务为核心的出口竞争新优势，促进加工贸易转型升级，发展服务贸易，推动对外贸易平衡发展。对外贸易发展方式转变的成功实现，不仅能够实现提高对外贸易参与的经济效益，协调国内各部门利益，提高劳动者收入，实现对外贸易从依靠数量、规模向依靠价格、质量提升转变，彻底改变对外贸易发展的动力基础，缓解中国环境资源压力，从而实现上述重大部署。对外贸易发展方式转变的成功实现，不仅提高了国际分工收益，促进了国民经济健康发展，更为重要的是进一步证实了党和政府在经济发展方面的高超理论水平和国家治理能力的提升，从而增强在社会主义市场经济发展中的权威性与凝聚力，为中华民族伟大复兴的宏伟战略奠定政治基础。

其次，改变竞争态势，提升价值环节，确立国际规则影响力。

对外贸易发展方式转变的成功实现是我国从贸易大国向贸易强国转变的关键环节，其最关键的标志是政府、行业、企业及商品四个层次上均形成强大的协调能力和竞争力。出口以自主营销渠道为基础，产品以拥有自主知识产权的高附加值和高效益的自主品牌产品为主，出口主体组织化程度高；行业组织协调能力极大提高，并表现为从价格接受者转变为价格制定者，商协会组织在国际上具有较大的影响力和权威性；政府参与国际规则能力显著增强，从注重接受既定规则转变为主动参与规则，甚至提出规则。由此可见，贸易发展方式的成功转变不但可以改变中国出口产品在国家产业环节中的位置与国际竞争态势，为中国贸易利益的提升奠定坚实的微观基础，而且能改变中国在贸易规则制定与贸易争端解决中的不利状况，提高中国政府在国际经济与政治竞争中的话语权。更为重要的是，中国对外贸易发展方式转变的成功实现，为广大发展中国家破解出口导向型经济发展战略下的合成谬误、提高经济发展绩效提供了理论范式与实践样板，从而极大地提高了中国政府、中国模式的国际影响力。

（2）贸易发展方式转变中的中央政府行为选择

在对外贸易发展方式转变过程中，中央政府的策略选择受其目标及不同策略下的收益约束。但由于贸易发展方式转变的主体在企业，因此中央政府依据促进对外贸易发展转变的策略选择制定相关政策，主要包括以下几个方面。

第一，规范市场经济秩序，降低交易成本。

市场秩序问题随着我国市场经济体制改革的深入逐步呈现，并成为影响我国经济健康高效发展的重要问题。市场秩序就是市场活动当中的市场主体在市场规则的约束下博弈均衡的稳定结果，理想的市场秩序能够降低市场交易成本，促进市场主体健康发展；非理想的市场秩序则提高交易成本，不利于市场主体健康发展。市场秩序具有公共产品性质，政府是市场秩序这一公共产品的最佳供给者。任何一个国家要建立有效的市场经济秩序都需要一个强有力的国家来执行规则、准则和制度（胡鞍钢、王绍光，2000），而这其中的关键在于：一是政府的权威是建立市场秩序的关键（陈东琪，2000）；二是经济人行为被约束是建立市场秩序的条件（钱颖一，2003）。由此可见，建立规范统一的市场经济秩序，不仅是国家的利益所在，更是其职责所在。中央政府代表国家行使权力，贸易和技术的开放对学习的深化和有用技术能力的培育非常关键，但只是必要条件的关键就在于缺乏理想的市场秩序会导致技术后进者学习的结果与未来具有不确定性。此外，混乱的市场秩序会导致企业之间的恶性竞争，其结果是降低企业的盈利与积累，最终降低企业的学习与研发能力，并成为阻碍企业价值链提升的重要障碍。

第二，降低贸易成本，提高贸易企业盈利能力。

企业是外贸活动的主体，是对外贸易发展方式转变的直接承担者，降低企业对外贸易成本可以便利贸易发展，提高贸易盈利水平。为达到这一目标，中央政府制定和出台了一系列政策措施。2014 年 5 月，国务院出台《关于支持外贸稳定增长的若干意见》，提出要清理和规范进出口收费环节，并要求对经营服务性收费实行目录清单管理。2015 年 7 月 24 日，国务院印发《关于促进进出口稳定增长的若干意见》专门提出，要深入开展全国范围内的涉企收费集中整治专项行动。对依法合规设立的进出口环节行政事业性收费、政府性基金以及实施政府定价或指导价的经营服务性收费实行目录清单管理，未列入清单的一律按乱收费查处。加大对取消收费项目落实情况的督查力度，形成外贸企业松绑减负长效机制，防止乱收费问题反弹。如 2015 年，首次将清理规范进出口环节收费作为一项单独议题，在国务院常务会议上进行专门部署，降低中央管理进出口环节部分收费，重新核定地方管理的经营服务收费标准，原则上只降不升；规范码头港口收费，推行进出口环节收费目录清单制度；推进竞争性服务准入和收费市场化，查处借垄断地位或权力擅立收费项目等。2015 年 8 月初，交通运输部、国家发展改革委印发《关于调整港口船舶使费和港口设施保安费有关问题的通知》，决定完善港口船舶使用费收费政策，降低港口设施保安费收费标准。随后，国家税务总局 17 日也发出通知，从四个方面提出 16 项具体措施，进一步提高出口退税效率，推动对外贸易便利化。

第三，加大污染惩处力度，提高企业现行模式的运行成本。

现行对外贸易发展模式特征是高投入、高消耗、低产出；从结果看主要表现为产品同质化、竞争价格化、质量效益低端化，发展数量规模化。因此，提高企业资源利用成本，加大企业污染行为的惩罚力度，提高企业现行模式下的运行成本是倒逼企业转型升级的重要途径。为了加快贸易发展方式转变，中央政府制定了一系列政策以提高企业在既有模式下的运行成本。如制定了更高更严的质量标准、环保标准、劳工标准，采用更为严格的国际规则等。如《中共中央关于全面推进依法治国重大问题的决定》明确提出："用严格的法律制度保护生态环境，加快建立有效约束开发行为和促进绿色发展、循环发展、低碳发展的生态文明法律制度，强化生产者环境保护的法律责任，大幅度提高违法成本。建立健全自然资源产权法律制度，完善国土空间开发保护方面的法律制度，制定完善生态补偿和土壤、水、大气污染防治及海洋生态环境保护等法律法规，促进生态文明建设。"为提升执法效果，新版《环境保护法》增加了四项配套文件：《环境保护按日连续处罚暂行办法》《实施环境保护查封、扣押暂行办法》《环境保护限制生产、停产整治暂行办法》《企业事业单位环境信息公开暂行办法》。四项配套文件不仅增强了污染排放信息的透明度，也增加了环境保护部门执法的强制性和震慑力。污染企业的排污行为的规范以及正规的污染治理要求的提出，增加了企业现行模式的运行成本，提高了资源型外资进入的门槛，能够在倒逼现有企业转型升级的同时，有效地抑制低端产能的进入，从而促进对外贸易发展方式转变的成功实现。

第四，营造良好学习氛围，提高知识产权保护力度。

技术后进者无法期望在研发支出上与技术领先者一比高低。所幸的是，他们也没有这个必要，因为处在追随者环境中的研发具有特殊角色。两者的根本区别在于：技术后进者的未来是确定的，技术领先者的研发具有极大的不确定性，并进而导致成本增加。后进者进行学习的基本动因是存在的，但学习中不存在可以自动完成的过程（Nelson & Pack），因此政府应该营造良好的学习氛围，以提高企业创新的能力。党的十八届五中全会通过的《中共中央关于制定国民经济和社会发展第十三个五年规划的建议》提出了创新、协调、绿色、共享、开放五大发展理念，营造了浓厚的学习氛围，创新成为经济社会发展的主基调，以实现对协调发展、绿色发展、开放发展、共享发展的推动作用。

为实现知识产权保护法制化，为科技创新创造良好的社会氛围和法制环境，国家知识产权局先后对商标法、专利法及相关配套法规进行了修改，奠定了知识产权事业发展的基础，构建了良好的自主创新的社会环境，为实施创新驱动发展战略提供了有力支撑。2015 年，国家知识产权局、财政部、人力资源和社会保障部、中华全国总工会、共青团中央联合制定印发了《关于进一步加强知识产权运用和保护助力创新创业的意见》，明确提出要完善知识产权政策体系，强化知识产权激励政策释放创新创业活力，强化知识产权执法维权、保护创新创业成果等意见，并特别强调要建立相应协调机制，结合地方实际制定具体实施方案，明确工作部署，切实加大资金投入、政策支持和条件保障力度。

5.1.2.2 对外贸易发展方式转变中的地方政府利益与行为选择

地方政府作为中央政府的代表，一方面代理中央政府在本区域的经济管理与调控，另一方面又作为独立主体追求本区域独立利益。因此，地方政府在中央有关政策的执行过程中存在权衡与折中的现象。此外，由于地方政府本位主义思想的影响，地方分割导致各地形成同质化分工模式，相同项目不同地方都有上马，人为地产生了庞大而低效的产能，同时人为分割的市场导致产能无法在国内得到较好的消化，由此形成企业对出口市场的过分依赖，最终形成出口低价竞销的格局。因此，在对外贸易发展方式转变实现过程中，地方政府存在自己独立的利益。由于市场主体是追求自身利益最大化的理性经济人，任何市场利益机会都可能成为引导市场主体行为的信号。利益诱惑力的大小取决于市场主体对该机会与收益的比较。地方政府作为具有独立利益的行为主体，其行为选择取决于成本—收益对比。

第一，地方政府的利益分析。

政府本身也是由人所组成，而这些人必然存在自身的利益和偏好，政府的权威既可能为公众提供公用物品而发挥作用，也可能被政府成员用于满足私利。因此，地方政府和官员都是追求自身利益最大化的理性个体。作为地方利益的代言人，地方政府的利益首先表现为区域公共利益，即为区域内经济利益与公众诉求，如公共产品供给。要实现这一目的，政府必须有效地推动本地经济发展。为此，在避免本地资源外流的同时，最大限度地吸引外地资源流入就成为地方政府推动经济发展过程中的政策选择。而具体的政策工具则是千方百计为企业提供更多的公共服务和更低的税费负担，以满足企业追求的赢利目标。其次，政府组织（官员）作为独立主体，有着自身的利益，具体表现为政治升迁等方面。为了在地方政府之间的竞争中取胜，需要获得更多的外部资源，争取民众更广泛的支持。因此，无论是公利还是私利，都决定了地方政府具有强烈的经济管理动力。

无论是作为地方利益的代表，负责本地公共产品提供的职责，还是为了官员自身利益，在中国，地方政府具有一定的地方经济管理自主权和相对独立的经济利益。经济利益的激励已经成为中央政府管理、调动地方政府管理能力提升的重要机制，谋求地方经济发展成为地方政府进行社会经济管理、提升管理效率的重要目的。

第二，地方政府的行为选择。

当中央政府制定的相关政策符合本区域利益时，地方政府将不遗余力地贯彻执行，但是当相关政策与其利益不相符时，政策附加、政策替代、政策残缺、政策敷衍、政策截留等政策执行主观偏差便会不同程度地出现，中央政策无法得到有效的贯彻落实，致使其政策目标部分或全部落空。中央有关促进对外贸易发展方式转变的相关政策意图与政策结果之间存在的差异成为政策主体间博弈的基本原因。对外贸易发展方式转变作为政府的一项经济管理活动，地方政府的行为取决于贸易发展方式转变对其利益的影响方向与程度。从长远看，转变对外贸易发展方式，能够实现区内经济更协调的发展，能够促进区内环境改善，能够减少区内经济发展对资源等低端要素的需求。但是，从促进对外贸易发展方式转变的方式和途径看，转变对外贸易发展方式对地方政府的利益却存在着不确定的影响。因为无论是加强创新投入、规范市场秩序还是提升企业现行模式运行成本，其政策效果不仅取决于本地政府的努力，还依赖于其他地方政府的努力；而降低贸易成本，提高企业盈利能力、加大惩罚力度，提高企业现行运行模式成本两方面的政策措施则对不同地方存在不同的影响。前者对于非贸易中心区域而言，能够降低本区域企业的贸易成本，但对于贸易中心区域而言，无疑影响到地方及相关部门的利益，因此会导致相关政策执行乏力。如国务院虽反复强调并多次出台文件要为企业减负，减少最后进出口环节的费用，但是到目前为止，过程仍然非常艰难。因此地方政府是否选择彻底执行对外贸易发展方式转变的相关政策，并进行管理创新，取决于地方政府在成本与利益约束下的适应性选择。

5.1.2.3　对外贸易发展方式转变中的中央与地方政府博弈分析

中央与地方政府之间的利益关系可以概括为整体利益与局部利益之间的关系。两者既具有一致性，又存在非一致性。一方面，地方政府隶属于中央政府，代理中央政府在区域内进行管理和实施调控任务；另一方面，作为区域的代表又具有相对独立性，执行中央政府决定的同时积极争取中央政府支持，以实现局部区域经济利益最大化为目标。由此可见，在地方政府集实现整体目标与区域目标职能于一身的情况下，当两个主体利益存在差异时，中央与地方利益博弈就不可避免。那么地方政府是否会坚定地执行中央政府有关对外贸易发展方式转变的政策呢？

（1）地方政府政策执行的不完全信息动态博弈分析

假定：

博弈中参与人,即中央政府(C)与地方政府(L),两者都是追求个体效用最大化的理性主体。

参与人策略选择:

C有两个策略可选:严格查处政策执行偏差(c_1)、不查处政策执行偏差(c_2);

L有两个策略可选:严格执行中央政策(l_1)、不严格执行中央政策(l_2)。

博弈过程:中央政府颁布有关促进对外贸易发展方式转变的政策,地方政府面临策略选择,即严格执行还是不严格执行。在地方政府贯彻落实中央政策过程中,中央政府面临相应的策略选择,即对地方政府执行情况是否进行督查,并对地方政府执行不力情况给予查处。同时,双方并不知道对方的具体策略选择,但知道每种策略选择的概率和每种选择的支付。由此构成中央与地方关于政策执行偏差与否的不完全信息动态博弈(见图5-2)。

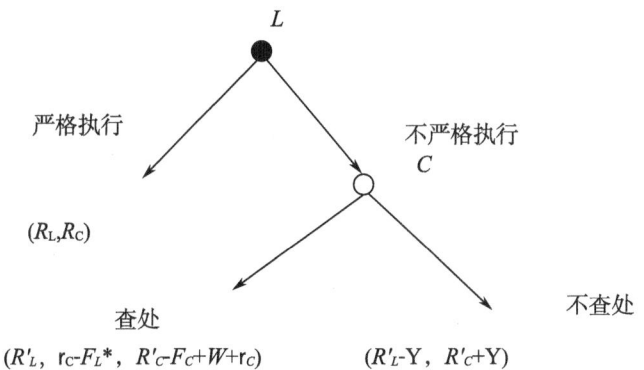

图5-2 地方政府执行中央政府政策偏差的不完全信息动态博弈

博弈支付与相关概率:

地方政府选择严格执行中央政策所得收益为R_L;

地方政府严格执行中央政策为其带来的收益为R_C;

地方政府选择不严格执行中央政策所得收益为R'_L;

地方政府不严格执行中央政策为其带来的收益为R'_C;

地方政府严格执行中央政策的概率为ρ_L,$0 < \rho_L < 1$;

中央开展检查工作需要承担的成本为F_C;

地方被中央查处所承担的净损失为F_L;

地方政府执行不力被中央查处的概率为 ρ_C，$0 < \rho_C < 1$；

中央政府查处地方政府执行不力可挽回损失为 W；

地方政府为争取中央政府不查处而支付的成本为 Y。

在这个动态博弈中，地方政府先行动，中央政府后行动。若地方政府选择"严格执行"中央关于对外贸易发展方式转变促进政策，则博弈结束。但是，由于中央与地方在对外贸易发展方式转变中存在利益不一致的情况，因此地方政府极有可能从本地利益出发，甚至政府组织和官员从本身利益出发，选择不严格执行中央政策，偏离中央政策意图。在此情况下，中央是选择查处还是选择不查处取决于两种情况下预期收益的对比。

中央选择查处的条件为：$R_C' - F_C + W \times \rho_C > R_C' + Y$

中央选择不查处的条件为：$R_C' - F_C + W \times \rho_C < R_C' + Y$

因此，中央选择查处与否的关键在于 $W \times \rho_C - F_C$ 与 Y 的大小。对两个指标进行比较，首先，需要明确中央政府从查处中得到什么，即 $W \times \rho_C$ 代表什么。从中央政府的政策选择看，其得到的是中央权威与长期经济运行环境的改善、成本的降低。因此，中央不会放任地方任意偏离其制定的政策。但是，中央政府并非只有长远利益与组织利益，地方经济发展等同样符合中央利益。因此中央政府为了实现长期利益的行为会受到短期利益的干扰。此外，地方政府为了实现地方利益也会对中央政府进行游说，即向中央政府转移利益 Y。因此，中央政府查处地方政府偏离行为的短期利益为 $Y - F_C + W \times \rho_C$，其中短期内 $W \times \rho_C = 0$。所以中央查处地方偏离对外贸易发展方式转变促进政策的动力较弱，而地方则具有强力的偏离动力。

地方具有强烈的偏离中央政策的动力，其根源在于中央缺乏足够的动力进行相应规制。这是因为中央政府查处相关行为需要付出较大成本 F_C，而查处的结果却无法即期得益，同时又面对地方政府的游说。那么，地方政府是否自动将对外贸易发展方式转变政策执行情况显示出来呢？

（2）对外贸发展方式转变政策联合推进机制博弈分析

该博弈有两类参与者，一是中央政府，二是地方政府。地方政府拥有关于是否会坚定地执行中央关于贸易发展方式转变相关政策的私人信息。中央政府会根据地方政府转变贸易发展方式的努力程度给予激励，包括正向激励和负向激励。由于中央政府发布对外贸易发展方式转变的相关政策多为抽象的引导或鼓励性质，并未有具体可执行的政策工具。为增强模型分析效果，这里将对外贸易发展方式转变抽象为单位能源消耗量的下降，这意味着中央政府通过对能源消耗征税推进贸易发展方式的转变。

假设：参与博弈的地方政府数量为 N，其中参与者 i 的类型为 $\theta_i \in \Theta$，效用函数为：

$$U_i(r_i, T_i, \theta_i) = \theta_i V(r_i, r) - T_i \tag{5-9}$$

$T_i = p_i \cdot r_i$ 表示中央政府单位能源消耗的惩罚程度。其中，r_i 为参与者 i 当地资源消耗量，p_i 为单位资源惩罚价格，$V(\cdot)$ 为二阶连续可微函数，并且，$\dfrac{\partial V}{\partial r_i} > 0, \dfrac{\partial^2 V}{\partial r_i^2} < 0$。

①完全信息下中央政府的策略选择。

此时最优情形是中央政府根据完全信息选择各地方政府的激励力度：

$$\max_{p_i} \sum_{i=1}^{N} (p_i r_i - c r_i)$$

$$\text{s. t.} \quad \theta_i V(r_i, r) - p_i r_i \geqslant 0 \quad\quad i = 1, \cdots, N \tag{5-10}$$

其中，c 为中央政府为实施贸易发展方式转变管理政策付出的单位成本。约束条件是参与者 i 的参与约束。

在完全信息下，政府了解每一个地方政府的私人信息，即 r_i。能够根据各地的单位能源消耗制定最优的能源价格 p_i。因此最优解满足：$\theta_i V'(r_i^*, r^*) = c$。此时，各地方政府资源消耗的边际收益应该与中央政府的边际成本相等。

②非完全信息下中央政府的线性惩罚策略选择。

非完全信息下，地方政府 i 的问题是如何在其他地方政府策略既定的情况下最大化自身的收益：

$$\max_{r_i} \theta_i V(r_i, r) - p_i r_i \tag{5-11}$$

因此，参与者 i 的最优资源消耗量满足：$\theta_i V'(r_i^*, r) = p_i$。定义地方政府资源消耗需求函数为：$r_i = D_i(p_1, \cdots, p_N)$，地方政府 i 的消费者剩余为：

$$S_i = \theta_i V[D_i(p_1, \cdots, p_N)] - p_i D_i \tag{5-12}$$

此时，次优情形是中央政府根据非完全信息选择各地方政府的激励力度，即中央政府的问题为：

$$\max_{p_i} \sum_{i=1}^{N} (p_i - c) D_i(p_1, \cdots, p_N) \tag{5-13}$$

最优解满足：

$$p_i^* = c - \frac{D_i + \sum\limits_{j=1}^{N} (p_j - c)D_j^{'}}{D_i^{'}}, j = 1, \cdots, N, j \neq i \text{。} \quad (5-14)$$

由于在最优情形中，地方政府 i 的问题为：$\max\limits_{r_i}\theta_i V(r_i, r) - p_i^{'}r_i$。

最优解满足：$p_i^{'} = \theta_i V^{'}(r_i^*, r)$，即：$\theta_i V^{'}(r_i^*, r^*) = c$。

所以，$p_i^{'} = c$。

但在次优情形中，中央政府的问题为：

$$\max\limits_{p_i} \sum\limits_{i=1}^{N} (p_i - c)D_i(p_i, \cdots, p_N)$$

最优解满足：$p_i^* = c - \dfrac{D_i + \sum\limits_{j=1}^{N} (p_j - c)D_j^{'}}{D_i^{'}}, j = 1, \cdots, N, j \neq i$。

假设，当 $p_j = c$ 时，$p_i^* = c - \dfrac{D_i}{D_i^{'}} \neq c$。

所以，$p_i^* \neq p_i^{'}$。

中央政府采用线性能源消耗激励力度为：$T(r_i) = r_0 + p_i r_i$。其中 $r_0 = S_L(p)$，r_0 表示 θ_i 中最小值 θ_L 参与者所愿意承受的最大资源消耗激励度。此时，不能实现最优情形下的激励力度。

另外，线性两部定价法不能解决非完全信息问题，即不能实现最优贸易发展方式转变的情形。

在线性两部定价中中央政府的问题为：

$$\max\limits_{p_i} S_L(p_i) + (p_i - c)D(p_i) \quad (5-15)$$

最优解满足：

$$S_L^{'}(p_i) + D(p_i) + (p_i - c)D^{'}(p_i) = 0 \quad (5-16)$$

即：$p_i = c - \dfrac{D(p_i) + S_L^{'}(p_i)}{D^{'}(p_i)}$。

对于地方政府值函数为：$S_L(p_i) = \theta_i V(D_L(p_i)) - p_i D_L(p_i)$

其中，p_i 由中央政府外生给定，根据包络定理有：

$$S_L^{'}(p_i) = \frac{\partial S_L(p_i)}{\partial p_i}/D_L(p_i) = -D_L(p_i)$$

$\therefore D(p_i) + S_L^{'}(p_i) > 0$，同时 $D^{'}(p_i) < 0$

$$\therefore \frac{D(p_i) + S'_L(p_i)}{D'(p_i)} < 0$$

$$\therefore p > c$$

③非完全信息下能源消耗联控的非线性机制设计。

假设存在两种类型的地方政府 θ_H 和 θ_L，其中 $\theta_H > \theta_L$。此处拟设计一个激励相容的直接显示机制，以解决信息不完全及信息成本问题，从而实现均衡的目标。

在次优情形下，中央政府的问题是如何设计机制 $T(r_L)$ 与 $T(r_H)$ 来实现联合推进贸易发展方式的转变：

$$\max_{T(r_i)} \alpha \big[T_L(r_L) - cr_L \big] + (1 - \alpha) \big[T_H(r_H) - cr_H \big]$$

$$\text{s. t.} \quad r_i = arg \max_{r_i} \theta_i V(r_i, r) - T(r_i) \qquad (5-17)$$

$$\theta_i V(r_i, r) - T(r_i) \geq 0, \quad i = L, H$$

其中 α 为惩罚权重，$\alpha \in (0,1)$。即：

$$\max_{T(r_i)} \alpha \big[T_L(r_L) - cr_L \big] + (1 - \alpha) \big[T_H(r_H) - cr_H \big]$$

$$\text{s. t.} \quad \theta_H V(r_H, r) - T_H \geq \theta_H V(r_L, r) - T_L \quad \text{（ICH）}$$

$$\theta_L V(r_L, r) - T_L \geq \theta_L V(r_H, r) - T_H \quad \text{（ICL）}$$

$$\theta_H V(r_H, r) - T_H \geq 0 \qquad\qquad \text{（IRH）}$$

$$\theta_L V(r_L, r) - T_L \geq 0 \qquad\qquad \text{（IRL）}$$

约束一共包括四个，前两个是 θ_H 与 θ_L 的激励约束，后两个是 θ_H 与 θ_L 的参与约束（个体理性约束）。

该机制问题求解包含五个经典步骤：

步骤（1）应用直接显示原理，通过实话实说原则剔除部分多余约束。

步骤（2）IRH 在最优解时不能取等号。

根据 ICH 有 $\theta_H V(r_H, r) - T_H \geq \theta_H V(r_L, r) - T_L$；

根据 IRL 有 $\theta_L V(r_L, r) - T_L \geq 0$。

当 $\theta_H > \theta_L$，结合以上两式有 $\theta_H V(r_H, r) - T_H > 0$。

步骤（3）放宽 ICL 约束，求解出最优解时再检验最优解满足 ICL 约束。

步骤（4）最优解时 ICH 与 IRL 取等号。

如果 IRL 不取等号，则中央政府可以等量地提高 T_L 和 T_H 而不破坏 ICL 和 ICH，而使目标函数值增加。

所以，IRL 必须取等号。

如果 ICH 不取等号，中央政府则可以适当地提高 T_H 而使约束条件仍然满足，其目标函数值增加。

所以，ICH 也必须取等号。

中央政府问题变为：

$$\max_{T(r_i)} \alpha \left[T_L(r_L) - cr_L \right] + (1 - \alpha) \left[T_H(r_H) - cr_H \right]$$

$$\text{s. t.} \quad \theta_H V(r_H, r) - T_H = \theta_H V(r_L, r) - T_L \qquad (5-18)$$

$$\theta_L V(r_L, r) - T_L = 0$$

步骤（5）使用两个等式约束替换目标函数中的 L_H 与 L_L，并检验 ICL 在最优解处满足。

此时，中央政府的问题变为：

$$\max_{r_H, r_L} \alpha \left[\theta_L V(r_L, r) - cr_L \right] + (1 - \alpha) \left[\theta_H V(r_H, r) - cr_H - (\theta_H - \theta_L) V(r_L, r) \right]$$

$$(5-19)$$

令 $F(r_L, r_H, r) = \left[\theta_L V(r_L, r) - cr_L \right] + (1 - \alpha) \left[\theta_H V(r_H, r) - cr_H - (\theta_H - \theta_L) V(r_L, r) \right]$

$$\frac{\partial F(r_L, r_H, r)}{\partial r_H} = \alpha \theta_L V_2'(r_L, r) + (1 - \alpha) \left[\theta_H V'(r_H, r) - c - (\theta_H - \theta_L) V_2'(r_L, r) \right] = 0$$

即：

$$(1 - \alpha) \left[\theta_H V'(r_H, r) - c \right] - (\theta_H - \theta_L) V_2'(r_L, r) + \alpha \theta_H V_2'(r_L, r) = 0$$

$$\theta_H V'(r_H^*, r^*) = \left(\theta_H - \frac{\theta_L}{1 - \alpha} \right) V_2'(r_L, r) + c$$

所以，当 $\theta_H - \dfrac{\theta_L}{1 - \alpha} = 0$，即 $\dfrac{\theta_L}{\theta_H} = 1 - \alpha$ 时，

$$\theta_H V'(r_H^*, r^*) = c$$

$$\frac{\partial F(r_L, r_H, r)}{\partial r_L} = \alpha \left[\theta_L V'(r_L, r) - c \right] + (1 - \alpha) \left[\theta_H V_2'(r_H, r) - (\theta_H - \theta_L) \right.$$

$V_1(r_L, r)] = 0$

即:

$$(\theta_L - \theta_H + \alpha\theta_H)V'(r_L, r)\theta_L = [\alpha c + (\alpha - 1)\theta_H V_2'(r_H, r)]\theta_L$$

$$V'(r_L, r)\theta_L = \frac{[\alpha c + (\alpha - 1)\theta_H V_2'(r_H, r)]\theta_L}{\theta_L - \theta_H + \alpha\theta_H}$$

$$= \frac{c}{1 - \left[\dfrac{(1-\alpha)}{\alpha} \cdot \dfrac{(\theta_H - \theta_L)}{\theta_L}\right]} + \frac{(\alpha - 1)\theta_H\theta_L V_2'(r_H, r)}{\theta_L - \theta_H + \alpha\theta_H}$$

当 $V'(r_L, r)\theta_L = c$ 时,

解得 $\alpha = 1$

$\because \alpha \in (0, 1)$

$\therefore V'(r_L, r)\theta_L \neq c$

当 $V'(r_L, r)\theta_L > c$ 时,

即 $\dfrac{c}{1 - \left[\dfrac{(1-\alpha)}{\alpha} \cdot \dfrac{(\theta_H - \theta_L)}{\theta_L} =\right]} + \dfrac{(\alpha - 1)\theta_H\theta_L V_2'(r_H, r)}{\theta_L - \theta_H + \alpha\theta_H} > c$

$$\frac{\alpha\theta_L}{\theta_L - \theta_H + \alpha\theta_H} + \frac{(\alpha - 1)\theta_H\theta_L V_2'(r_H, r)}{c(\theta_L - \theta_H + \alpha\theta_H)} > 1$$

$$\frac{1}{c(\theta_L - \theta_H + \alpha\theta_H)} < \frac{(1-\alpha)(\theta_L - \theta_H)}{\theta_L - \theta_H + \alpha\theta_H} \cdot \frac{1}{(\alpha - 1)\theta_H\theta_L V_2'(r_H, r)}$$

若 $(\theta_L - \theta_H + \alpha\theta_H) > 0$,即 $\dfrac{\theta_L}{\theta_H} < 1 - \alpha$

$$c > \frac{(\theta_L - \theta_H + \alpha\theta_H)}{(1-\alpha)(\theta_L - \theta_H)} \cdot (\alpha - 1)\theta_H\theta_L V_2'(r_H, r) \cdot \frac{1}{(\theta_L - \theta_H + \alpha\theta_H)}$$

$$= \frac{\theta_H\theta_L V_2'(r_H, r)}{(\theta_H - \theta_L)}$$

若 $(\theta_L - \theta_H + \alpha\theta_H) < 0$,即 $\dfrac{\theta_L}{\theta_H} > 1 - \alpha$

$$c < \frac{\theta_H\theta_L V_2'(r_H, r)}{(\theta_H - \theta_L)}$$

同理,

当 $V'(r_L, r)\theta_L > c$ 时,

若 $(\theta_L - \theta_H + \alpha\theta_H) < 0$ ，则 $c > \dfrac{\theta_H\theta_L V_2'(r_H,r)}{(\theta_H - \theta_L)}$

若 $(\theta_L - \theta_H + \alpha\theta_H) > 0$ ，则 $c < \dfrac{\theta_H\theta_L V_2'(r_H,r)}{(\theta_H - \theta_L)}$

综上，

$$\begin{cases} \theta_H V'(r_H^*,r^*) = c, \dfrac{\theta_L}{\theta_H} = 1 - \alpha \\[2mm] \theta_L V'(r_L^*,r^*) > c, \dfrac{\theta_L}{\theta_H} < 1 - \alpha \text{ 且 } c > \dfrac{\theta_H\theta_L V_2'(r_H,r)}{\theta_H - \theta_L} \text{ 或 } \dfrac{\theta_L}{\theta_H} > 1 - \alpha \text{ 且} \\[2mm] c < \dfrac{\theta_H\theta_L V_2'(r_H,r)}{\theta_H - \theta_L} \\[2mm] \theta_L V'(r_L^*,r^*) < c, \dfrac{\theta_L}{\theta_H} < 1 - \alpha \text{ 且 } c < \dfrac{\theta_H\theta_L V_2'(r_H,r)}{\theta_H - \theta_L} \text{ 或 } \dfrac{\theta_L}{\theta_H} > 1 - \alpha \text{ 且} \\[2mm] c > \dfrac{\theta_H\theta_L V_2'(r_H,r)}{\theta_H - \theta_L} \end{cases}$$

检验最优解满足 ICL 约束

证明：

$$\theta_H V(r_H^*,r^*) - T_H^* = \theta_H V(r_L^*,r^*) - T_L^*$$

$\because \theta_H > \theta_L, \quad r_L^* < r_H^*$

$\therefore \theta_L V(r_H^*,r^*) - T_H^* = \theta_L V(r_L^*,r^*) - T_L^*$ 。

举例：

$$\theta_H x - T_H^* = \theta_H xy - T_L^* \qquad y \in [0,1]$$

$$\theta_H zx - T_H^* \leqslant \theta_H zxy - T_L^* \qquad z \in [0,1]$$

$$= \theta_H x - T_H^* + T_L^* \cdot z - T_L^*$$

$$= \theta_H zx - zT_H^* + (z-1)T_L^*$$

$\therefore (z-1)T_H^* \leqslant (z-1)T_L^*$

即 $T_H^* \geqslant T_L^*$ 。

在非线性贸易发展方式转变推进机制下，最优惩罚力度与地方政府的类型以及中央政府设计贸易发展方式转变推进机制的单位成本有关。对于 θ_H 类型的地方政府，在 $\dfrac{\theta_L}{\theta_H} = 1 - \alpha$ 的条件下，即在地方政府低类型与高类型比例与中央政府对高类型地方政府的惩罚比例相等情况下，中央政府对 θ_H 类型地方政府的惩罚力度可以实现市场效率。如果中央政府对地方政府的惩罚比例越小，则表示低类型地方政府与高类型地方政府的经济发展水平差异越大。对于 θ_L 类型的地方政府，在任何情况下都不能实现市场有效性。最优惩罚力度可能大于最优情形，也可能小于最优情形，主要取决于地方政府低类型与高类型比例以及中央政府的成本。当 $\dfrac{\theta_L}{\theta_H} < 1 - \alpha$，即低类型地方政府经济发展水平相对较低时，如果中央政府机制设计的成本 c 越小，则对 θ_L 地方政府惩罚力度越小。当 $\dfrac{\theta_L}{\theta_H} > 1 - \alpha$，即低类型地方政府经济发展水平相对较高时，最优惩罚力度则主要与两种类型地方政府经济发展水平的差异有关，差异越大则惩罚力度越大。由此可以得出：①信息不完全将影响中央政府在能耗联控的最优化惩罚力度；②应该对各地区贸易发展方式政策实施情况区别对待，即对传统贸易发展区域加大惩罚力度，而贸易转型效果较好的地区加大激励力度。但从实践考察，不仅存在着严重的信息不完全程度，而且由于对外贸易发展方式转变政策缺少有效的评价指标，由此导致上述联合推进机制难以实现，从而导致贸易发展方式转变效果受到影响。

5.2　地方政府及企业行为与博弈分析

5.2.1　地方政府间政策执行竞争的博弈分析

（1）地方政府间对外贸易发展方式政策执行的博弈分析

为简化分析，我们首先假定各区域在对外贸易发展中具有同质性。由此各地方政府构成了博弈参与人，其行动为执行或不执行中央政府政策，其支付为转变的收益与成本之差。这些信息为共同知识，所有参与人都知道，因此我们可以构建完全信息静态博弈，并以此为基础分析各地方政府在对外贸易发展方式政策执行上的最佳策略选择。

我们假定只有两个地方政府的情形，

博弈参与方：G_i，$i = 1$，2；

参与方的策略与支付：严格转变贸易发展方式（I_y）或不严格执行贸易

发展方式转变促进政策（I_n）。假设只有 G_1 严格执行对外贸易发展方式转变政策，实现了转变，因此其严格执行中央政府有关环境保护的政策措施，或者加大投入降低企业成本，或者加大对知识产权的保护，打击侵权等违法行为，或者消除与其他区域间的市场壁垒，则收益为 R，成本为 C，因此净收益为 $R-C$；如果 G_2 选择不严格执行对外贸易发展方式转变，其所获得的收益为 S；如果 G_2 选择严格执行对外贸易发展方式转变相关政策，即 G_1、G_2 都严格执行对外贸易发展方式转变政策，则所获收益均为 T，由此地方政府所获收益分别为 $T-C$（见表 5-1）。

表 5-1　地方政府间执行对外贸易发函方式转变政策的博弈收益矩阵

	严格执行		不严格执行	
严格执行	$T-C$	$T-C$	$R-C$	S
不严格执行	S	$R-C$	0	0

假设：$R<S<T$ 且 $R>C$、$T>C$，这表明如果两个政府都严格执行对外贸易发展政策，则地方政府能实现共赢的目标。

由此可见，两个政府是否严格执行中央关于对外贸易发展方式转变的相关政策，其关键在于 $T-C$ 与 S 的大小。

当 $T-C>S$ 时，严格执行政策，进行对外贸易发展方式转变的收益大于不严格执行政策的收益，地方政府间博弈均衡为（严格执行，严格执行）；当 $T-C<S$，不严格执行的政策收益大于严格执行政策的收益，地方政府间博弈均衡为（不严格执行，不严格执行），因此无法实现对外贸易发展方式转变促进政策执行的一致性，也就无法有效推进贸易发展方式转变。

问题的关键是，$T-C$ 与 S 到底谁大谁小？假设只有 G_1 无偏差的执行对外贸易发展方式转变相关政策，严格执行中央关于环境保护的政策，则企业会因为成本提升而用脚投票，迁移至 G_2；假设只有 G_1 消除了区域间市场壁垒，则区域内市场会面临 G_2 内企业竞争，但却无法进入 G_2 市场进行竞争；类似的政策无偏差执行过程中，未完全贯彻执行相关政策的 G_2 将因 G_1 的行为而获益，G_1 则会遭受一定的损失。因此，在两区域无法形成一致性预期的情况下，$T-C<S$，因此（0，0）构成了该博弈的纳什均衡。

上述博弈分析的结果似乎令人沮丧。但是相关研究也表明，重复博弈可能带来一些额外的结果，因为博弈重复的次数和信息的完备性会影响博弈均衡的结果。重复次数会影响到参与人对长期利益与短期利益的权衡。当博弈只进行一次时，参与人关心的只是单次博弈的收益，但如果博弈重复多次，参与人会由于长期利益而改变策略。但定理也证明，只要博弈重复的次数是有限的，重复本身并不能改变"囚徒困境"的均衡结果。我国行政体制决定了地方政府间博弈次数的有限性，因此，重复博弈并不能改变政府间政策执行博弈的均衡结果。除非中央政府有完备的信息，且能低成本地对地方政府不严格执行政策的情况进行惩罚。

（2）地方政府间博弈困境及原因分析

地方政府之间的竞争也导致政策执行的偏差。首先，由于各地创新体系、发展特色尚未形成，相同项目在不同地方重复上马，同质化竞争激烈。如"市场换技术"发展模式的成功极大地激发了各地招商引资的热情，由此形成的庞大产能成为对外贸易规模迅速扩张的物质基础，激烈的价格竞争则成为同质化产品进行市场拓展的唯一手段。其次，对外贸易发展方式转变相关政策的实施并未与国内政策相协调。对于地方政府而言，对外贸易发展的收益包括两个部分：一是贸易增长所带来的外汇收入增加以及对地方经济增长的拉动作用；二是在地方贸易锦标赛中胜出，地方领导人晋升带来的收益。由于转变外贸发展方式是一个长期行为，其结果可能在当期投入但很难产生当期收益。因此，地方政府是否严格执行中央关于对外贸易发展方式转变政策取决于：①政策执行的成本与收益；②其他区域是否忠实地执行相关政策。因为地方政府间始终存在着较为激烈的竞争，这源自辖区内相关利益主体，如果地方忠实地执行中央关于对外贸易发展方式转变的相关政策，而对辖区内外贸企业进行相应规制，会遇到企业的强烈反对，甚至会出现企业逃离的后果；如果进行市场秩序规范，消除市场阻隔等问题时，可能面临本地市场被外地企业侵蚀进而影响本地企业利益的后果；如果根据中央要求严格执行降低进出口环节成本政策时，可能面临本地相关部门的压力；如果加大知识产权保护却面临缺乏创新企业逃离的局面。因此，地方政府间在对外贸易方式转变政策执行上的"囚徒困境"式博弈有着内在的动力。

5.2.2　政府与企业在外贸发展方式转变中的合谋博弈

实现对外贸易发展方式转变，有利于提高国家竞争力，有利于发挥对外贸易对国民经济的带动作用，能够更好地协调国内国外两种资源、更好地利用国内国外两个市场。但是这一宏观目标却与地方政府和企业的短期目标存在一定的冲突。一方面，转变对外贸易发展方式需要地方政府和企业加大投入力度，政府方面需要建设更完善的基础设施，培养更多的高水平、高素质人才，投入更多的力量提高环保监管等；对于企业而言，需要加大学习与研发投入。另一方面，在地方政府间"囚徒困境"式的博弈中，上述选择很难成为政府的最优选择；而对企业而言，创新的投入在激烈的市场竞争中存在较大的风险，特别是在我国企业出口秩序混乱的情况下，创新的投入不仅成为企业巨大的负担，更加重了创新失败的风险。因此，在对外贸易发展方式转变政策推进实施过程中，地方政府和企业存在着较强的合谋动机，从而阻碍了对外贸易发展方式转变的效果或进程。

此外，作为地方政府代理人的政府官员，其岗位和个人利益在一定程度上也成为政企合谋的推动力量。首先，在任期制和 GDP 为纲的考核体系综合作用下，"短平快"项目更符合政府官员岗位考核的利益要求；其次，部分政府官员可能存在与企业合谋的寻租行为。

对于企业而言，进行对外贸易发展方式转变就是采用更新的技术、生产更好的产品，提升在国际产业价值链中的位置。但每个企业都处于具体的经济区域中，受到地方政府的规制，同时又面临区内和区外相关企业的竞争。因此，能否实现对外贸易发展方式的转变，关键在于企业是否有动力进行上述创新活动，这是否为博弈中各方的占优策略成为博弈的关键。

（1）中央、地方与企业三方不完全信息动态博弈

假设：

①政企合谋博弈中参与人集合 $P = \{G_c, G_L, A\}$，其中 G_c 代表中央政府，G_L 代表地方政府，A 代表企业。

②各博弈参与人策略空间：

中央政府 G_c 有两种策略选择 $S_i = \{s_i\}$，其中 $i = 1, 2$；s_1 为进行有效监管，s_2 为不采取措施，放弃监管。

地方政府 G_L 同样有两种策略 $S_i = \{s_i\}$，其中 $i = 1, 2$；s_1 为与企业结成联盟获取维持目前对外贸易质量水平与规模发展收益，并获取其他地区转变贸易发展方式转变的外部性收益，s_2 为严格执行中央相关政策，加大本地贸易发展方式转变政策执行力度。

企业 A 的策略选择为 $S_i = \{s_i\}$，其中 $i = 1, 2$；s_1 与地方政府合谋维持现

有技术水平，获取规模收益；s_2 为响应国家战略，增加学习、研发等创新型活动投入。

③各博弈参与人支付：

假设企业现有模式下的收益为 R_a，假定进行技术革新等活动生产新产品后的收益增长率为 p（$0 < p < 1$），企业经营活动带来的政府财政收入为 Y，该收益由中央与地方共享，地方政府分享比例为 k，则中央政府分享比例为 $1 - k$。

第一，中央政府的支付。

由于中央政府可以选择监管与不监管两种策略，在选择监管的情况下，中央政府面临成功监管与不成功监管两种情况；同样在中央政府选择不监管时，地方政府与企业同样存在两种选择，即合谋与不合谋。无论在何种情况下，只要地方政府与企业存在合谋行为，中央政府推进对外贸易发展方式转变的政策效果都会受到影响，即中央政府存在损失，假设 N 为由于地方政府合谋造成的转变效果滞后的损失。因此中央政府 G_c 的支付存在六种情况。

若中央政府选择 s_1，则需监管成本 C_c。

在地方政府与企业进行合谋的情况下，中央政府成功监管时所获收益为：

$$\beta C_{ac} + \alpha R_a + (1 - k) Y - C_c - N \tag{5-20}$$

若监管不成功，则中央政府收益为：

$$(1 - k) Y - C_c - N \tag{5-21}$$

在地方政府与企业不合谋的情况下，中央政府成功监管时所获收益为：

$$(1 - k)(1 + p) Y - C_c \tag{5-22}$$

不能进行有效监管情况下，中央政府收益为：

$$(1 - k) Y - C_c \tag{5-23}$$

若中央政府选择 s_2，则存在合谋和不合谋的情况下，中央政府的收益分别为 $(1 - k) Y - N$ 和 $(1 - k)(1 + P) Y$。

第二，地方政府的收益。

与中央政府相似，地方政府的收益也存在六种情况。

在中央政府进行监管的情况下，存在成功监管与不成功监管两种情况。在中央政府成功监管的情况下，若地方政府选择 s_1，地方政府处于不作为状态，因此无成本投入，此时地方政府收益为企业合谋成本：

$$kY + C_{ac} - \beta C_{ac} \tag{5-24}$$

若地方政府选择 s_2，则其收益为：

$$k\ (1+p)\ Y-C_L \tag{5-25}$$

其中，C_L 为地方政府进行监管的成本。

在中央政府监管不成功的情况下，地方政府收益随其策略选择也存在两种情况。在合谋与不合谋的情况下，地方政府的收益分别为 $kY+C_{ac}$ 和 $k\ (1+p)\ Y-C_L$。

在中央政府不进行监管的情况下，地方政府在合谋与不合谋两种情况下的收益分别为 $kY+C_{ac}$ 和 $k\ (1+p)\ Y-C_L$。

第三，企业 A 的收益。

同样，企业收益也因其策略性选择而存在六种情况。

在中央成功监管情况下，企业选择与地方政府合谋 (s_1) 需要支付的成本为 C_{ac}，因为合谋需要企业与政府相关人员接触、游说并制定方案等活动。此时其余的收益为：

$$R_a-C_{ac}-\alpha R_a \tag{5-26}$$

若企业选择响应国家战略，增加学习、改进工艺流程、进行研发等创新型活动 (s_2)，需要为上述活动投入的成本为 C_{ai}，此时企业的收益为：

$$(1+p)\ R_a-C_{ai} \tag{5-27}$$

在中央监管不成功的情况下，企业同样有 s_1 与 s_2 两种选择，收益分别为 R_a-C_{ac} 和 $(1+p)\ R_a-C_{ai}$；

在中央选择不监管的情况下，企业选择 s_1 与 s_2 两种策略的收益分别为 R_a-C_{ac} 和 $(1+p)\ R_a-C_{ai}$。

由此可以得到中央、地方与企业三方博弈的收益矩阵（见表 5-2）。

在这一博弈中，参与博弈的三方同时行动，且信息是完全的，由此该博弈属于完全信息静态博弈。但是，该博弈不存在纯策略均衡。

进一步假设，企业与地方政府之间合谋的概率为 $\rho\ (A)$，则不合谋的概率为 $1-\rho\ (A)$；中央政府监管的概率为 $\rho\ (B)$，不监管的概率为 $1-\rho\ (B)$，监管成功的概率为 $\rho\ (C)$，监管不成功的概率为 $1-\rho\ (C)$。

表 5 - 2　中央、地方及企业三方博弈矩阵

		中央政府		
		监管		不监管
		成功	不成功	
企业 地方 政府	合谋	$R_a - C_{ac} - \alpha R_a$	$R_a - C_{ac}$	$R_a - C_{ac}$
		$kY + C_{ac} - \beta C_{ac}$	$kY + C_{ac}$	$kY + C_{ac}$
		$\beta C_{ac} + \alpha R_a + (1-k) \ Y - C_c - N$	$(1-k) \ Y - C_c - N$	$(1-k) \ Y - N$
	不合谋	$(1+p) \ R_a - C_{ai}$	$(1+p) \ R_a - C_{ai}$	$(1+p) \ R_a - C_{ai}$
		$k \ (1+p) \ Y - C_L$	$k \ (1+p) \ Y - C_L$	$k \ (1+p) \ Y - C_L$
		$(1-k) \ (1+p) \ Y - C_c$	$(1-k) \ (1+p) \ Y - C_c$	$(1-k) \ (1+P) \ Y$

在上述假定下，中央政府选择监管期望收益 E_C^I 为：

$$E_C^I = \rho \ (A) \ \{\rho \ (C) \ [\beta C_{ac} + \alpha R_a + (1-k) \ Y - C_c - N] + (1 - \rho \ (C)$$
$$[(1-k) \ Y - C_c - N]\} + (1 - \rho \ (A)) \ \{\rho \ (c) \ [(1-k) \ (1+p) \ Y - C_c]$$
$$+ (1 - \rho \ (C)) \ [(1-k) \ (1+p) \ Y - C_c]\} \tag{5-28}$$

中央政府不选择监管的期望收益 E_C 为：

$$E_C = \rho \ (A) \ \{(1-k) \ Y - N\} + (1 - \rho \ (A)) \ \{(1-k) \ (1+P) \ Y\}$$
$$\tag{5-29}$$

当中央政府对合谋无差异时，即 $E_C^I = E_C$ 时，地方政府与企业合谋的概率 $\rho \ (A)$ 可以表示为：

$$\rho \ (A) = \frac{C_c}{\rho \ (C) \ (\beta C_{ac} + \alpha R_a + (1-K) \ Y)} \tag{5-30}$$

结果显示，地方政府与企业合谋的概率 $\rho \ (A)$ 与中央的监管成本成正比 C_c，与中央监管成功概率 $\rho \ (C)$、对地方政府处罚力度 βC_{ac}、对企业的处罚力度 $a R_{ac}$ 及中央分享度 $(1-k) \ Y$ 成反比。这意味着，中央若希望降低或破解地方政府与企业合谋消极对待外贸发展方式转变，提高外贸发展方式转变政策实施效果，则必须降低监管成本，提高监管成功概率，加大对企业和政府合谋行为的惩罚力度，提高中央对财政收入分享度。对于前四项与地方政府企业合谋概率的关系，符合公众基本认知逻辑。但是，中央对财政收入分享度与合谋概率的反比关系，似乎难以解释，实际上其表明了另外一种逻辑，即如果经济发展收益全部为中央所享有，地方政府与经济发展创造的财政收

入不再有直接关联，则地方政府失去与企业合谋的动力。如若地方政府与企业合谋动力被破解，监管成本/成功概率以及惩罚力度等多失去了存在价值。这从理论逻辑上证实，我国以 GDP 为纲的政绩考核体系是造成地方政府与企业合谋，进而消极对外贸易发展方式转变的一个重要原因。所以，必须改变这一考核指标体系。

实际上，由于中央政府监管能力及国情问题，中央政府的监管成本无穷大；又由于对外贸易发展方式转变政策执行力度监管缺乏明确可行的指标，因此监管成功概率无限小。所以，切断地方政府与经济发展财政收入的直接关联，成为唯一可行的措施。

（2）政企合谋下企业创新困境的演化博弈分析

技术差距和贸易秩序混乱阻碍了我国对外贸易发展方式转变的成功实现，而政府目标及不同政府间利益的差异性是上述问题出现的重要原因。但是作为市场活动主体，为何不坚持创新导向，提升产品品质从同质化竞争的混乱局面中突围，实现产业价值链的提升？企业为何具有强烈的与地方政府合谋的动力以维持低水平的竞争？这些看似不合理的行为却是企业在市场活动中的理性、最佳策略。

地方政府与企业合谋严重影响中央政策的执行力度，其结果是造成官员腐败、市场分割与竞争秩序混乱。如河北省外经贸厅原副厅长李友灿利用审批进口汽车配额的权力，收受贿赂案，严重干扰了进口贸易秩序。❶ 这表明，辖区内企业为获得市场分割政策利益，有足够的动力游说政府或贿赂官员，进行寻租活动，并导致市场分割的加剧和竞争的无序化。因此，有研究认为，地方官员的腐败程度在一定程度上决定了市场分割程度，即腐败程度越高，地区市场分割越严重。党的十八大后，新一届政府把加快转变政府职能、简政放权作为执政要务，深化行政审批制度改革，着力理顺政府与市场关系，扎实推进权力清单制度建设。2014 年，在第八届夏季达沃斯论坛上，李克强总理明确向世界宣布，将用权力清单划定政府的职责边界，"法无授权不可为"将成为政府的行事规则。这既是我国借鉴市场经济发达国家经验，深化市场体制改革的结果，更是我国原有体制机制制约社会主义生产力与市场经济发展情况下，主动选择的结果。

---

❶ http：//www.jxgdw.com/jxgd/news/gnxw/userobject1ai641248.html.

在此，寻租活动是指企业为规避对外贸易发展方式转变政策压力，向监管部门监督者进行游说疏通，以维持现有方式和水平，加大现有模式下获利水平，继续造成社会资源大量消耗的行为。在这一活动中，参与方包括现有模式下获得收益的企业、负责监督企业生产方式转型升级的政府相关人员。因此，博弈参与要素可以归纳为如下几个方面。

博弈参与者：企业、监管人员。

博弈参与者策略选择：

企业策略集 S 包括两种策略：(S_1, S_2)，其中 $S_1 = $ 寻租，$S_2 = $ 不寻租；

监管者策略 S' 也包括两种策略：(S'_1, S'_2)，其中 $S'_1 = $ 不执法，$S'_2 = $ 执法。

博弈过程：

对外贸易发展方式转变是企业技术能力提升、创新水平提高的一个结果。因此，实现对外贸易发展方式转变需要促使企业转变生产方式、提升技术水平。但是，无论是加大学习还是研发创新活动投入力度，宏观上的收益远大于私人微观收益。因此，企业如果缺乏相应制度规范、约束，企业进行生产水平提升、方式转变的动力是不足的，维持现有生产方式成为企业的理性选择。

假设监管者能够进行成功监管，严格执法，企业收益格局将发生变化，并迫使企业进行生产方式革新、生产技术提升，其结果是提升了企业产品在产业价值链上的位置。但是，从宏观角度，产业整体技术水平得到了提升，出口贸易的产品质量、产品价格也多得到提升，但是从具体企业而言，因创新投入活动成本的提升能否得到补偿则存在较大的风险。因此，面对监管，企业有足够的动力进行寻租活动阻碍执法，以维持现有生产方式和技术水平，规避创新风险。

因此，在企业选择寻租策略（S_1）和不寻租策略（S_2）的情况下，监管部门都有执法（S'_1）和不执法（S'_2）两种策略选择。

则博弈参与者的收益分别为：

①企业收益。

在企业不寻租情况下，监管者正常执法，企业的收益为 R_e；监管者不执法，并主动向企业索贿，由于企业不准备寻租，因此拒绝。执法者可以采取其他报复性活动，如增加检查频率、加大处罚力度等，企业因此损失为 C_e，

因此企业的收益为 $R_e - C_e$；

在企业寻租的情况下，需要寻租的信息搜寻等成本 C_r，因寻租活动而导致企业技术创新活动投入降低 I_c，该部分资金投入研发产生新产品获益的概率为 ρ，则在监管者执法情况下，企业寻租的收益为 $R_e - C_r - \rho I_c$；若寻租成功，则需支付租金为 X，获得额外收益为 R，则企业寻租成功的收益为 $R_e + R - C_r - X - \rho I_c$。

②监管者收益。

假设监管者的工薪收入为 R_g，在监管者执法的情况下，如果企业主动寻租，则监管者收益为 $R_g + X$，如企业不寻租，则监管者的收益为 $R_g - C_g$，其中 C_g 为监管或索贿可遭受的损失（见表 5-3）。

表 5-3　企业寻租博弈中参与者支付矩阵

		监管者成功监管	
		执法	不执法
企业	寻租	$R_e - C_r - \rho I_c,\ R_g + X$	$R_e + R - C_r - X - \rho I_c,\ R_g + X$
	不寻租	$R_e - C_e,\ R_g - C_g$	$R_e,\ R_g$

根据经济实践，上述变量应满足如下条件：①以上涉及的所有变量都大于 0；②$R - C_r - X > \rho I_c$，由于技术水平较低，且创新存在较大风险，因此企业对于技术创新存在高估风险，低估收益的倾向；而对于寻租，由于具有短期且确定性因素较大，因此存在高估的倾向。这成为企业进行寻租活动的重要动机。

由于企业寻租与否不仅是企业与政府之间的博弈，更是企业群体内部的博弈，企业之间对于是否寻租存在着相互学习、模仿的行为博弈，监管者之间是否存在着设租学习、模仿行为。因此，演化博弈模型适用于分析此类问题。

根据上述博弈及其支付，企业及监管者各自群体内的学习行为取决于其期望收益，如果寻租及收租收益大于平均收益，则寻租及设租行为更容易在群体内部得到学习与仿效，否则不寻租、不设租收租在群体内将得到学习与仿效。

假设企业群体内采取策略 S_1 的概率为 α，则采取策略 S_2 的概率为 $1 - \alpha$；

监管部门采取策略S'_1的概率为β，则采取策略S'_2的概率为$1-\beta$。

在此情况下：

企业寻租（U_1）为：

$$U_1 = \beta\ (R_e - C_r - \rho I_c)\ +\ (1-\beta)\ (R_e + R - C_r - \rho I_c) \qquad (5-31)$$

不寻租收益（U_2）为：

$$U_2 = \beta\ (R_e - C_e)\ +\ (1-\beta)\ R_e \qquad (5-32)$$

平均收益为：

$$\overline{U} = \alpha U_1 + \ (1-\alpha)\ U_2 \qquad (5-33)$$

监管部门执法收益（U'_1）和不执法的收益（U'_2）分别为：

$$U'_1 = \alpha\ (R_e + X)\ +\ (1-\alpha)\ (R_e - C_g) \qquad (5-34)$$

$$U'_2 = \alpha\ (R_e + X)\ +\ (1-\alpha)\ R_g \qquad (5-35)$$

平均收益为：

$$\overline{U}' = \beta U'_1 + \ (1-\beta)\ U'_2 \qquad (5-36)$$

根据演化博弈相关理论，由于某一策略的增长率等于其相对适应度，只要采取某一策略的个体适应度比群体适应度高，即获得较大的收益，那么采用该策略的群体数量就会增长，最终成为 ESS。

构建该博弈复制动态方程式为：

$$\begin{cases} F\ (\alpha)\ = \dfrac{d\alpha}{dt} = \alpha\ (U_1 - \overline{U})\ = \alpha\ (1-\alpha)\ (\beta R - \beta X + \beta C_r + \beta C_e - C_r - \rho I_c) \\[2mm] F\ (\beta)\ = \dfrac{d\beta}{dt} = \beta\ (U'_1 - \overline{U}')\ = \beta\ (1-\beta)\ (X_\alpha - C_g + C_{g\alpha}) \end{cases}$$

$$(5-37)$$

根据上述结果，可以在平面 $Q = \{(\alpha,\ \beta)\ |\ 0 \leq \alpha,\ \beta \leq 1\}$ 内得到上式的 5 个均衡点，分别为：

点 $S\ (\alpha^*,\ \beta^*)$，其中 $\alpha^* = \dfrac{C_g}{C_g + X}$ $\beta^* = \dfrac{C_r + \rho I_c}{R + C_r + C_e}$，以及 $U\ (1,\ 0)$，$U'\ (0,\ 1)$，$O\ (0,\ 0)$，$W\ (1,\ 1)$。其中，$S\ (\alpha^*,\ \beta^*)$ 为演化鞍点，$U\ (1,\ 0)$，$U'\ (0,\ 1)$ 为不稳定点，$O\ (0,\ 0)$，$W\ (1,\ 1)$ 为演化稳定策略点，对应的策略分别为 $(S_1,\ S'_2)$，$(S_2,\ S'_1)$，即（寻租，不执法）、（不寻租，执法）。

由于 C_g 为监管部门寻租损失，R 为企业寻租成功所获收益，X 为寻租成功成本或监管寻租收益，在 $\alpha^* = \dfrac{C_g}{C_g + X}$ 为均衡点的情况下，这意味着如果监管部门寻租损失占企业和监管部门收益比重越大，企业将停止寻租；C_r 为寻租而付出的信息成本，ρI_c 为因寻租活动而导致的创新收益损失，实际尚未寻租的机会成本；C_e 为监管设租而企业不寻租时的损失，在 $\beta^* = \dfrac{C_r + \rho I_c}{R + C_r + C_e}$ 为均衡点的情况下，这意味着企业为寻租而进行的信息成本与寻租机会成本在企业寻租收益和寻租成本总和中所占比大于该点时，监管部门将停止设租活动。

这一结论在现实中具有较大的实际价值。如果寻租活动增大了监管部门的成本或损失，企业将停止寻租；而如果企业寻租活动成本加大，监管部门将停止设租。但是，目前我国在对外贸易发展方式转变政策执行过程中，由于中央政府监管能力及国情问题，中央政府的监管成本无穷大；又由于对外贸易发展方式转变政策执行力度监管缺乏明确可行的指标，因此监管成功概率无限小见式［见式（5－30）］。因此监管部门成本或损失较小，企业寻租活动则具有内在的动力。而由于当前我国企业发展对外贸易依然以低等级劳动力资源为主，企业经营以迅速获取市场机会为主要策略，创新能力小风险大，同时我国市场体系不完善，还没有形成诚信经营的良好信誉氛围，更缺乏全国统一的诚信体系，因此企业因寻租而承担的信息成本也较低，所以监管部门也具有较大的设租动力。

在寻租、设租成为企业、监管部门适应性选择的情况下，创新必然不会成为企业的稳定策略。

对外贸易发展方式转变不论是贸易发展方式转变的过程还是结果，都具有极强的外部性，即外贸发展方式转变的个人投入小于个人收益，社会收益大于社会投入。由此导致政府比企业更热衷于外贸发展方式转变、中央政府比地方政府更积极促进外贸发展方式转变。但是，由于对外贸易发展方式转变的宏观性与长远收益特征，中央政府也往往在长短期利益的平衡中，因为短期利益影响而对发展方式转变政策实施作出调整。此外，我国对外贸易发展方式转变及其促进政策实施也存在着如下问题：第一，对外贸易发展政策在政府与企业间、中央政府与地方政府间由于利益差异存在难以有效实施的问题；第二，地方政府与企业存在强烈的合谋动机，并且由于当前企业发展模式、创新机会收益较小及监管乏力等问题导致寻租合谋成为企业与监管部门的稳定策略；第三，由于对外贸易发展方式转变收益的宏观性与远期特征，导致指向明确的政策工具缺乏，因此不得不采用间接政策，如出口退税等，由此此类政策在实施中背离其本身政策含义，又对对外贸易发展方式促进效果大打折扣；第四，由于我国政绩考核的 GDP 情结，因此无论是中央政府还是地方政府，都与出口绩效之间存在强烈的利益关联，由此导致相关政策实施容易受到企业的策略性行为影响。

5.3　市场机制下企业创新行为与博弈分析

5.3.1　技术差距与企业创新

科技已成为国际经济与政治竞争的制高点，与发达国家的技术差距成为发展中国家竞争力提升的主要障碍。但是，创新是由渐进到飞跃的一个连续性过程，是渐进与飞跃的集合。这意味着落后者可以从产品生产现场着手，通过产品质量的渐次提高实现产品在国际市场上由价格竞争向特色竞争的转变。实际上，国际竞争经验研究表明，渐进创新是技术后进者长期竞争力的源泉。

（1）我国与发达国家技术创新能力差距分析

一个国家的技术创新能力主要表现在两个方面：一是技术创新规模，如专利数量；二是技术创新影响力，如专利持久性以及专利产品对相关产业发展的影响力等。

首先，基于技术创新规模差距分析。

从国内专利统计看，我国专利数量增长迅速。特别是专利中技术水平最高、难度最大的发明专利数量迅速增长。如 2006 年我国国内发明专利数量仅为 72941 件，仅为国外在华发明专利数量的 49.9%。2014 年，国内发明专利拥有量达到了 708690 件，比 2006 年增长了 8.72 倍。2011 年之后，我国知识产权局授权的有效专利量已经超过国外在华有效专利数量，2014 年为国外在华拥有发明专利数量的 1.45 倍（见图 5-3）。

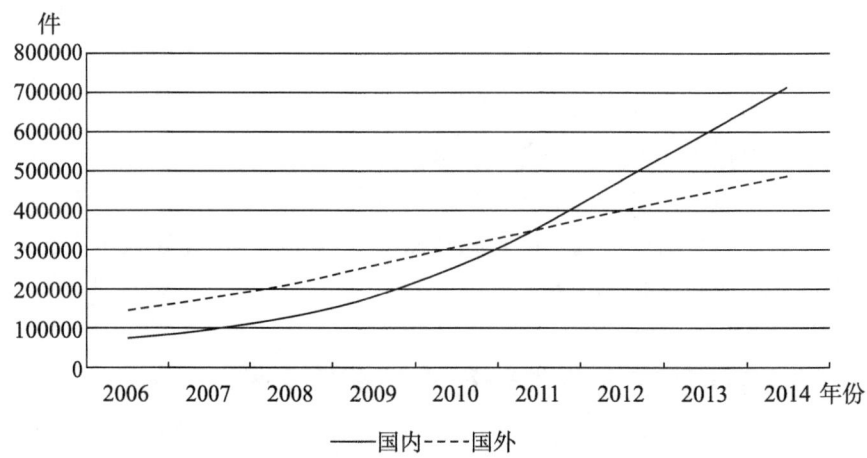

图 5 - 3 　2006 ~ 2014 年中国国家知识产权局登记的国内外
有效发明专利数量变化情况

但是，按世界知识产权组织（WIPO）最新修订的技术领域分类标准
（2011），在 35 个领域中，国内在食品化学、药品、材料冶金等 20 个领域占
据优势。但在如光学、半导体、计算机技术等高新技术领域，国外所占比例
仍超过国内（见表 5 - 4）。

表 5 - 4 　国内外各领域有效专利数量对比情况

技术 领域		技术领域大类	有效总量 （件）	国内		国外		国内 优势
				有销量 （件）	比例 （%）	有销量 （件）	比例 （%）	
合计			1196497	708690	59.2	487807	40.8	
I 电气 工程	1	电机、电气装置、电能	83430	43146	51.7	40284	48.3	是
	2	音像技术	52038	19701	37.9	32337	62.1	
	3	电信	38861	19375	489.9	19486	50.1	
	4	数字通信	80263	54991	68.5	25272	31.5	是
	5	基础通信程序	10936	4837	44.2	6099	55.8	
	6	计算机技术	70401	37893	53.8	32508	46.2	是
	7	计算机技术管理方法	726	406	55.9	320	44.1	是
	8	半导体	46639	19696	42.2	26943	57.8	

技术领域	技术领域大类	有效总量（件）	国内		国外		国内优势
			有销量（件）	比例（%）	有销量（件）	比例（%）	
9	光学	48147	17091	35.5	31056	64.5	
10	测量	64154	45482	70.9	18672	29.1	是
Ⅱ仪器 11	生物分子分析	4543	3078	67.8	1465	32.2	是
12	控制	17866	11799	66.0	6067	34.0	是
13	医学技术	31697	13007	41.0	18690	59.0	
14	有机精细化学	45320	27506	60.7	17814	39.3	是
15	生物技术	33272	25571	76.9	7701	23.1	是
16	药品（含中药）	45839	37680	82.2	8159	17.8	是
17	高分子化学、聚合物	37307	21276	57.0	16031	43.0	是
18	食品化学	27469	24526	89.3	2943	10.7	是
Ⅲ化工 19	基础材料化学	44842	32631	72.8	12211	27.2	是
20	材料、冶金	50482	40050	79.3	10432	20.7	是
21	表面技术、涂层	20711	11868	57.3	8843	42.7	是
22	显微结构纳米技术	1042	730	70.1	312	29.9	是
23	化学工程	34000	23674	69.6	10326	30.4	是
24	环境技术	21771	16563	76.1	5208	23.9	是
25	装卸	24542	11992	48.9	12550	51.1	
26	机器工具	36934	25202	68.2	11732	31.8	是
27	发动机等	25165	9396	37.3	15769	62.7	
Ⅳ机械 28	纺织与造纸机器	28208	13699	48.6	14509	51.4	
工程 29	其他机械	31840	20807	65.3	11033	34.7	是
30	热过程与器皿	20131	12613	62.7	7518	37.3	是
31	机器零件	25675	12079	47.0	13596	53.0	
32	运输	30875	11422	37.0	19435	63.0	

技术领域		技术领域大类	有效总量（件）	国内		国外		国内优势
				有销量（件）	比例（%）	有销量（件）	比例（%）	
V其他领域	33	家具、游戏	12582	6087	48.4	6495	51.6	
	34	其他消费品	16200	7565	46.7	8635	53.3	
	35	土木工程	32606	25251	77.4	7355	22.6	是

数据来源：国家知识产权局。

其次，基于技术创新影响力分析。

技术创新的影响力不仅直接体现于产品在国际市场上的竞争力，而且体现于技术交易市场上。具有较大影响力的技术一般都会成为技术交易的核心，而拥有此类技术的企业也成为技术交易市场上的主要供给者。但是，根据IPOfferings公司发布的年度报告《专利价值商数》显示，2012～2014年我国没有企业出现在该报告所统计的专利交易数据中。而AST以美国专利市场为主的统计显示，2010～2014年，确定的专利交易超过3709份，涉及2476个卖家和1517个买家，无论是卖家还是买家，在前15名中并没有出现中国企业。从新闻报道中涉及的重要影响的专利交易看，很少出现中国企业的身影。但是中国的华为公司在高智公司和RP公司购买柯达专利交易中有所表现，其成为RP公司所代表的12个被许可方之一。由此可见，虽然我国专利申请及拥有量得到显著提升，但专利技术的影响力仍然较小。

此外，专利维持时间越长，其技术水平和经济价值越高，即核心技术。因此专利有效性成为评价专利技术的一个重要指标。国内专利技术有效性多维持在3～5时间，国外专利则多集中在6～10年。具体看，国内有效发明专利中，维持年限5年以上的占49.2%，国外则为89.1%；国内有效发明专利中，有效期超过10年的只占7.6%；而国外则高达32.8%（见图5-4）。从专利技术领域看，有效发明专利维持十年以上的技术领域主要有电信领域、电机、电气装置、电能领域、计算机技术和音像技术等领域。这表明，此类技术领域重视基础专利布局及其延续性，对国民经济的影响较大。但国内能够维持在10年以上的专利基本集中在食品和药品两个领域，其他领域则显著落后于国外（见表5-5）。

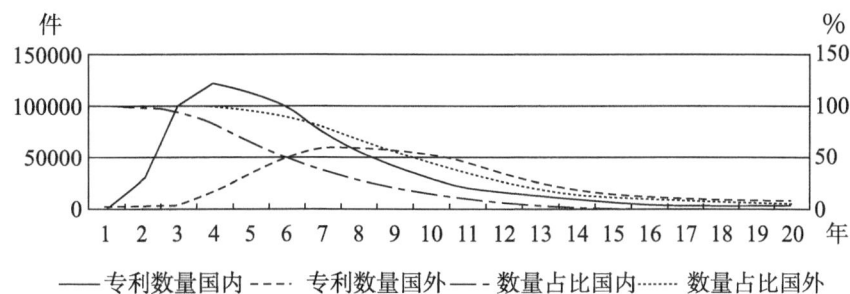

——专利数量国内 ---- 专利数量国外 —— - 数量占比国内 ……… 数量占比国外

图 5-4 国内外专利数量持续时间与专利数量占比

表 5-5 维持 10 年以上有效的发明专利国内占比情况

单位:%

技术领域	技术领域大类	国内占比	国外占比	国外/国内
电气工程	电机、电气装置、电能	18.95	81.05	4.28
	音像技术	13.95	86.05	6.17
	电信	31.16	68.84	2.21
	数字通信	33.30	66.70	2.00
	基础通信程序	17.32	82.68	4.77
	计算机技术	26.33	73.67	2.80
	计算机技术管理方法	22.56	77.44	3.43
	半导体	25.18	74.82	2.97
仪器	光学	17.35	82.65	4.76
	测量	25.34	74.66	2.95
	生物材料分析	27.96	72.04	2.58
	控制	15.06	84.94	5.64
	医学技术	15.07	84.93	5.64
化工	有机精细化学	25.21	74.79	2.97
	生物技术	35.17	64.83	1.84
	药品	55.65	44.35	0.80
	高分子化学、聚合物	20.84	79.16	3.80
	食品化学	51.47	48.53	0.94

技术领域	技术领域大类	国内占比	国外占比	国外/国内
化工	基础材料化学	40.05	59.95	1.50
	材料、冶金	38.02	61.98	1.63
	表面加工技术、涂层	20.15	79.85	3.96
	显微结构和纳米技术	28.97	71.03	2.45
	化学工程	33.94	66.06	1.95
	环境技术	42.84	57.16	1.33
机械工程	装卸	11.68	88.32	7.56
	机器工具	19.80	80.20	4.05
	发动机、泵、涡轮机	11.66	88.34	7.58
	纺织和造纸机器	15.62	84.38	5.40
	其他特殊机械	20.24	79.76	3.94
	热过程和器具	23.53	76.47	3.25
	机器零件	14.88	85.12	5.72
	运输	11.62	88.38	7.61
其他领域	家具、游戏	13.59	86.41	6.36
	其他消费品	19.84	80.16	4.04
	土木工程	39.12	60.88	1.56
总计		25.24	74.76	2.96

虽然近些年我国技术水平得到显著提升，各种类型专利拥有量都得到大幅增长，总体上看，专利数量在多数领域都高于国外企业，但是从技术影响力看，我国显著弱于国外，如国外达到最长维持年限的国外发明、实用新型和外观设计专利量分别占其总量的 0.6%、2.0% 和 6.3%，而我国仅为 0.02%、1.1% 和 0.5%，差距明显。国内发明专利平均维持年限在 3.8 年，实用新型专利为 3.5 年，外观设计专利为 3.2 年；国外发明专利平均寿命为 7.5 年，实用新型专利为 4.3 年，外观设计专利为 5.7 年。因此，国内外技术差距仍然较大。

（2）技术差距阻碍我国外贸发展方式转变的机制分析

外贸发展方式的转变必须建立在比较优势的动态转换基础上，即优势要素禀赋及其组合逐步由低级生产要素向高级生产要素转化。这一转化过程既是高质量生产要素逐步累积与新产品逐步出现的过程，更是经济主体在国际竞争压力下的逐利过程。因此，一国外贸发展方式转变实现程度与该国企业的技术能力显著相关。根据豪斯曼产品空间理论与模型，由于生产一种产品所需要的资产和能力在另一种产品的生产中并不是完全替代的，因此一国出现新产品的概率与该国企业从当前产品向新产品实现跳跃的能力紧密相关。企业跳跃能力在产品层面上取决于两个因素：一是当前该产品的复杂程度。产品复杂程度越高，该国产品空间结构越密集，企业实现向新产品跳跃的难度小；产品复杂度低，该国生产结构单一，出口种类少，产品空间结构稀疏，企业实现向新产品跳跃的难度大。二是该国当前产品与世界产品空间核心部分的距离，距离越大，以技术为核心的生产能力差距就越大，新产品生产实现难度就越大。

假定产品生产的人力资本具有一定的资产专用性，该人力资本技能在产品生产过程中具有不完全替代性。同时，假定在每一个时代都存在着年轻的非熟练工人和年长的熟练工人。熟练工人生产适合于其人力资本技能的当前产品，并在生产过程中对年轻的非熟练工人进行培训，即年轻人通过边干边学得到人力资本的积累和技能的提升。

一旦年轻人成为熟练工人，他将面临两种选择：生产与过去相同的产品，或者生产新的产品。但他所拥有的特定技能并不能完全满足生产新产品的需要，因此需要付出额外的努力，即需要付出成本。因为特定人力资本的替代性随着距离增加而下降，这意味着生产成本是新旧产品间距离的增函数。因此，假设当前产品为 i，从当前产品 i 移动到另一种新产品 j 的成本函数可以设定为：

$$C\left(\delta_{i,j}\right)=\frac{c\delta_{ij}^{2}}{2} \tag{5-38}$$

其中 $\delta_{i,j}$ 为两产品间的距离，如果 $i=j$，则 $\delta_{i,j}=0$；如果 $i\neq j$，则 $\delta_{i,j}>0$。此外设 $c>0$ 为常数。

一般而言，新产品价格高于原有产品，因此从当前产品 i 移动到另一种新产品 j 的额外收益是 $\Delta p_{i,j}=f\delta_{i,j}$，$f>0$ 为创新收益系数，因此产品价格随距离增加而上升。因此，新产品的生产实际转化为利润最大化问题：

$$\max_{\delta_{ij}}\prod=f\delta_{i,j}-\frac{c\delta_{i,j}^{2}}{2} \tag{5-39}$$

根据一阶导数为 0 的利润最大化条件，可以求出企业生产新产品的最优跳跃距离是：

$$\delta^* = \frac{d\left(f\delta_{i,j} - \frac{c\delta_{i,j}^2}{2}\right)}{d\delta} = f\Big/c \qquad (5-40)$$

跳跃 δ^* 的利润是 $\prod_{\delta_{ij}^*} = f^2\Big/2c$。如果企业选择跳跃的距离大于 $\delta_{ij}^* = f\Big/c$，则企业利润开始下降，并在 $\delta_{i,j} > \frac{2f}{c}$ 处降至 0，企业失去向新产品跳跃的动力。因此，落后国家如果期望实现跳跃性发展，必须通过相关政策措施提高企业跳跃的能力，或者降低企业跳跃风险，以保证企业在从当前产品向新产品转型过程中获得足够的利润。

结论 1：一国新产品出现的限制性因素是一国既有产品与尚未生产的新产品的距离。当该国产品复杂度低，且与世界产品空间中其他产品距离过大时，企业面临的创新风险较大，企业将停留在当前产品生产，创新进入停滞状态。

这里，影响企业创新距离的因素有两个，即创新收益系数 f 和创新成本系数 c。企业创新跳跃的最佳距离与 f 成正比与 c 成反比。

为了提高政策含义，下面考虑一跨期模型，生产过程分为 (t_1, t_2) 两期，假定该国当前具有比较优势的产品为 a，在一国的产品空间中，存在距离为 $C(\delta_{i,j}) = \frac{c\delta_{ij}^2}{2}$ 的产品 b。假设 b 为该国企业准备跳跃的具有潜在线性比较优势的产品。生产企业符合"理性经济人"假定，以利润最大化为目标。

设当前产品价格为 p_a，潜在产品价格为 p_b，且 $p_a < p_b$，假设两个阶段产品产量相同，分别为 $Q_a = Q_b = Q$，则企业生产当前产品 a 所获利为：

$$\pi_a = p_a Q_a = P_a Q \qquad (5-41)$$

由于企业不具备向潜在线性比较优势产品跳跃的全部能力，因此需要支付固定额外成本 $C(\delta_{i,j}) = \frac{c\delta_{ij}^2}{2}$。如果企业选择生产新产品 b，则其所获得利润为：

$$\pi_b = p_b Q_b - C \qquad (5-42)$$

则企业向新产品生产跳跃的条件为：

$$\pi_a = p_a Q_a = P_a Q > \pi_b = p_b Q_b - C \qquad (5-43)$$

即只有当 $p_b Q - \dfrac{c\delta^2}{2} > p_a Q$ 时，当前企业才考虑向新产品跳跃。由此可得当前企业向新产品跳跃的实现条件为：

$$p_b - p_a > \frac{c\delta^2}{2Q} \qquad (5-44)$$

对于新进入企业而言，如果选择生产产品 a，则获得两期利润为 $2\pi_a = 2p_a Q$，若选择生产新产品，则获得利润为 $\pi_b = 2p_b Q - C$，因此对于新进入企业而言，选择生产新产品的约束条件 $\pi_b > 2\pi_a$，即：

$$2p_b Q - C > 2p_a Q \qquad (5-45)$$

即只有当 $(p_b - p_a)_{新} > \dfrac{c\delta^2}{4Q}$ 时，新进入企业才选择生产具有潜在比较优势的产品。

对比在位企业与新进入企业实现跳跃的约束条件可知：

结论 2：新进入企业选择生产新产品的约束条件低于在位企业，因此在位企业路径依赖性强，转换成本高；新进入企业数量是该国能否实现向新产品跳跃的限制性因素。

结论 3：企业产量越大，产品距离等同情况下企业向新产品跳跃对产品价格增幅的要求越低，越容易实现向新产品的跳跃。而企业产量规模则取决于管理能力与水平、资本集聚能力、市场成熟度等诸多因素。

上述分析表明，一国企业的技术能力是该国能否实现新产品生产的决定性因素，技术能力越低，生产新产品难度就越大，一国实现发展方式转变的难度也就越大。然后进一步的分析则表明，新企业进入数量以及企业产品规模与企业生产新产品的意愿成正比，即进入市场的新企业数量越多，企业生产规模越大，新产品出现的可能性就越高。我国市场经济体制改革日益完善，新企业建立成本越来越低，注册登记手续日益简化，由此导致我国企业数量迅猛增长。2002 年，我国企业总数为 734.26 万家，到 2014 年增长到了 1819.8 万家，增长了 1.48 倍。从规模看，我国企业在"入世"后也获得较快增长。按当年价计算，我国企业的平均产值从 2002 年的 0.017 亿元增长到了 2014 年的 0.035 亿元，增长了 1.14 倍。由此形成了我国多数行业产量排名世界第一的局面。但是，我国出口贸易增长中，新产品的贡献度最小。由此形成我国企业数量及产量规模大幅增长，但新产品却没有出现显著增长的理论与现实背离的局面。

5.3.2 企业数量与产品创新

5.3.1 结论 2 表明，新企业的生产成本低于在位企业生产成本，因此，相对于在位企业，新企业的创新难度显著低于老企业。这意味着，如果一国企业数量增长较快，那么该国的产品创新活动也将活跃。改革开放以来，我国外贸经营权进一步放开，对外贸易经营主体数量不断提升。截至 2016 年 9 月，全国进出口货物收发货人注册总量已经达到 919814 家。❶ 对外贸易经营主体数量与规模的提升为我国抓住全球化历史机遇，积极发展对外贸易奠定了基础。但由于政府宏观调控经验不足、外贸企业技术水平、国际市场经营能力低等因素，数量众多的对外经营主体之间低水平竞争导致我国对外贸易质量与效益低下。由于工业技术进步是一个既充满浪费又充满力量的过程，秩序混乱导致的低效贸易活动无法弥补企业为实现技术进步所需资金，因此企业技术进步动力不足，严重影响了我国价值链的提升，阻碍了我国外贸向质量、效益型发展方式转变的效果。

（1）我国外贸经营权管理变革及企业数量变化

中华人民共和国成立初期，我国建立了高度集中的计划经济体制。与此相适应，对外贸易由国家统一经营，即对外贸易经营行为根据国家指令性计划进行。同时，受限于当时的国际经济环境及我国经济能力，我国对外贸易伙伴国数量少，贸易商品也较为单一。因此，截至 1979 年，我国只有外贸专业总公司 10 余家，即使将各总公司分布在各地具备法人资格的分支机构计算在内，总数也仅为 192 家。随着社会主义市场经济体制改革的推进，外贸体制改革的大幕也由中央政府自上而下拉起。1979 年 7 月，中央和国务院正式下发文件，授权广东和福建两省实行"特殊政策和灵活措施"，对中国甚至世界意义深远的对外贸易改革正式开启。此后，对外贸易经营权下放范围逐步扩大到其他沿海省市，到 1981 年，共有三个直辖市（北京、上海、天津）、四个省（广东、福建、辽宁和河北）以及一个自治区（广西）被授权建立其各自所属的外贸企业开展对外贸易经营，国家贸易垄断局面开始被打破。此外，1983 年经贸部开始对部分国有大中型企业赋予自营进出口权的试点工作。1988 年起，国家全面实行了外贸承包经营责任制，并逐步取消了国家对外贸

---

❶ 该数字来自非正式统计报告，为国家海关进出口货物统计记录显示数字。

企业的补贴，实行了全行业的自负盈亏。至此，全国外贸企业已由 1979 年的 192 家发展到 1988 年的近 6000 家。由于 20 世纪 80 年代末期全国范围经济发展过热，1989 ~ 1991 年，国务院决定对各类对外贸易公司进行清理整顿，全国外贸企业总数从 1988 年的近 6000 家减少到 1991 年的 2360 家。

为保证我国对外贸易持续稳定健康发展，1994 年，我国颁布实施了《对外贸易法》。《对外贸易法》确立了外贸经营权许可制度，使外贸经营权管理有了法律层级的规范。为深入贯彻党的十四大确定的"统一政策、放开经营、平等竞争、自主经营、自负盈亏、工贸结合、推行代理制"的对外贸易发展政策，推动对外贸易发展，有条件的生产企业、商业物资企业、科研院所和私营企业等主体相继获得外贸经营权。如 1998 年 10 月，经国务院批准，外经贸部开始赋予私营企业和科研院所自营进出口权，这标志着私营企业首次进入外贸领域。对外贸易经营主体开始呈现出多元化发展态势，外贸经营企业数量迅速提升，截至 1999 年底，全国外贸企业总数达到 23749 家。

以中国 2001 年成功加入世界贸易组织为标志，中国对外贸易发展进入了一个新的时期。中国对外贸易体制改革日益深化，以适应全球经济一体化和国内市场经济体制改革的发展步伐。2001 年外经贸部颁布了《进出口企业经营资格管理规定》，当年，对外贸易企业数量增至 87998 家。2002 年 11 月，"进出口经营资格管理系统"开始在全国联网运行；2003 年 8 月，商务部❶印发《商务部关于调整进出口经营资格标准和核准程序的通知》，进一步降低门槛、规范审批程序。上述政策措施降低了企业申请进出口经营权的标准，下放了核准权限，简化了申请程序，释放了企业的活力。截至 2004 年 6 月，中国拥有外贸经营权的内资企业为 124627 家，是 1999 年底的 5.25 倍。为履行我国"入世"承诺，更为了适应对外贸易发展的新形势、新情况，2004 年我国对《对外贸易法》进行了修订，将外贸经营权管理由审批制改为备案登记制，取消了外贸经营权的门槛限制，并将对外贸易经营者的范围扩大到个人。截至 2009 年 4 月底，我国对外贸易经营者共有 75.5 万家，而到 2016 年 9 月，海关通关记录现实的进出口货物收发货人总数达到了 91.9814 万家。

---

❶　为适应中国加入世界组织后，中国市场与全球市场将会融为一体，很难再继续严格地区分内贸和外贸的情况，2003 年举行的第十届全国人民代表大会第一次会议决定，把原国家经济贸易委员会内负责贸易的部门和原对外经济贸易合作部合并成"商务部"，由其统一负责国内外经贸事务。

（2）我国外贸经营企业数量增加及竞争无序化降低贸易收益

随着我国外贸市场准入条件的不断放宽，外贸企业数量快速增长，对外贸易经营主体呈现出多层次、多元化特征。这是我国外贸经营权体制改革的直接结果，更成为我国对外贸易规模迅速提升的重要推动力量。但是，随着对外贸企业数量增长及外贸主体多元化态势的发展，对外贸易竞争日益激烈，甚至出现无序化竞争的局面。特别是在我国企业新产品生产乏力，贸易品非价格竞争力不足，贸易发展主要依赖数量因素的情况下，出口企业数量的增加及竞争的无序化严重影响我国对外贸易的利益提升，成为我国对外贸易发展方式的成功转变的严重障碍。

首先，分散决策下企业数量增长对贸易影响的博弈分析。

假设一国实施自由贸易，任何一个企业 E_i（$i=1, L, n$）都可以自由向国际市场出口产品。每年初，各个企业都要制定出口计划，安排生产。$q_i \in [0, \infty)$（$i=1, L, n$）为第 i 个企业的出口数量；$Q = \sum_{i=1}^{n} q_i$ 代表一国所有企业出口产品的总和。p 代表每单位出口产品的平均价格。假设该国企业出口产品是同质的，国际市场容量恒定，因此 p 是 Q 的函数，即 $p = p(Q)$，因此随着出口数量的增加，出口产品因供过于求价格下降。因此有：

$$\frac{\partial p}{\partial Q} < 0, \quad \frac{\partial^2 p}{\partial Q^2} < 0 \qquad (5-46)$$

在这里，每个企业的问题是选择 q_i 以最大化自己的利润。假定企业生产成本无差异，为 c，那么企业的利润函数为：

$$\pi_i(q_1, L, q_n) = q_i p\left(\sum_{i=1}^{n} q_i\right) - q_i c, \quad i=1, L, n \qquad (5-47)$$

利润最大化一阶条件为 $\frac{\partial \pi_i}{\partial q_i} = p(Q) + q_i p'(Q) - c = 0, \quad i=1, L, n$。这表明，企业增加一单位产品出口能够为企业带来 p 收入，但因增加出口数量而致使所有产品价格下降了（$q_i p' < 0$）。因此有 n 个反应函数：

$$q_i^* = q_i(q_{1,L}, q_{i-1}, L, q_{i+1}, L, q_n) \qquad (5-48)$$

将 n 个一阶条件相加可以得到：

$$p(Q^*) + \frac{Q^*}{n} p'(Q^*) = c \qquad (5-49)$$

Q^* 为 n 个企业单独决策情况下，该国出口产品的总数量。

假设一国对国际贸易实行统一决策，该国的利润函数可以写为：

$$\pi = Qp（Q） - Qc \qquad (5-50)$$

因此，该国实现利润最大化的一阶条件为：

$$\frac{\partial \pi}{\partial Q} = p（Q^{**}） + Q^{**}p'（Q^{**}） - c = 0 \qquad (5-51)$$

Q^{**} 为国家统一决策情况下出口的最优数量。

由此可以得到分散决策和统一决策下一国出口均衡数量的不同表达之间的数量关系：

$$p（Q^*） + \frac{Q^*}{n}p'（Q^*） = c = p（Q^{**}） + Q^{**}p'（Q^{**}） \quad (5-52)$$

假设分散决策下的最优产量与统一决策下的最优数量存在如下关系：

$$Q^* \leqslant Q^{**}$$

由于价格的一阶导数小于零，因此可以得到：

$$p（Q^*） \geqslant p（Q^{**}） \qquad (5-53)$$

进而可得：

$$\frac{Q^*}{nQ^{**}}p'（Q^*） \leqslant P'（Q^{**}） \qquad (5-54)$$

由于随着企业数量 n 的增大，不等式左边趋于 0，即 $P'（Q^{**}） \geqslant 0$，这与原假设矛盾。因此，分散决策下的最优产量大于统一决策下的最优产量，即贸易自由化条件下一国出口产品的价格低于统一决策下出口产品价格。

其次，出口秩序混乱引致价格"公共地悲剧"。

第一种情况：两寡头出口竞争的博弈分析。

假设该国有两个企业出口同质产品，分别为企业 i 和 j，两个企业的出口数量分别为 q_i 和 q_j，因此一国总的出口数量 $Q = q_i + q_j$，出口产品的价格函数为 $p（Q） = a - q_i - q_j$。同时两个企业具有相同的生产函数，产品生产成本为 $c，（a > c）$。则两企业的利润函数分别为：

$$\pi_i = q_i^*（p（Q）） - q_i^* c$$
$$\pi_j = q_j^*（p（Q）） - q_j^* c \qquad (5-55)$$

每个企业利润最大化的一阶条件为：

$$\frac{\partial \pi_i}{\partial q_i} = a - （q_i + q_j） - q_i - c = 0$$

$$\frac{\partial \pi_j}{\partial q_j} = a - (q_i + q_j) - q_j - c = 0 \tag{5-56}$$

则有反应函数:

$$q_i^* = R_1 (q_j) = \frac{1}{2} (a - q_j - c)$$

$$q_j^* = R_2 (q_i) = \frac{1}{2} (a - q_j - c) \tag{5-57}$$

因此分散决策情况下,两个企业的产量为:

$$q_i^* = q_j^* = \frac{a - c}{3} \tag{5-58}$$

利润均为:

$$\pi_i = \pi_j = \frac{1}{9} (a - c)^2 \tag{5-59}$$

国家分散决策下总出口量为:

$$Q^* = \frac{2}{3} (a - c) \tag{5-60}$$

总利润为:

$$\pi^* = \frac{2}{9} (a - c)^2 \tag{5-61}$$

若该国统一决策,整体利润函数为:

$$\pi = p (Q) Q - cQ \tag{5-62}$$

该国最优出口数量为:

$$Q^{**} = \frac{1}{2} (a - c) \tag{5-63}$$

最大利润为:

$$\pi^{**} = \frac{1}{4} (a - c)^2 \tag{5-64}$$

第二种情况:一般情形出口竞争的博弈分析。

两寡头情况下,企业分散决策的总产量大于统一决策下的总产量,因此导致分散决策情形下的总利润小于国家统一决策下的总利润。将上述过程一般化可知,在该国 n 个企业出口的情况下,每个企业出口数量为:

$$q_i^* = \frac{a - c}{n + 1} \tag{5-65}$$

利润均为:

$$\pi_i = \frac{(a-c)^2}{(n+1)^2}, \ i=1, \ L, \ n \qquad (5-66)$$

因此，该国出口总量为：

$$Q^* = \frac{n \ (a-c)}{n+1} \qquad (5-67)$$

总利润为：

$$\pi^* = \frac{n \ (a-c)^2}{(n+1)^2} \qquad (5-68)$$

这意味着，随着企业数量的增加，该国企业分散决策下的最优数量与统一决策下的最优数量之间差距越来越大，两种情形下的价格差距也将随着增大，因此分散决策下的总利润与统一决策情况下利润相比越来越小。如果在分散决策下的企业期望获得统一决策条件下的利润，则每个企业必须承诺出口：

$$q_i = \frac{1}{2n} \ (a-c) \qquad (5-69)$$

则获益为：

$$\pi_i = \frac{1}{4n} \ (a-c)^2 \qquad (5-70)$$

但是在其他企业选择遵守承诺的情况下，若企业 i 放弃承诺，则其效用函数可表示为：

$$\max \pi_i' = q_i' \left[a - q_i' - \frac{n-1}{2n} \ (a-c)^2 \right] - q_i'c \qquad (5-71)$$

根据利润最大化一阶条件可知，最佳出口数量为：

$$q_i' = \frac{n+1}{4n} \ (a-c) \qquad (5-72)$$

由于：

$$q_i' = \frac{n+1}{4n} \ (a-c) > q_i = \frac{1}{2n} \ (a-c) \qquad (5-73)$$

即企业 i 实际出口量大于承诺量的出口量，并由此而得到的利润为：

$$\pi_i' = \frac{(n+1)^2}{16n^2} \ (a-c)^2 \qquad (5-74)$$

但是此时，其他遵守承诺的企业出口数量为：

$$q_{-i} = \frac{1}{2n} \ (a-c) \qquad (5-75)$$

遵守承诺的企业获利为：

$$\pi_{-i} = \frac{n+1}{8n^2}(a-c)^2 \qquad (5-76)$$

对于任意企业而言，违背承诺的收益 $\pi_i' = \frac{(n+1)^2}{16n^2}(a-c)^2$ 大于任何情况下的收益（见表5-6）。因此，即使每个企业做出承诺将各自出口量限定在整体最优水平，即 $q_i = \frac{1}{2n}(a-c)$。但由于缺乏履行承诺的动力，最终结果仍是所有企业违背承诺，选择出口量 $q_i^* = \frac{a-c}{n+1}$。

表5-6 自由贸易条件下企业出口竞争博弈支付矩阵

企业 E_{-i}

		遵守	违背
企业 E_{-i}	遵守	$\pi_i = \frac{1}{4n}(a-c)^2$；$\pi_i = \frac{1}{4n}(a-c)^2$	$\pi_{-i} = \frac{n+1}{8n^2}(a-c)^2$；$\pi_i' = \frac{(n+1)^2}{16n^2}(a-c)^2$
	违背	$\pi_i' = \frac{(n+1)^2}{16n^2}(a-c)^2$；$\pi_{-i} = \frac{n+1}{8n^2}(a-c)^2$	$\pi_i = \frac{(a-c)^2}{(n+1)^2}$；$\pi_i = \frac{(a-c)^2}{(n+1)^2}$

此时，违背承诺对于任意企业而言都是占优策略，因此（违背，违背）构成了纳什均衡。由于最终实际出口数量远大于最优出口规模，因此形成供过于求的市场态势。又由于 $\frac{\partial p}{\partial Q} < 0$，$\frac{\partial^2 p}{\partial Q^2} < 0$，因此，出口贸易价格持续下降。

此外，收益矩阵表明，企业数量越大，企业纳什均衡的收益与企业最佳收益之间的差距就越大。

传统国际贸易理论假定，贸易参与国对国际市场供求态势不构成影响，出口自由竞争并不会导致出口价格的变化。但由于大国效应的存在，即使不考虑其他发展中国家的出口效应，中国巨大的出口能力已深刻影响到了国际市场价格。此外，由于发展中国家的竞争效应及发达国家市场由于经济不景气而显现的疲软状态，中国企业竞争所导致的"囚徒困境"使得国际市场这一"公共地"收益日渐贫薄，众多出口企业挣扎于生死线上，出口退税成为行业生存的救命稻草，产业发展更是无法实现。

对外贸易经营权的放开使得我国出口贸易企业数量迅速增长，这使得我国出口贸易竞争日益激烈，部分行业出口价格逐年走低。而与此相反，进口贸易由于竞争而导致价格逐年走高。这导致我国价格贸易条件呈现恶化态势，严重影响了我国对外贸易收益。当前，对外贸易经营权由审批制改为备案登记制，并且登记备案机关逐年增多，目前已达到 695 个，大大方便了对外贸易经营者登记备案。但是，对外贸易经营权管理体制的变化并不意味着对外贸易管理必要性的降低。恰恰相反，实践经验与理论推导都表明，以市场竞争为主的价格形成机制需要超越具体企业，克服企业的"本位主义"与"短视行为"，构建据有可信、可执行政策体系，对出口企业数量、规模及竞争行为，特别是价格竞争进行有效的规制，以提高整体及内部个体的经济利益。

5.3.1 的结论 2 与结论 3 表明，新进入企业数量、规模与产品创新之间存在正相关的关系。5.3.2 的博弈分析表明：企业数量越大，企业纳什均衡的收益与企业最佳收益之间的差距就越大。我国经济与对外贸易发展实践表明，随着我国市场经济体制改革日渐深入并逐步完善，各类企业数量迅猛增长，特别是外贸企业数量从 1979 年的 192 家增长到了 2016 年的 91 万多家。企业数量的增长导致激烈的竞争，却以价格为手段，以数量增长为目标，而产品创新却并不显著，由此导致虽然经过多年努力，我国外贸发展方式转变取得一定效果，在市场开拓方式中价格因素贡献度逐年上升，数量因素贡献度略有下降，但是，市场开拓仍以数量增长为主导。特别是近年来，种类因素不仅对贸易增长贡献较小，而且呈现下降的趋势。因此，在我国市场经济发展过程中，企业数量增长"悖论"成为贸易发展方式转变效果提升的障碍。

5.3.3　企业创新困境的博弈分析

显然，价格竞争被企业普遍采用，甚至成为"行业惯例"而成为新进入企业的必然选择，而产品创新这一被市场主体广泛认同，又具有深厚的社会合法性和道义合法性的竞争行为却难以成为业内企业的普遍选择。在创新的必要条件，即贸易和技术开放已经具备条件下，创新为什么依然没有大规模出现？竞争是企业在市场中的生存方式，更是企业为实现生存目标的一种战略选择。但是，正如本格特·霍姆斯特姆所说，"竞争本身毫无价值，只有作为一种获取信息的手段时才有价值"。也就是说，只有当企业在竞争中能够获取竞争对手及其行为的相关信息时，竞争行为才具有策略性。因此，竞争对手及其行为决定了竞争的方向。总体而言，企业的竞争对手可以分为两大类：一是同业竞争者，同业间竞争是企业面对的最强大竞争，决定了企业的生存状态与产业结构，是市场秩序的主要影响变量；二是消费者，企业在与消费者的竞争中具备信息优势，而消费者则具有选择优势。

5.3.3.1 企业创新博弈的低水平均衡分析

经典的国际贸易理论认为，产业竞争力是一国对外贸易发展模式与利得的决定因素。但是，产业竞争力与产业组织结构存在着密切的关系。经典微观经济理论证实，当企业数量很大，且规模很小的情况下，企业都是价格的被动接受者。此时，产品的销售价格等于产品的边际成本，企业无法通过积累利润获得技术创新的足够资源。因此，哈佛大学 S—C—P 理论认为：这种市场结构所导致的结果是资源浪费严重、企业无法通过利润积累来从事技术创新等活动，进而影响产业竞争力的提升。约瑟夫·熊彼特曾经认为：完全竞争不仅是不可能的，而且是低劣的，它没有权利被树为理想效率的模范。

（1）同质企业间创新博弈分析

假设 1：某产业内企业 E_i，$i = 1 \cdots n$。

假设 2：企业 E_i 有两种策略选择，即创新或不创新。

任一企业 E_i 进行创新研发都会发生成本 C。由于技术的非排他性，创新成功成果将由产业内企业共享，产业总体收益 $P = \sum_i^n p_i$，$p_i = p_j$，$i \neq j$，$p > c$。

假设 3：任一企业 E_i 成功进行技术创新的概率为 $0 < \rho < 1$，创新成功的收益为 $R = p - c$，其期望收益为 $R\rho + (1 - \rho) R$。在企业 E_i 不进行创新的情况下，其收益受到 E_{-i} 策略选择的影响，E_{-i} 以 β 的概率选择都不进行创新，则 E_{-i} 中至少有一个企业 E_j 进行创新的概率则为 $1 - \beta$。因此，企业 E_i 的混合策略均衡依然会满足：

$$R = 0 \times \beta + p (1 - \beta) \tag{5 - 77}$$

因此，可以得到：

$$R = p (1 - \beta) \tag{5 - 78}$$

又由于 $R = v - c$，所以 $\beta = \dfrac{c}{p}$

由于假设 3，因此上式等价于 $(1 - \rho)^{n-1}$

因此可以得到：

$$(1-\rho)^{n-1} = \frac{c}{p} \tag{5-79}$$

则可以解得：

$$\rho = 1 - \left(\frac{c}{p}\right)^{\frac{1}{n-1}} \tag{5-80}$$

由此可知，随着企业数量的增加，任意企业 E_i 进行技术创新的概率将逐渐变小。这导致产业整体技术创新的概率迅速下降，即任意企业 E_i 都不创新的概率为

$$(1-\rho)^n = 1 - 1 + \left(\frac{c}{v}\right)^{\frac{1}{n-1}} = \left(\frac{c}{p}\right)^{\frac{1}{n-1}} \tag{5-81}$$

随着企业数量 n 的增加而变大，其补集即至少有一个企业创新的概率 $1 - \left(\frac{c}{p}\right)^{\frac{1}{n-1}}$ 则持续下降。

由此可见，在同质化产业内，随着企业数量的增加，产业共性技术创新成为企业选择的可能性就越小。不创新成为产业内企业的普遍选择。当然这里的共性技术并非限指真正的共性技术，由于技术的非排他性，一切不能得到良好知识产权保护的技术可被称为共性技术。这就意味着，如果产业内技术得不到恰当的知识产权保护，即使产业规模再大，产业内企业数量再多，企业也不会选择技术创新进行竞争。

此外，本研究所指创新并非突破性、飞跃性的技术创新，而是指包括从生产现场技术改进、工艺更新、管理规范等在内的技术改进与发展，虽然改进与发展并不一定达到技术创新标准，能够实现专利申请，但其对生产质量更好的产品具有重要的意义。不过，由于难以达到专利标准，因此知识产权制度在此类技术创新的保护作用并不显著，更多地依靠企业之间相互协调，即有效的产业内治理机制作用的发挥。

（2）产业内治理机制缺失导致竞争失范

随着我国市场经济体制改革的深入，特别是贸易管理体制的改革，出口企业数量迅速增长，出口企业性质日益多样化。竞争观念深入人心，但正如哈耶克指出的那样，即使自由主义者也承认并不存在绝对的自由，个人自由总要受到许多规则的限制。然而，由于受到计划经济与市场经济发展历程的影响，我国市场上竞争秩序概念并未得到完整树立，自由交易中的瞬时性与

匿名性，交易伙伴的流动性与可替代性等特征的存在导致了偏离竞争惯例的行为，此时，遵从和模仿成为厂商的"理性选择"。由此，价格而非创新成为企业在市场竞争中首要且有自由的选择，但带来了市场秩序的破坏，牺牲了行业整体利益。

有效的行业管理是规避上述偏离竞争惯例行为的唯一途径。行业管理的实施可以有两种方式：一是行业自主管理，如欧美大型跨国公司主导下的模式、日本为代表的大型综合商社主导的模式以及意大利中小企业协会主导模式。二是政府宏观管理，如我国传统的贸易管理体制，对外贸易经营权管理及行业管理等。有效的行业管理不仅对企业竞争行为具有规范作用，而且有助于企业间信息沟通，稳定交易关系，从而剔除交易中的机会主义行为。然而，我国传统的贸易管理协调机制不仅随着市场化深入及政府机构改革开展逐渐淡化，而且由于政府监管成本以及中央地方政府间利益的不一致性导致政策执行效果难以保证。由此导致企业竞争陷入近乎完全"自由"、盲目竞争的状态，直接导致个体利益损失和集体福利下降的恶性成本。

理论研究表明，行业协会作为非营利性的第三方机构日益成为企业间信息沟通的重要渠道，并通过信誉机制对企业的机会主义行为起到制约作用。因此，行业协会成为良好市场秩序形成的重要因素之一。因为行业协会能够有效表达成员企业诉求，促进资源流动并弥补政府在创新模式与行业监管方面资源的不足。特别是行业协会有效提升促进企业间沟通意愿，进而通过降低沟通成本提升企业间关系能力以促进网络内节点间合作的两条途径增强技术创新绩效。王永进（2012）的实证研究对上述观点进行了证实："关系"发展越完善，高能者企业投资水平越高，低能者企业投资水平越低，同时"关系"与法律制度之间在企业出口决策上具有一定的替代关系。

然而，我国行业协会大多数是政府相关部门牵头组建的，成立最初的目的是政府官员分流与人员安排的需要，行业协会的浓厚行政色彩导致组织发育不足、运行机制不健全等问题严重影响了其功能的发挥，特别是行业协会工作中存在的追求营利性及以政府管理权力或其延伸为主导，而对成员利益代表和聚合不足的特征，因此很多企业加入协会具有一定的强制性。相关实证研究表明，54.12%的企业参加的协会是由政府主导产生的，只有31.37%由企业倡议生成。由此导致我国行业协会发展过程中缺乏参与约束，又缺乏激励相容约束，特别是不具备可置信的惩罚。最终形成了政府管理逐渐退出，市场自主管理发展不足的态势，市场自由度无限提高，决策、行为规则与监管严重缺失，市场交易中的瞬时性与匿名性，交易伙伴的流动性与可替代性等特征无限放大，几近完全竞争状态，并导致价格竞争成为企业的唯一选择。

5.3.3.2 *产品质量信息与企业创新努力的博弈分析*

消费者是企业另一个重要的市场竞争者。如果他们（企业）不必保持高质量的产出，那么他们的任务更容易。但产品质量是如此的重要，以至于讲到产品创新时，我们关注的是如何生产更好地产品的能力，反面的例子也表明，改进现有产品或更好地生产现有产品，即提高产品质量远比引进新产品更为重要，因为创新更大程度上是指产品和工艺上无数细小的改进，而非根本性的飞跃。不过，生产者总有动力在质量上误导消费者或对消费者说谎。因此，在企业与消费者竞争中，消费者对质量的要求及对企业信息的甄别意愿、能力是企业能否进行创新的关键。

（1）消费者期望与企业产品质量提供博弈分析

假设 1：任意企业 i 可以生产质量水平为 $Z \in [0, 1]$ 的产品；

假设 2：消费者对产品质量的预期为 E_q，其需求表示为：

$$Q = 4 + 6E_z - P \qquad (5-82)$$

假设 3：企业对消费者需求与质量预期有完全的信息，且企业可以生产任意质量水平 A_z 的产品，企业生产该质量水平的产品的成本为 $C = 2 + 6A_z^2$（企业没有固定成本）。

假设 4：消费者可以观察到产品价格 P，无法观测产品质量；消费者购买后可以体验到产品质量，同时遵循冷酷策略，即任意 $Z_t > E_z$，消费者都将在 $t+1$ 期继续购买，否则放弃购买。

在企业向市场提供产品过程中，是否会就产品质量向消费者说谎的关键在于企业实现利润最大化的条件。

第一，说谎时企业利润及质量选择。

如果说谎能够使企业实现利润最大化，则企业必然会选择说谎。更重要的是，如若企业说谎能够实现利润最大化，则其产品质量则必定为 $Z = A_z = 0$，因此企业生产产品的成本为固定成本，即 $C = 2$。

由此可得企业说谎时的收益为：

$$\pi_l = PQ = (4 + 6E_z - Q - 2) Q$$

根据利润最大化条件，

当 $\dfrac{\mathrm{d}\pi_l}{\mathrm{d}Q} = 2 + 6E_z - 2Q = 0$ 时，企业实现利润最大化，此时的产量与利润分别为：

$$Q = 1 + 3E_z \tag{5-83}$$

$$\pi_l = (1 + 3E_z)^2 \tag{5-84}$$

但是，有企业就产品质量向消费者说谎时，消费者购买后能够明确感知产品质量，因此实施冷酷策略，拒绝以后对该企业产品的购买。

第二，说真话是企业利润及质量选择。

如果企业就产品质量向消费者说实话，则企业在每一期的总收益为：

$$\pi_t = (2 + 6E_z - 6E_z^2 - Q) Q$$

根据一阶导数等于 0 可知，企业利润最大化的条件为：

$$\frac{\mathrm{d}\pi_t}{\mathrm{d}Q} = 2 + 6E_z - 6E_z^2 - 2Q = 0$$

因此，利润最大化产量为：

$$Q = 1 + 3E_z - 3E_z^2$$

最大化利润为 $\pi_t = (1 + 3E_z - 3E_z^2)^2$

同样，由于消费者在购买之后能够明确感知到产品质量符合其预期质量 E_z，因此消费者并未触发冷酷策略，而是在以后每一期都购买企业产品。因此，企业说实话的总利润为每一期利润的加总。因此说谎和说实话两种情况下的利润水平是企业决定策略的决定因素。在说谎情况下，企业只获得一期利润；而在说实话情况下，企业则可以获得 t 期利润。由于存在时间价值等因素，因此假设存在贴现因子 $\eta \in (0, 1)$，则各期利润的现值为：

$$\pi = \frac{\pi_t}{1 - \eta} = \frac{(1 + 3E_z - 3E_z^2)^2}{1 - \eta} \tag{5-85}$$

第三，企业说真话的条件。

比较两种情况下的利润，可以得到企业说真话（谎话）的实现条件，如果满足：

$$\pi > \pi_l$$

则企业就产品质量向消费者说实话，进行永续经营能够获得最大利润，否则企业将向消费者说假话。即在满足如下条件时，企业向消费者说实话：

$$\frac{(1 + 3E_z - 3E_z^2)^2}{1 - \eta} > (1 + 3E_z)^2 \tag{5-86}$$

对上述不等式求解，可以得到实现企业向消费者说真话的贴现率和消费者的质量期望值。由此可知，企业的策略选择决定于 η 和 E_q 两个因素。首先，η 作为贴现因子受到企业个体偏好影响和宏观经济环境影响。其次，在体现因子 η 的一定情况下，企业能否诚信经营，向消费者说实话，并进行持续努力生产更好的产品，以实现渐进性创新并成为长期竞争力源泉。这里假设贴现因子 $\eta = 0.9$，可知满足：

$$10 \ (1 + 3E_q - 3E_q^2) \ > \ (1 + 3E_q)^2$$

时，企业就产品质量说实话，能实现利润最大化。但是只有在 $\lim\limits_{E_q \to 0}$ 时，上式才成立。这意味着，只有消费者对质量预期很低的情况下，企业实话实说才有利可图。也就是说企业内生的存在对产品质量说谎话的动力。因此，企业持续提升产品质量，进行技术革新并不具有市场内生性，更不是企业为了满足消费者利益的自发行为。在不考虑其他因素条件下，消费者对质量预期越高，企业越倾向于说谎。

（2）企业改进产品质量努力的博弈分析

企业与消费者在产品质量上的矛盾，其根源在于提供高质量的产品企业需要付出额外的努力，且在消费者与生产企业之间存在信息上的不对称。上述模型将消费者对产品的需求假设成为质量的函数见式（5 - 82），下面考虑一种更为一般的情况。

本质上，产品销售关系也可以看成是委托代理关系，即消费者是委托者，生产者接受委托为其生产产品，消费者向其有支付报酬，企业获得代理费而发展。

假设：消费者支付给企业的代理费用由数量与质量两部分构成，

$$\pi = \beta_1 Q + \beta_2 P \tag{5 - 87}$$

其中，Q 为产品数量，β_1 为产品数量支付系数；C 为产品质量因素，β_2 为产品质量支付系数。因为产品质量不是独立因素，必须与产品结合在一起，因此将产品质量因素设定为：

$$P = QZ + \theta \tag{5 - 88}$$

P 为企业向消费者提供的产品综合价值，是产品质量与数量的综合。Z 代表产品质量努力程度，θ 为方差为 σ^2，期望为 0 的正态随机分布变量。根据需求定理，价格曲线以上部分为消费者效用，价格曲线以下为生产者效用，则在消费者风险中性假设下，其期望效用可以表示为：

$$E\left[\eta\left(P-\pi\right)\right]=\beta_1 Q+\left(1-\beta_2\right)QZ \tag{5-89}$$

假设生产者成本为 $C\left(Z\right)=B\dfrac{Z^2}{2}$，其中 $B>0$。由此可得到生产者收入的函数表达式：

$$\pi_1=\pi-C\left(Z\right)=\beta_1 Q+\beta_2\left(QZ+\theta\right)-B\dfrac{Z^2}{2} \tag{5-90}$$

假定生产者具有绝对风险不变规模特征，即绝对风险厌恶系数为常数 ρ，则生产者确定性等价收入为：

$$E\pi_1-\dfrac{1}{2\rho\beta_2^2\sigma^2}=\beta_1 Q+\beta_2 QZ-B\dfrac{Z^2}{2}-\dfrac{1}{2\rho\beta_2^2\sigma^2} \tag{5-91}$$

则生产者的参与约束为 $E\pi_1-\dfrac{1}{2\rho\beta_2^2\sigma^2}=\beta_1 Q+\beta_2 QZ-B\dfrac{Z^2}{2}-\dfrac{1}{2\rho\beta_2^2\sigma^2}\geq\bar{\pi}_1$，

其中 $\bar{\pi}_1$ 为生产者的保留收入。

第一，在消费者与生产者之间不存在信息不对称的情况下，即消费者对产品质量具有完全信息的情况下，企业产品供给就转化为如下最优化决策问题：

$$\max E\left[\eta\left(P-\pi\right)\right]=\beta_1 Q+\left(1-\beta_2\right)QZ$$

$$\text{s. t.}\ \ (IR)\ \ \beta_1 Q+\beta_2 QZ-B\dfrac{Z^2}{2}-\dfrac{1}{2\rho\beta_2^2\sigma^2}\geq\bar{\pi}_1 \tag{5-92}$$

根据库恩-塔克条件和拉格朗日乘数法，原上述最优化问题求解可以转变为如下形式：

$$\max L=-\beta_1 Q+\left(1-\beta_2\right)QZ+\lambda\left(\beta_1 Q+\beta_2 QZ-\dfrac{BZ^2}{2}-\dfrac{\rho\beta_2^2\sigma^2}{2}-\bar{\pi}_1\right)$$

$$\dfrac{\partial L}{\partial Z}=\left(1-\beta_2\right)Q+\lambda\beta_2 Q-\lambda BZ=0 \tag{5-93}$$

$$\dfrac{\partial L}{\partial \beta_1}=-Q+\lambda Q=0 \tag{5-94}$$

$$\dfrac{\partial L}{\partial \beta_2}=-QZ+\lambda QZ-\lambda\rho\beta_2\sigma^2=0 \tag{5-95}$$

$$\dfrac{\partial L}{\partial \lambda}=\beta_1 Q+\beta_2 QZ-\dfrac{BZ^2}{2}-\dfrac{\rho\beta_2^2\sigma^2}{2}-\bar{\pi}_1=0 \tag{5-96}$$

由式（5-94）得 $\lambda=1$，代入式（5-95）得 $\beta_2=0$，代入式（5-93）

得 $Z = Q/B$，代入式（5-96）得 $\beta_1 = \dfrac{\bar{\pi}_1 + \dfrac{Q^2}{2B}}{Q}$。

上述结果表明，①在消费者对产品质量拥有完全信息的情况下，消费者对企业的支付完全取决于产品数量（$\beta_2 = 0$）；②生产者质量努力程度与努力成本成反比，与产品数量成正比（$Z = Q/B$），即在同等成本下，企业规模越大，越愿意为提升质量而努力；在规模确定情况下，质量努力成本越小，企业越愿意努力提高产品质量；③消费者对生产者的支付包括两部分：一是保留收入 $\bar{\pi}_1$，以保证生产者进行产品生产，提供足够数量的产品供其消费；二是产品质量的价格成本 $\dfrac{Q^2}{2B}$，价格的努力成本越大，对消费者而言，在产品支付中越注重数量而非质量。这在一定程度上对我国出口产品在国际市场上的表现作出了解释：由于我国企业技术能力较低，因此对于产品质量而言其成本较大。这导致消费者对中国出口产品消费中，数量是其较为重视的因素。

第二，如果消费者不具备产品质量的完备信息，则生产者是否努力提高质量取决于消费者的支付意愿，因此生产提高产品质量的相容性约束条件可以表示为：

$$Z = \beta_2 \frac{Q}{B} \tag{5-97}$$

由此可以得到不完全信息条件下，企业提供产品质量的激励约束相容条件：

$$\max E\left[\eta\left(P - \pi\right)\right] = \beta_1 Q + \left(1 - \beta_2\right) QZ$$

$$\text{s. t.} \quad (IR) \quad IR\beta_1 Q + \beta_2 QZ - B\frac{Z^2}{2} - \frac{1}{2\rho\beta_2^2\sigma^2} \geqslant \bar{\pi}_1$$

$$(IC) \quad Z = \beta_2 \frac{Q}{B} \tag{5-98}$$

同样依据库恩-塔克条件和拉格朗日乘数法，将原上述最优化问题求解可以转变为如下形式：

$$\max L = -\beta_1 Q + \left(1 - \beta_2\right) QZ + \lambda_1\left(\beta_1 Q + \beta_2 QZ - \frac{BZ^2}{2} - \frac{\rho\beta_2^2\sigma^2}{2} - \pi_1\right) + \lambda_2$$

$$\left(Z - \frac{\beta_2 Q}{B}\right)$$

$$\frac{\partial L}{\partial Z} = (1 - \beta_2)\, Q + \lambda_1 \beta_2 Q - \lambda_1 BZ + \lambda_2 = 0 \qquad (5-99)$$

$$\frac{\partial L}{\partial \beta_1} = -Q + \lambda_1 Q = 0 \qquad (5-100)$$

$$\frac{\partial L}{\partial \beta_2} = -QZ + \lambda_1 QZ - \lambda_1 \rho \beta_2 \sigma^2 - \frac{\lambda_2 Q}{B} = 0 \qquad (5-101)$$

$$\frac{\partial L}{\partial \lambda_1} = \beta_1 Q + \beta_2 QZ - \frac{BZ^2}{2} - \frac{\rho \beta_2^2 \sigma^2}{2} - \pi_1 = 0 \qquad (5-102)$$

$$\frac{\partial L}{\partial \lambda_2} = Z - \frac{\beta_2 Q}{B} = 0 \qquad (5-103)$$

由式（5-103）得 $Z = \frac{\beta_2 Q}{B}$，由式（5-100）得 $\lambda_1 = 1$，代入式（5-99）得 $\lambda_2 = (\beta_2 - 1)\, Q$，代入式（5-101）得 $\beta_2 = \frac{Q^2}{Q^2 + \rho B \sigma^2}$。

在完全信息条件下，企业的质量努力水平为 $Z = \frac{Q}{B}$；在不完全信息下，企业的质量努力水平则为 $Z = \beta_2 \frac{Q}{B}$。

由于 $0 < \beta_2 = \frac{Q^2}{Q^2 + \rho B \sigma^2} < 1$，因此 $\beta_2 \frac{Q}{B} < \frac{Q}{B}$。

这意味着，在完全信息情况下企业提高产品质量的努力程度显著地高于不完全信息的努力程度。由于我国市场经济体制还处在完善过程中，市场信息流通速度及有效性都有待提升；同时，消费者也刚刚进入买方市场，还没有形成完善的信息及质量要求与传递机制，由此导致企业对产品质量的重视程度弱于对数量的追求。

5.4 小结

对外贸易发展方式转变政策具有明显的特征，即意见性、导向型政策多，操作性政策少，具体政策工具更少；由此导致在政策执行过程中，贸易发展的参与性约束强，而提高贸易质量的发展方式转变相容性约束弱化。进一步的相关政策主体博弈分析表明：首先，对企业而言，政策与企业之间具有明显策略互动特征，难以在事前与事后保持一致性，由此导致对企业的可置信性不足；对地方政府而言，其政策实施力度的显示性机制缺乏，中央又缺乏足够信息进行甄别。其次，从地方政府看，由于地方之间存在经济增长锦标赛博弈，因此地方政府间在贸易发展方式转变这一长期利益面前完全陷入"囚徒困境"式博弈中。虽然重复博弈可以破解"囚徒困境"，但是地方政府任期制导致重复博弈难以进行；而由于地方政府与企业合谋的概率 $\rho(A)$ 与中央的监管成本成正比 C_c，与中央监管成功概率 $\rho(C)$、对地方政府处罚力度 βC_{ac}、对企业的处罚力度 αR_a 及中央分享度 $(1-k)Y$ 成反比，因此，地方政府与本地企业就有强烈的合谋动机，创新并不成为企业的稳定策略。再次，从制度方面考察，市场经济体制改革的深入促进了贸易主体的发展，这为创新提供了必要条件。但是，我国经济发展的现实是企业数量的增长并未实现产业竞争力的提升，促进贸易发展方式的迅速改变，反而陷入价格为主的竞争态势中。其原因在于：一是政府贸易管理放松后，行业协会市场主体自我管理约束手段缺位，企业之间竞争失范；二是消费者在与企业竞争中处于弱势地位，对企业"说谎"进行惩罚的可执行威胁不存在。此外，我国对外贸易发展促进政策的实施中，具有明显的见物不见"人"特征，以贸易规模、结构等为考量指标，而对完成贸易主体的成长情况及在贸易中得利的情况却缺乏必要的管理。

第6章　提升对外贸易发展方式转变效果的博弈分析

对外贸易发展方式转变相关的政策注重参与约束、忽视激励相容约束以及相关市场治理制度缺失成为制约我国对外贸易发展方式转变效果提升的重要因素。因此，要加快推进对外贸易发展方式转变，需要对上述问题予以修正。特别是要通过制度供给，完善行业间治理机制，提高企业间关系能力；增强消费者维权能力，平衡供需竞争态势，倒逼供给侧为创新努力。以竞争为核心的声誉机制在上述制度完善过程中将发挥重要的作用。因此，厘清政府作用与市场功能的边界，使市场在资源配置中起决定性作用，以发挥市场培养具有永续经营性质的博弈主体的作用，为重复博弈创造条件；更好地发挥政府在市场秩序规范中的作用，由此形成以竞争政策为核心的新博弈均衡，以提升对外贸易发展方式转变的效果和进度。

6.1　企业创新博弈均衡实现条件与机制分析

6.1.1　企业创新博弈均衡实现条件

（1）企业间重复博弈均衡分析

5.3.2 探讨了企业之间在同质化产品上的无序竞争中所导致的低价竞争严重损害产业整体利益的情形（见表 5－6）。在这个模型中，除完全信息、产品同质化假设外，还存在一个更强的假设，即企业之间进行单次竞争。

如果企业之间的博弈能够重复进行，并且该博弈具有如下描述性特征：①阶段博弈之间没有"物质上"的联系；②每个参与人都能够观察到博弈过去的历史，即博弈参与人在过去是选择合作还是不合作是可以被观察到的；③每个参与人得到的最终报酬是各个阶段博弈支付贴现值的总和或加权平均值。也就是说，博弈 G_i，其中 $i=1, 2, L, n$。

假设任意企业 E_i 都是理性的，并且实施冷酷策略。因此，在博弈对手不遵守承诺的情况下，该参与方在此后永远不再进行合作，博弈在此后阶段将陷入"囚徒困境"。

但是在单次博弈中，对于任何企业而言，单方违背承诺的收益远大于遵守承诺的收益见式（6-1）。因此，（遵守，遵守）不是该博弈的纳什均衡，因为任何一方都有违背承诺的动力。

$$\frac{1}{4n}(a-c)^2 < \frac{(n+1)^2}{16n^2}(a-c)^2 \qquad (6-1)$$

现在假设，博弈可以进行 t 期，$t \in R$，即博弈可以无限期进行下去。任何阶段任一博弈方违背承诺，此后将不再有合作。为分析方便，如果在第一期博弈中，一参与方采取"违背"策略，从第二期开始，另一参与方将采取冷酷策略，所有该参与方的总收益为：

$$\pi_t = \frac{(n+1)^2}{16n^2}(a-c)^2 + \sigma\frac{(a-c)^2}{(n+1)^2} + \cdots + \sigma^{t-1}\frac{(a-c)^2}{(n+1)^2} \qquad (6-2)$$

如果在博弈中企业遵守承诺，则其收益为：

$$\pi_t' = \frac{t}{4n}(a-c)^2 = \frac{1}{4n}(a-c)^2 + \frac{\sigma}{4n}(a-c)^2 + \cdots + \frac{\sigma^{t-1}}{4n}(a-c)^2 \qquad (6-3)$$

其中 σ 为贴现因子。

只要重复博弈中遵守承诺的情形下的收益大于违背承诺情形下的收益，即 $\pi_t' > \pi_t$，（合作，合作）就会成为重复博弈中的纳什均衡。

由此得到企业合作的一般条件：

$$\delta \geq \left[1 + \frac{4n}{(1+n)^2}\right]^{-1} \qquad (6-4)$$

这表明，博弈参与者数量越多，对未来收益贴现要求就越高。当博弈主体数量 $n \to \infty$ 时，贴现因子 $\sigma \to 1$（见表 6-1）。也就是说，当博弈参与主体无穷大时，只有当未来收益与现在收益等值的时候，未来对博弈参与主体才具有较大的吸引力，否则当前阶段博弈参与主体只注重现期的支付，而不关心未来收益。因此，当前随着博弈参与者数量的增加，重复博弈中合作仍然难以达成。

表6-1　重复博弈中贴现因子与博弈参与主体数量关系

参与者数量 n	2	3	4	5	6	7	8	…	$+\infty$
贴现因子 σ	0.5294	0.5714	0.6097	0.6428	0.6364	0.6957	0.7618	…	1

改革开放后，特别是2004年我国实施外贸经营权登记备案制以来，理论上任何一家企业都可以开展对外贸易。因此数量众多的企业几乎不可能达成默契合作。

（2）重复博弈中贴现因子变动的机理分析

博弈参与者越多，博弈就越复杂。式（6-4）表明，影响博弈参与者对未来收益的重视程度的贴现因子受到博弈参与者数量影响（见表6-1），即 n 越大，市场主体对贴现因子 σ 要求越高，重复博弈中合作的困难将越大。博弈参与者数量与贴现因子间变动机理成为理解重复博弈中合作能否实现的关键性因素，也就是说参与者数量 n 是通过什么方式影响到贴现因子 σ 的。

首先，在小规模群体中，交易者之间交流具有便利性和低成本的特点，流动与匿名等特性被自然弱化，因此小规模群体中合作较为容易。随着群体人数的增加，交易的瞬时性、匿名性、流动性将得到强化，某一个体遇见另一特定个体的概率随之下降，这也就意味着进行重复博弈的可能性在下降。如在某一主体固定情况下，其与上次博弈对象再次博弈的概率为 $\rho = \dfrac{1}{n-1}$，当参与者无限多的时候 $\rho \to 0$，也就是说重复博弈的可能性几乎为0。这同样导致单方违背承诺的收益远大于遵守承诺的收益见式（6-1）情形的再次出现，任何 E_i 都没有动力遵守承诺。如在企业就产品质量说真话的模型中，企业虽然在与消费者博弈中存在说谎话激励，但市场实践则表明，企业与批发商交易中更愿意讲真话，主要在于批发商群体数量大大低于最终消费者数量，并且批发商与企业的交易中具有实名、稳定的特点。而在企业产业技术创新博弈模型中，任一企业 E_i 创新的概率 $\rho = 1 - \left(\dfrac{c}{p}\right)^{\frac{1}{n-1}}$ 式（5-80）是产业内企业数量 n 的减函数，当产业内企业数量为 $n=1$ 时，$\rho=1$，即只有一个企业的情况下，企业技术创新是一种必然选择。当 $n=2$ 时，$\rho = 1 - \dfrac{c}{p}$，即任意企业是否创新只取决于创新成本与收益比，与博弈对手的策略性行为没有任何关系。虽然模型假设创新的收益与成本恒定，但当 $n \to \infty$ 时创新概率 $\rho \to 0$。这表明，随着企业数量的增长，企业的创新决策与其他参与者策略有着密切关系。由于无法判定其他企业是否总是技术创新中"搭便车者"，因此企业放弃对技术创新的研发。如果企业间能够进行无成本或低成本交流，能够就技术创新达成合作协议，或者轮流开发共享技术协议，并且有足够的权威执行，则将促使创新概率 ρ 提高，创新概率在一定意义上也是企业间合作的概率。

其次，即使博弈参与方是固定的，但是随着博弈重复进行，博弈的复杂性也随之增加。如在两人"囚徒困境"的单次博弈中，每个局中人只有两种策略可选。如果博弈进行两次，每个局中人可选策略将达到 32 次。即随着博弈重复次数的增加，局中人可选策略的数量成几何级数增加，并随之导致均衡的数量呈现相同的规律，如对于进行两次的"囚徒困境"博弈而言，均衡的数量高达 64 个。面对如此众多的策略和均衡选择，如果缺乏简单易行的选择标准，博弈局中人就很容易陷在复杂与混乱中无所适从而犯错误。即由于博弈重复进行导致复杂程度的提升，博弈参与者客观上犯错误的概率也在提高。在博弈对手实施冷酷策略的情况下，合作将遭受毁灭性打击。由此导致，博弈参与者未来期望收益降低，而当期收益的重要性越来越大。虽然泽尔腾"颤抖的手"的合作均衡认为：如果一个参与人背叛承诺，博弈依然会在进行 K 轮后回到合作均衡中，因为合作比背叛更有价值。但是当博弈群体 $n \to \infty$ 时，即使出错的概率是 $\rho \to \dfrac{1}{n}$，但是"颤抖的手"合作均衡仍然难以实现。

由此可见，在大群体博弈中，影响博弈均衡的并非博弈参与者的理性程度，而是博弈参与者的信息透明程度，即谁是博弈者成为博弈均衡的决定因素。不确定性越高，博弈主体对贴现因子要求就越高，对当期收益越重视；不确定性越低，博弈主体对贴现因子要求就越低，未来收益对博弈主体重要性就提升。因此，降低不确定性，是提高博弈主体对未来价值的重视程度，降低其对贴现因子要求，从而促进重复博弈实现的重要途径。

6.1.2　重复博弈实现机制分析

博弈主体对贴现因子的要求受到博弈中不确定性的强烈影响。不确定性的产生与信息不完全有着密切的关系，提高信息的完备性是促进企业间重复博弈均衡出现的重要手段。加强企业间交流，有利于提高企业间认知，降低不确定性，促使博弈参与者选择并保持高效的策略，促进企业间重复博弈。

6.1.2.1 信息传播速度与重复博弈均衡实现

在大群体中，由于博弈参与者的对手并不确定，因此每次博弈都有可能面对一个新的对手。企业 E_i 与 E_j 的博弈是 E_i 的第 T 次博弈，则博弈均衡是合作还是不合作取决于企业 E_i 在第 $T-1$ 次博弈中采取的不合作策略是否被第 T 次博弈对手知晓。如果被知晓，则企业 E_i 的任何阶段博弈都以（不合作，不合作）为均衡。

企业 E_j 在 E_i 哪个博弈阶段知晓其以往的不合作行为取决于该社会的信息传播速度，如果社会信息传播渠道完全阻塞，则只有当每一个企业都与不合作企业进行博弈后才可知道，如此企业 E_i 可以在每一个阶段都实施不合作策略。那么全社会也将陷入"囚徒困境"状态中。如果信息传播速度是及时的，则企业 E_i 在 $T-1$ 阶段实施不合作行为后能够立刻被全体博弈参与者知道，E_i 在 T 阶段及以后博弈中面对的将是（不合作，不合作）局面。

假设1：市场上有 n 家企业，即 E_i，其中 $i=1,2,\cdots,n$；每个企业都有合作和欺骗两个策略可选，不同策略组合下有不同收益（见图 6-1）。任意企业 E_i 被发现有欺骗行为，其他企业实施冷酷策略，且该策略为行业惯例。

$$E_j$$

E_i		合作	不合作
	合作	C, C	S, R
	不合作	R, S	F, F

图 6-1 "囚徒困境"博弈模型

假设2：企业 E_i 在博弈中是否有欺骗行为需要在博弈结束后才被发现，因此 E_i 在多阶段重复博弈中总的收益取决于两个因素，一是博弈中遇见以往博弈对手的概率；二是欺骗行为是否被发现。这里以新的博弈对手是否发现企业 E_i 以前的欺骗行为为社会信息传播速度，同时假设传播的信息都是真实的。

假设 $R > C > F > S$，且 $C+C > S+R$。因此，博弈双方合作的价值大于一方合作的价格，更大于双方都不合作的价值。

如果企业在博弈中一直采用合作策略，则企业的期望收益为：

$$EV = C + C\sigma + C\sigma^2 + \cdots + C\sigma^{t-1} = \frac{C}{1-\sigma} \tag{6-5}$$

如果企业 E_i 在第一阶段实施不合作策略后被发现，则从第二期开始，博弈进入（不合作，不合作）均衡状态，则企业 E_i 的期望收益为：

$$EV_1 = R + F\sigma + F\sigma^2 + \cdots + F\sigma^{T-1} \tag{6-6}$$

如果企业 E_i 第一阶段实施不合作策略后，在第二阶段没有被其他企业发现，但在该阶段企业 E_i 是否仍然可以通过实施不合作策略获得高收益取决于是否会遇到第一期博弈对手。如果企业 E_i 以 $\dfrac{1}{n}$ 的概率遇到曾经的博弈对手（为简化，假设每一期遇见曾经博弈对手的概率都为 $\dfrac{1}{n}$，实际上，随着博弈的进行，在博弈中遇见曾经对手的概率越来越高。因此，实现社会合作需要的贴现因子低于模型中的预测。但是本模型目标并不在于预测具体的贴现因子，而是对贴现因子变化与企业不合作行为被发现概率之间的关系进行研究，因此贴现因子数值的大小并不影响模型预测结果），则其收益为 F；另外，企业 E_i 还有 $\dfrac{n-1}{n}$ 的概率遇见新的企业。则企业 E_i 在第二阶段博弈的期望收益为：

$$V_2 = F\frac{1}{n} + R\frac{n-1}{n} \tag{6-7}$$

则企业 E_i 在前两个阶段博弈中实施了不合作策略，则在第三阶段被发现情况下的期望收益为：

$$EV_2 = R + \left(F\frac{1}{n} + R\frac{n-1}{n}\right)\sigma + F\sigma^2 + \cdots + F\sigma^{T-1} \tag{6-8}$$

以此类推，企业 E_i 在第四期被发现情况下的期望收益为：

$$EV_3 = R + \left(F\frac{1}{n} + R\frac{n-1}{n}\right)\sigma + \left(F\frac{1}{n} + R\frac{n-1}{n}\right)\sigma^2 + F\sigma^3 + \cdots + F\sigma^{T-1} \tag{6-9}$$

企业 E_i 在第 T 期没有被发现情况下的收益为：

$$EV_t = R + \left(F\frac{1}{n} + R\frac{n-1}{n}\right)\sigma + \left(F\frac{1}{n} + R\frac{n-1}{n}\right)\sigma^2 + \left(F\frac{1}{n} + R\frac{n-1}{n}\right)\sigma^3 + \cdots$$
$$+ \left(F\frac{1}{n} + R\frac{n-1}{n}\right)\sigma^{T-1} \tag{6-10}$$

如果每个企业都意识到在 T 期的博弈中，不合作行为都不会发现，企业将在所有阶段都采取不合作行为，则该博弈从一开始就会达到（不合作，不合作）均衡状态。因此，这种情况下企业的收益实际上将为：

$$EV_t = F + F\sigma + F\sigma^2 + F\sigma^3 + \cdots + F\sigma^{T-1} \tag{6-11}$$

这意味着，如果通过重复博弈达到合作状态的话，社会中一定存在一个信息传播速度，在企业 E_i 实施 t 次不合作行为后被发现，从而在 $t+1$ 期博弈进入（不合作，不合作）均衡，使得企业 E_i 单方面实施不合作战略的收益低于（合作，合作）策略组合的收益。

为方便，对博弈中收益进行赋值，由于 $R > C > F > S$，因此设定 $R = 4$，$C = 3$，$F = 2$，$S = 1$，代入上述格式可得企业 E_i 在各阶段重复博弈均为合作均衡及在某阶段博弈中采用不合作策略被发现后情况下的总收益：

$$EV = \frac{3}{1-\sigma}$$

$$EV_1 = 4 + 2\sigma + 2\sigma^2 + \cdots + 2\sigma^{T-1}$$

$$EV_2 = 4 + \left(2\frac{1}{n} + 4\frac{n-1}{n}\right)\sigma + 2\sigma^2 + \cdots + 2\sigma^{T-1}$$

$$EV_3 = 4 + \left(2\frac{1}{n} + 4\frac{n-1}{n}\sigma + \right)2\frac{1}{n} + 4\frac{n-1}{n}\sigma^2 + 2\sigma^3 + \cdots + 2\sigma^{T-1}$$

如果 $EV > EV_1$，则表明企业 E_i 在博弈的每一阶段都采取合作策略的收益大于在第一期采取不合作策略，并在第二期就被发现的收益之和。

$$EV = \frac{3}{1-\sigma} > EV_1 = 4 + 2\sigma + 2\sigma^2 + \cdots + 2\sigma^{T-1}$$

因此可得：

$$\frac{3}{1-\sigma} > 4 + 2\sigma + 2\sigma^2 + \cdots + 2\sigma^{T-1}$$

整理后得到：

$$\frac{3}{1-\sigma} > 4 + \frac{2}{1-\sigma} \qquad (6-12)$$

解不等式可以得到满足要求的贴现因子的条件：$\sigma > 0.75$。

即只要贴现因子满足上述条件，企业 E_i 就在博弈中采用合作策略，在博弈的每个阶段，企业之间都能实现合作均衡。

如果企业 E_i 在博弈的每一阶段都采取合作策略的收益大于在第一、第二期采取不合作策略，并在第三期就被发现的收益之和，即 $EV > EV_2$，则应满足：

$$\frac{3}{1-\sigma} > R + \left(F\frac{1}{n} + R\frac{n-1}{n}\right)\sigma + F\sigma^2 + \cdots + F\sigma^{T-1}$$

由此可得：

$$\frac{3}{1-\sigma}>4+\left(2\frac{1}{n}+4\frac{n-1}{n}\right)\sigma+2\sigma^2+\cdots+2\sigma^{T-1}$$

整理不等式可以得到：

$$\frac{3}{1-\sigma}>4+\left(2\times\frac{1}{n}+4\times\frac{n-1}{n}\right)\sigma+\frac{2\sigma^2}{1-\sigma} \qquad (6-13)$$

$$\sigma>\frac{-\dfrac{1}{n}\pm\sqrt{\dfrac{1}{n^2}+48+\dfrac{12}{n}}}{-8-\dfrac{2}{n}}$$

解不等式可以得到满足要求的贴现因子的条件：$\sigma>0.86$。

如果企业 E_i 在博弈的每一阶段都采取合作策略的收益大于在第一、第二、第三阶段采取不合作策略，并在第四期就被发现的收益之和，即 $EV>EV_3$，则应满足：

$$\frac{3}{1-\sigma}>4+\left(2\frac{1}{n}+4\frac{n-1}{n}\right)\sigma+\left(2\frac{1}{n}+4\frac{n-1}{n}\right)\sigma^2+2\sigma^3+\cdots+2\sigma^{T-1}$$

整理不等式可以得到：

$$\frac{3}{1-\sigma}>4+\left(2\times\frac{1}{n}+4\times\frac{n-1}{n}\right)\sigma+\left(2\times\frac{1}{n}+4\times\frac{n-1}{n}\right)\sigma^2+\frac{2\sigma^3}{1-\sigma}$$

即只要满足如下不等式，企业 E_i 就可以在前三期成功实施不合作策略，并在第三期被发现后，博弈由此进入（不合作，不合作）均衡状态：

$$\left(2-\frac{4n-2}{n}\right)\sigma^3+\left(\frac{4n-2}{n}-4\right)\sigma+1<0 \qquad (6-14)$$

$$\vdots$$

由此可以得到企业 E_i 在 t 阶段实施不合作策略，并在第 $t+1$ 阶段被发现的实现条件：

$$\frac{3}{1-\sigma}>4+\left(2\times\frac{1}{n}+4\times\frac{n-1}{n}\right)\sigma+\left(2\times\frac{1}{n}+4\times\frac{n-1}{n}\right)\sigma^2+\cdots+$$

$$\left(2\times\frac{1}{n}+4\times\frac{n-1}{n}\right)\sigma^{t-1}+\frac{2\sigma t}{1-\sigma}$$

整理得到：

$$2\sigma^t+\frac{2}{n}\sigma+1<0 \qquad (6-15)$$

由于 $0<\sigma<1$，且 $n\in R$。因此，上式无解。

也就是说，当期企业在 t 阶段实施不合作策略，并在 $t+1$ 期被发现的情况下，没有贴现因子满足这一条件。

如果任意企业 E_i 的不合作行为能够迅速地被其他企业知晓，并从第二期开始博弈进入（不合作，不合作）均衡，则企业对贴现因子的要求为 $\sigma > 0.75$；如果企业 E_i 实施两期不合作行为后才被发现，随后从第三阶段博弈开始进入（不合作，不合作）均衡，即使市场上只有两个企业，即 $\sigma > 0.75$，企业对贴现因子的要求也有所提高，只有 $\sigma > 0.867$，由此可以推出，随着企业实施不合作策略被发现得越晚，对贴现因子的要求就越高，合作就越难成功。根据模型假定，企业被发现实施不合作行为的博弈阶段越早，社会中信息传播速度越快，如果在第 T 期企业的不合作行为仍然没有被发现，则表明该社会中不存在企业之间的信息传播机制，也就是说无论贴现因子取什么值，都不能满足重复博弈中合作的收益大于 n 次不合作后被发现并实施冷酷策略选择，由此"不合作"成为企业的共同选择，全社会将进入不合作的状态中，即欺骗行为成为社会主流。

在有关公共池塘资源提取的实验博弈研究中也得出了类似结论：交流机制的建立对博弈中最优策略的出现具有强大的促进作用，但是交流成本发挥着重要的影响。在无成本的交流机制中，选择并执行最优策略、惩罚违规等都能成功实现；而在高成本的交流机制实验中，或者交流次数受到影响，或者虽然选择并执行最优策略，但群体收益大幅下降，甚至当博弈参与者预期到无法继续进行交流时，集体出现"灾难性"背叛。由此可以看出，降低交流成本是提高信息传播速度，促进重复博弈均衡实现的决定性因素。

6.1.2.2 永续经营理念与重复博弈均衡实现

博弈参与者对贴现因子具有明确要求隐含了一个较强的假设，即博弈主体具有永续经营理念、能力和环境。也就是说，只有具有永续经营要求的主体才能进入重复博弈阶段。如此，永续经营成为重复博弈能否实现的必要条件。是否永续经营并不是企业内生特征，而是经营环境、制度等通过心理预期对参与主体行为选择的影响。因此，制度是关于博弈重复进行的共有信念的自我维系系统，其实质是对博弈均衡的概要表征（Aoki，2001）。这一思想冯·诺伊曼和摩根斯坦（1944）在《博弈论与经济行为》中早有论及："经济行为者在作决策时必须考虑经济意义上的交互的性质。"但是，此后的博弈研究更多的将"交互"局限在了博弈参与主体之间的交互上，而对博弈参与主体与其所处环境之间的"交互"则缺乏深入研究。这是因为，在西方国家，市场经济制度较为完善，产权界定清晰、保护全面到位，这为企业追求长期利益提供了稳定的预期和重复博弈的基本规则，"永续经营"成为其企业发展的内生信念，更是博弈模型成立的一个潜在假设。但在我国的经济研究中，模仿研究成为当前阶段的主要模式，因此并没有注意到这一制度环境是否具备及其对永续经营这一潜在假设与博弈重复性的影响，而是将博弈参与主体的重复博弈作为既定假设纳入模型中进行分析。

永续经营理念的确立对产权具有较强的依赖性。只有当私有财产权能够为人们提供稳定的未来预期收入时，财产所有者才不会选择那些缺乏远见的背信弃义的短期行为，而会考虑到子孙后代的利益。特别是当人们的这一权利受到法律保护时，他们就会把自己的精力更多地用于寻求市场机遇，通过自己的诚实劳动以获得长期的收益，而不会偏离正道，通过欺骗、欺诈谋求一时的利益。这在一定意义上表明，产权保护与永续经营具有同一含义。产权保护与永续经营的同一性实际上是市场经营主体与国家在制度安排上博弈的均衡结果。

假设：市场主体通过某种途径获得一定的产权，如国家初始分配、个人节约积累或者其他任何形式。市场主体可以自主决定经营的努力程度 e，且 $e \in [\underline{e}, \bar{e}]$，假设市场主体的成本为努力程度的函数，其形式为：

$$C = \frac{1}{2}\theta e^2, \ \theta > 0 \qquad (6-16)$$

博弈开始后，市场主体选择努力程度 e，国家选择产权保护干预程度，如果完全保护私人产权，则政府选择不干涉产权，否则政府选择干涉私人产权。

博弈阶段 I：市场主体如果反对政府干涉产权成功，获得对拥有产权自由安排的权利，则选择努力程度 e，并获得相应收益为 R_1，且有 R_1 为在 $[0, R_1 - v_1]$ 上服从累积分布函数 $F(R, e)$，$\varphi(R, e)$ 为其对应的概率密度函数。则市场主体期望收益函数可以表示为：

$$ER_1(e) = \int_0^{R_1 - v_1} R\varphi(R, e) \, d(R) \qquad (6-17)$$

本阶段政府获得的税金收入 $NS_1 = v_1$，则博弈到期结束。如果企业不反对政府对私人产权安排进行干涉，则博弈进入第二阶段。

博弈阶段 II：在博弈的第二阶段，政府对产权安排有两种策略可以选择：一是干涉私人产权；二是不干涉私人产权。如果政府选择第一种策略，如民营企业实施国有化策略，可以得到租金 NR_2，但由于政府为实现该策略目标而不得不进行相关行为导致成本上升，企业努力水平下降，因此 $NR_2 < v_1$，但官员个人却可以在这一过程中得到 v_p，但 $NR_2 + v_p < v_1$，即对全社会而言存在严重的效率损失。由于私人产权得不到保护，市场主体收益为 0。若政府选择第二种策略，则可以获得 v_2。此时，企业仍可以进行策略选择，博弈进入第三阶段。

博弈阶段 III：若企业依然选择反对政府干涉私人产权，则可以自由经营获得收益 R_2，期望收益为：

$$ER_2\ (e)\ =\ \int_0^{R_2-v_2} Rh\ (R,\ e)\ \mathrm{d}\ (R) \tag{6-18}$$

其中，R_2 在 $[0,\ R_2 - v_2]$ 上服从累积分布函数 $F\ (R,\ e)$，$h\ (R,\ e)$ 为概率密度函数，上交租金 $v_1 + v_2$ 为本阶段上交租金总额。若企业不反对政府干涉产权安排，则在缺乏产权安排自主权情况下，企业消极怠工，努力程度为 0，因此企业和政府收益都为 0。

假设市场主体在第一和第三阶段采取"反对侵害"概率分别为 ρ_1 和 ρ_2，则企业在两个阶段顺从，即产权伤害的概率分别为 $1-\rho_1$ 和 $1-\rho_2$。

根据递推归纳法，企业在第三阶段反对产权侵害的期望支付为：

$$\rho_2 \int_0^{v_2} Rh\ (R,\ e_i)\ \mathrm{d}\ (R)\ +\ (1-\rho_2)\ \times 0 - \frac{1}{2}\theta e_2^2 \tag{6-19}$$

根据最大值原理可以得到企业在第三阶段的均衡努力程度：

$$e_2^* = \frac{\rho}{\theta}\ \left[R_2 - \int_0^{R_2-v_2} H\ (R,\ e_i)\ \mathrm{d}\ (R)\ -v_2 \right] \tag{6-20}$$

因此可以得到企业在第三阶段的期望支付函数：

$$ER_3 = \frac{\rho^2}{2\theta}\ \left[R_2 - \int_0^{R_2-v_2} H\ (R,\ e_i)\ \mathrm{d}\ (R)\ -v_2 \right] \tag{6-21}$$

同理，该阶段国家的期望支付函数可以表示为：

$$ENR_2 = \rho_2 v_2 +\ (1-\rho_2)\ \times 0 = \frac{\rho^2 v_2}{\theta}\ \left[R_2 - \int_0^{R_2-v_2} H\ (R,\ e_i)\ -v_2 \right] \tag{6-22}$$

此时，企业等市场主体在第一阶段的博弈转化为约束条件下的最大值求解问题：

$$\max_{v_1} \rho_1 \int_0^{R_1-v_1} R\varphi\ (R,\ e_i)\ \mathrm{d}\ (R)\ +\ (1-\rho_1)\ R_3 - \frac{1}{2}\theta e_1^2$$

$$\text{s. t. } e_1 = \arg \max_{e_1} \rho_1 \int_0^{R_1 - v_1} R\varphi\ (R,\ e_i)\ \mathrm{d}\ (R)\ +\ (1 - \rho)\ R_3 - \frac{1}{2}\theta e_1^2$$

$$(6 - 23)$$

$$\rho_1 v_1 +\ (1 - \rho_1)\ R_3 = 0$$

对上述公式进行整理可以得到：

$$e_1^* = \frac{\rho}{\theta}\Big[R_1 - \int_0^{R_2 - v_2} F\ (R,\ e_i)\ \mathrm{d}\ (R)\ - v_1 - \frac{\rho^2}{2\theta}R_2 - \frac{\rho^2}{2\theta}\int_0^{R_2 - v_2} H\ (R,\ e_i)$$

$$\mathrm{d}\ (R)\ -\frac{\rho^2}{2\theta}v_2\Big] \tag{6 - 24}$$

由此可见，企业等市场主体的努力程度 e 与政府提取租金 v 之间具有负相关关系。这意味着：①国家提取租金越少，企业等市场主体的努力程度就越高；②政府提取租金越少，表明对政府权力约束就越大，产权保护越到位，企业努力积极性就越高。

随着市场经济体制改革的深入，特别是随着知识产权制度的建立与完善，我国公民个人及企业不仅拥有越来越多的财产性收入，而且收入的渠道也越来越多。但是，居民私人财产权并没有随着市场经济体制的深入而得到彻底的确立并完善，各个领域损害私人财产权的案例并不少见。由此，经济主体与政府之间形成了动态博弈过程。在市场经济发展实践中，市场主体并未建立起稳定的预期，其原因一方面基于实践中私人产权屡受损害的个案累积，另一方面来源于我国经济体制的顶层设计，如我国居民个人财产到目前为止仍没有取得与共有产权同等的地位。这导致私人产权缺乏足够的保护空间，同时也使得政府权力约束不足，对政府权力约束不足直接导致政策朝令夕改。由此导致投资者对未来缺乏信心与稳定预期，"抓住当期、抓住现在""捞一把是一把"甚至成为社会普遍心态。由此导致：①企业对未来阶段的努力程度 e_2 严重小于现在阶段的努力程度 e_1，即 $e_2 < e_1$，各个企业得过且过。因为即使企业在前后两个阶段具有相同的努力程度 e，但是后期阶段的收益也不会高于当期阶段，即 $ER_1\ (e) \leqslant ER_2\ (e)$。②消极等待国家的相关政策支持，甚至足以对政府造成要挟。如政府对对外贸易发展方式转变政策执行力度的变动概率是企业预期变动率的函数见式（5 - 8）。因此，在相关主体投资活动，特别是创新活动积极性较低，企业能力较弱的时候，国家为了经济增长或者就业等目标的实现，一般维持原有承诺，甚至会强化承诺。因此，即使企业在前后两个阶段都没有投入积极性，但是后续阶段的期望收益并不会严

格低于即期收益，因为在政府相关政策因企业预期发生变动的情况下，企业会获得政策贴水。因此，在我国企业与政府的博弈过程中，产权保护制度不完善不仅导致政府政策不完善，而且导致企业的道德风险和政策效果的逆向选择，最终努力水平高的企业逐渐消失，努力水平低的企业占领市场。由此可见，强化产权制度保护，提升企业永续经营理念与能力构成了企业重复博弈的必要条件。

6.1.2.3 行业治理机构是重复博弈实现的能动主体

重复博弈实现的充分条件与必要条件是否会自动出现呢？经研究表明，相应组织的形成与作用的发挥成为上述条件得到满足的重要推动力量。这是因为该类组织通过建立两类联系，即行为主体之间的联系与现在和未来交易之间的联系，不仅提高了信息传播效率，而且实现了对组织成员声誉的积累及对不良行为的惩罚。因此共享行为信息的组织是维系声誉制度的核心。此外，在维护产权方面，该类组织也发挥了群体内一个个体无法发挥的功能与作用。甚至在一定意义上，该组织通过信息共享机制实现了对产权的维护。因此，一个运作良好的产业内企业间组织的存在，是重复博弈实现的充要条件。

（1）企业集体行动是保护产权的最佳途径

假设①：博弈参与者，即政府与企业群体，这里的企业分别为具有独立决策能力与习惯的个体的集合，他们之间没有组织，因此不能形成集体行动。

假设②：策略选择，即企业选择创新努力程度。努力程度越高，创新效果越明显，企业和社会所获利润就越大。

政府选择保护产权还是侵犯产权，政府如果选择对创新成果进行产权保护，则政府和企业都受益；如果侵犯产权，则政府和企业最终都将受损。

假设③：博弈过程。

某行业内企业数量众多，且自由进出行业，企业数量 $x \in [0, \overline{X}]$。如果该地区某时间点上企业数量为 x，每个企业都进行创新且存在收益，因此创新产生的收益为 $f(x)$，政府为企业创新提供相应的服务，其单位创新成本为 $C_o > 0$。为弥补成本，政府对每单位创新收益收取的税费为 t，每个企业的单位成本为 $C_e > 0$。由此，该社会创新总收益为 $f(x)(1 - C_o - C_e)$，设定 $1 > C_o + C_e$ 以保证创新收益为正。

如果政府对每个创新企业都提供良好的服务，保证创新收益的产权，政府的收益则为：

$$R_o = f(x)(t - C_o) \qquad (6-25)$$

如果政府选择性地针对一部分企业 α（$\alpha < x$）不提供创新收益保护等服务，则其可以节省相应成本 $\alpha C_o f(x)$，由此可以得到一定的收益，如直接将企业创新收益占有、节省了保护费用支出等，其收益可表示为：

$$f(x)[t - C_o(1 - \alpha)] \qquad (6-26)$$

此时，该行业内得到政府保护的每个企业创新总收益为：

$$\frac{(1 - t - C_e)f(x)}{x} \qquad (6-27)$$

没有得到保护的企业由于支付了创新成本和税费，但创新收益却遭到侵犯因而只有损失，没有收入，即每个企业损失为：

$$\frac{-(t + C_o)f(x)}{x} \qquad (6-28)$$

假设 IV：政府与企业之间的博弈无限次重复进行，由此可以得到各期政府的收益：

$$T = 0 \text{ 时，政府收益：} R_o^0 = f(x_0)[t - C_o(1 - \alpha)] \qquad (6-29)$$

$$T = 1 \text{ 时，政府收益：} R_o^1 = \sigma f(x_1)[t - C(1 - \alpha_1)] \qquad (6-30)$$

$$T = 2 \text{ 时，政府收益：} R_o^2 = \sigma^2 f(x_2)[t - C(1 - \alpha_2)] \qquad (6-31)$$

$$T = 3 \text{ 时，政府收益：} R_o^3 = \sigma^3 f(x_3)[t - C(1 - \alpha_3)] \qquad (6-32)$$

$$\vdots$$

$$T = t \text{ 时，政府收益：} R_o^t = \sigma f(x_t)[t - C(1 - \alpha_t)] \qquad (6-33)$$

由此，政府在所有博弈期间的总收益可以表示为：

$$R_o = \sum_{t=0}^{\infty} \sigma^t f(x_t)[t - C(1 - \alpha_t)] \qquad (6-34)$$

因为任意一个企业的创新收益为 $\dfrac{1}{x}$，当 $x \to \infty$ 时，对于政府而言，其收益的边际变动几乎可以忽略不计，因为 $\dfrac{1}{x} \to 0$。因此，政府具有内在的侵犯企业创新收益产权的动力。

由于支付了创新成本和税费受侵害的企业会损失 $\dfrac{-(t + C_o)f(x)}{x}$，即使单个企业"用脚投票"，即退出创新领域，但对于政府而言边际减小量可以忽略不计，因为 $\dfrac{1}{x} \to 0$，因此少数企业的退出并不影响政府策略选择。

假定在初始阶段，政府的总收益为：

$$R_o^0 = f(x_0)\left[t - C_o(1-\alpha)\right] \tag{6-35}$$

这表明，在未来阶段，有 α 数量的企业将受到影响，即退出创新领域。但是仍有数量为 $(1-\alpha)$ 的企业会选择创新努力。因此，政府在此情形下的收益可以分为两部分。

第一部分为当期收益：

$$R_o^0 = f(x_0)\left[t - C_o(1-\alpha)\right] \tag{6-36}$$

第二部分为以后各期收益的贴现：

$$R_o^T = \frac{\sigma}{1-\sigma}f\left[x_0(1-\alpha)\right](t - C_o) \tag{6-37}$$

加总两部分收益，可以得到政府的全部收益：

$$R = R_o^0 + R_o^T = f(x_0)\left[t - C_o(1-\alpha)\right] + \frac{\sigma}{1-\sigma}f\left[x_0(1-\alpha)\right](t - C_o) \tag{6-38}$$

根据现实做出如下假设，$f(x)$ 单调非负可微，由此保证函数在 $f'(x) = 0$ 处有最大值。对政府收益函数就创新企业数量 x 求导数，找出政府利益最大化时的均衡数量 x^*：

$$\frac{\mathrm{d}R}{\mathrm{d}x_0} = \frac{\mathrm{d}\left\{f(x_0)\left[t - C_o(1-\alpha)\right] + \frac{\sigma}{1-\sigma}f\left[x_0(1-\alpha)\right](t - C_o)\right\}}{\mathrm{d}x_0} = 0 \tag{6-39}$$

由此可以得到满足政府收益最大化的企业数量 x_0^* 及其收益最大化条件，因为 $f'(x_0^*) = 0$，因此由上式可得：

$$C_o f(x_0^*) - \frac{\sigma}{1-\sigma}(t - C_o)x_0^* f'(x_0^*) = C_o f(x_0^*) > 0 \tag{6-40}$$

由于 $f'(x_0^*) = 0$ 时，$C_o f(x_0^*) > 0$。这表明，政府可以通过偏离均衡而获得收益。这意味着，当社会的企业创新数量为 x_0^* 时，即使有 α 数量的企业创新收益受到侵害，并以退出市场为威胁对政府实施制裁，但因为此时这部分企业对政府而言边际价值为 0，因此不能对政府实施侵害产权的行为构成制裁。

假如存在一个以交流行业内信息、协调行业相关主体行为的机构，对于政府侵害成员产权的事件，该机构能够随时知晓。同时存在一个整数 K，如果产权被侵害企业的数量 $k < K$，该侵害行为被认为是失误所致；如果 $k > K$，则认为存在政府恶意侵害企业创新收益的情况。此时，该组织向行业内发布预警信息，并能够成功地影响企业的选择。即一旦发布预警，企业都选择放弃创新努力。

此时，政府的收益同样可以分为两部分：第一部分为当期收益；第二部分为以后各期收益的贴现。

第一部分当期收益，即 $R_o^0 = f(x_0)[t - C_o(1 - \alpha)]$，$\alpha = k > K$。一旦 $\alpha = k > K$，行业集体行动将出现，选择努力创新的企业将全部"以脚投票"，即 $x \to 0$。因此，政府此后的收益将为 0。政府总的收益将为 $R' = R_o^0 + 0 < R = R_o^0 + R_o^T$。

由此可见，集体行动能够成功抵制政府侵害企业的创新收益。这是因为该组织成功地建立了两种联系：一是行为主体之间的交易联系；二是现在的交易与未来的交易之间的联系。此类组织不仅提高了信息传播的效率，更重要的是通过两种联系机制实现了对组织成员及第三方声誉的积累、对不良行为的惩罚。

（2）企业集体行动实现的条件分析

如何构建该类组织并实现其作用的充分发挥呢？在格雷夫（2008）的研究中，中世纪该类组织的存在及功能的发挥依赖于由相同种族和宗教信仰的人所组成的商业网络的推动及适度的规模。相同种族和宗教信仰的人组成的商业网络能够以信任为基础迅速地传递信息；规模的重要性在于集体惩罚的可信度要求联盟足够大，但超出一定限度则会导致信息流通速度下降及惩罚延迟而影响集体惩罚的可信度。在更一般的情况下，相关理论证实：除非一个集团人数很少，或者除非存在强制或其他某些特殊手段以使个人按照他们共同利益行事，有理性、寻求自我利益的个人不会采取行动以实现他们共同的或集团的利益，除非该个体在集体行动中获得的收益占集体收益的份额大于其成本与集体收益的比。对于这一结论，奥尔森在其著作《集体行动的逻辑》中有详细的证明。

6.1.2.4　产品差异化对博弈均衡的影响机制

相关的实证研究表明，产品的差别程度 η 对贴现因子 δ 有着较大影响。

随着产品同质性的增加，企业从一次性背叛中所得较大，甚至轻微的降价就能得到全部市场；差别化引起的市场细分使得背叛收益减少，此时背叛不能通过微小的价格降低占领整个市场，这被抽象在模型中：

$$\delta^*(\eta) \equiv \frac{\pi^d(\eta) - \pi^c(\eta)}{\pi^d(\eta) - \pi^n(\eta)} \tag{6-41}$$

为在库诺特模型下进行分析，我们将产品差异以成本差异代替。但实际上，成本差异只是产品差异的一种形式，但其他类型的产品差异可能导致产品价格差异，并且导致各产品在各自领域内存在一定程度的垄断现象，因此形成垄断竞争的市场态势，而改变了企业间同质竞争的混乱状况。

放松传统库诺特模型中每个企业都具有相同的不变单位成本假设，由此可得到新的模型。

博弈参与人：企业 1 和企业 2；

参与人策略：进行产量选择；

参与人支付：经营中获得的利润；

利润是产量的函数，$p = P(q_1 + q_2)$。

在本博弈模型中，继续坚持两个企业产品无差异假设。

第 i 个企业的利润函数可以表示为：

$$\pi_i(q_1, q_2) = q_i P(q_1 + q_2) - C_i(q_i) \tag{6-42}$$

(q_1^*, q_2^*) 是纳什均衡产量，这意味着满足如下条件：

$$q_1^* \in \arg\max \pi_1(q_1, q_2^*) = q_1 P(q_1 + q_2^*) - C_1(q_1)$$

$$q_2^* \in \arg\max \pi_1(q_1^*, q_2) = q_1 P(q_1^* + q_2) - C_2(q_2) \tag{6-43}$$

由此可以得到两个反应函数：

$$q_1^* = R_1(q_2), \quad q_2^* = R_2(q_1) \tag{6-44}$$

同样假设需求函数为 $p = \alpha - (q_1 + q_2)$，因此各个企业取得最大化利润的条件分别为：

$$\frac{\partial \pi_1}{\partial q_1} = \alpha - (q_1 + q_2) - q_1 - c_1$$

$$\frac{\partial \pi_2}{\partial q_2} = \alpha - (q_1 + q_2) - q_2 - c_2 \tag{6-45}$$

由此可以得到反映函数：

$$q_1^* = R(q_2) = \frac{1}{2}(\alpha - q_2 - c_1)$$

$$q_2^* = R\ (q_1)\ = \frac{1}{2}\ (\alpha - q_1 - c_2) \tag{6-46}$$

因此，两个企业在选择产量的时候，不仅受到对方产量的影响，而且受到自己成本的影响。在对方均衡产量确定的情况下，己方产量的确定受到对方成本及己方成本的影响，即：

$$q_1 = \frac{\alpha + c_2 - 2c_1}{3}$$

$$q_2 = \frac{\alpha + c_1 - 2c_2}{3} \tag{6-47}$$

也就是说，在对方成本较大的时候，己方会选择较大的产量；而己方成本较高的时候，则会选择较小的产量。这意味着产品存在（成本）差异而产品价格相同的情况下，企业产量的选择不只受到对方策略性产量选择的影响，而且受到博弈双方企业之间的成本差异的影响。这意味着，博弈参与者对对方的产量选择策略容忍度较高，完全不合作❶的可能性在降低。

重复博弈的价值不仅能够促使企业对即期和远期价值进行综合考虑，从而破解单次博弈中的低水平均衡困境，而且能够强化企业对产品创新的激励，提升产品的异质性程度。由此，企业间竞争重点领域从供给侧末端前移，博弈关系从企业间博弈转向企业与消费者博弈。相对于对企业间合作（合谋）的预测，重复博弈导致企业间博弈领域和博弈关系转移更具有价值。这一方面使得博弈与竞争等相关理论研究更具有统一性，另一方面也使得博弈的预测更具有实践指导意义，因为企业间合谋虽然能够提高企业的收益，但却导致社会福利的损失，并在实践中受到反垄断、不公平竞争等法律的规制。这意味着，如果市场上企业间博弈能够从单次博弈转化为重复博弈，低水平均衡将被彻底突破，企业创新意愿将得到强化，创新能力将得到提升。因此，构建适宜的重复博弈实现机制是推动对外贸易发展方式转变效果提升的重要手段。

6.2　消费者与企业产品质量博弈分析

是否可以设置可置信的威胁对企业就产品质量的说谎行为实施惩罚呢？

---

❶　这里的不合作是指相互的恶性竞争行为。

也就是说消费者是否拥有有效的制衡手段呢？如果消费者在购买体验后，能够对就产品质量说谎的企业进行惩罚，企业则会积极改进它的产品，并且推陈出新。消费者对不能持续进行质量改进的企业惩罚有两种方式：一是个体惩罚，即消费者对生产没有达到消费者产品质量预期 E_q 的企业进行处罚，赔偿使得消费产品单次成本超过其收益；二是集体惩罚，即如果某个消费者购买了没有达到产品质量预期 E_q 的产品，则该信息在消费者中会迅速传播，第二期中消费者对企业进行联合抵制。

6.2.1 单个消费者惩罚说谎企业激励创新的博弈分析

随着科技水平的提升，产品中的知识含量与技术复杂度日益提升，普通消费者难以有足够的能力对产品质量进行辨别。因此，企业在产品提供过程中存在着说真话（努力创新）和说假话（不努力创新）的选择；而企业却明确知道，消费者没有能力对产品质量进行甄别。因此，构成一个单方不完全信息博弈。

假设1：参与者 P_1 为企业，企业不仅知道自己提供的产品是否为高质量新产品，而且知道消费者维权成本。因此，产量将成为企业的首要策略。

假设2：参与者 P_2 为消费者，消费者不知道企业提供的产品是否为高质量新产品，但知道自己的维权成本，也知道企业知道自己的维权成本。

第一，企业提供产品。企业决定提供产品：Q_h 代表高质量产品，Q_l 代表低质量产品。企业生产高质量产品和低质量产品的成本分别为 C_h 和 C_l，其产品销售的保留价格分别为 $2x$ 和 x。

第二，消费者做出购买决策。由于消费者事先不知道产品质量，因此以 ρ 的概率买到高质量产品，$1-\rho$ 的概率买到低质量的产品。

第三，消费者以高价格买到低质量产品后，选择是否维权并对企业进行惩罚。

由此得到一个两阶段不完全信息动态博弈（见图 6-2）。

假设：

①消费者以较高的价格买到高质量产品的效用为 $2x$，买到低质量的产品的效用为 $2x - \Delta c$；

②企业生产出售高质量产品所得收益为 $2x - C_h$，以高质量价格销售低质量产品所获收益为 $2x - C_l$；

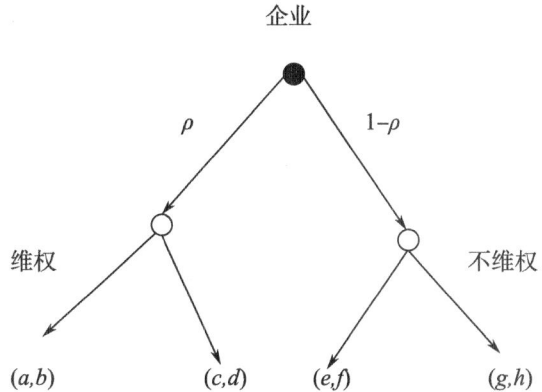

图 6 - 2　企业—消费者两阶段不完全信息

③如果消费者买到低质量产品并进行维权，则消费者需要支付维权成本 C_p；企业处理消费者维权成本为 $C'_p = B + V\theta$，其中 B 为固定支出，V 为单位赔偿额度，θ 为消费者维权成功的概率。

由此可知，只有当消费者在维权收益大于维权成本时，即 $(1 - \theta)\ V > C_p$ 情况下才选择维权。因此，应该创新消费者低成本维权制度。

6.2.2　消费者集体惩罚说谎企业激励创新的博弈分析

传统贸易理论阐述了对外开放带来的行业间优胜劣汰效应，异质性企业贸易理论则进一步诠释了对外开放带来的行业内、企业间以及企业内各产品的优胜劣汰过程，即生产率最高的企业才会选择出口，中等生产率水平企业服务于国内市场，而低生产率企业则会退出市场。这里高效率既可以理解为传统较低的投入获得较高的产出，更应该理解为高质量产品的生产能力和新产品的生产能力。因为在异质性企业贸易理论的基准模型中，Melitz 采用了新贸易理论中的 CES 效用函数，即消费者偏好多样化假设。5.3.3 证实：在消费者与企业的质量博弈中，消费者对产品质量预期越高，企业越倾向于说谎话。在重复博弈中，引入声誉机制后，企业声誉的边际收益是产品质量的边际成本与消费者对企业信念的传播效率的函数。在传统模式下，信息在消费者之间或以口碑为主传播但受制于地域限制，或以传统通信方式受限于一对一的传播效率。这意味着，企业与消费者之间联系较少，消费者对企业的影响力也较弱。虽然企业动态能力理论已经将消费者视为影响企业动态能力提升的一个关键要素，目前中国市场上的客户这一因素还不能成为企业能力提升的第一位影响因素。由此也导致企业规模、产品生命周期及横向市场特征成为企业创新研究的重点领域。随着市场经济体制改革的逐步深入，供需竞争态势发生逆转，多数产品处于供过于求的市场态势中，买方及其行为对创新的影响逐渐进入研究视野，但目前关于买方的研究集中于零售商抗衡势力对创新的影响，如跨国零售商买方势力制约技术创新与品牌投资（赵亚平、庄尚文，2008）、具有双边垄断特征的医疗机构势力提升对创新具有负影响（张庆霖、郭嘉仪，2013）、主导型零售商势力增强抑制制造商质量创新（李凯等，2015）、买方势力与上游企业创新投入强度负相关（孙晓华、郑辉，2013；张赞、郝林，2015）等。

当今社会，互联网渗透到每一个角落，电子商务蓬勃发展。具有普遍意义的社会网络在互联网技术基础上得以形成，时空限制逐渐突破，以一对多、多对多交流平台为基础的社群逐渐形成。这直接导致消费者对企业而言的影响力日益扩大，并主要表现在三个方面：一是时空限制的突破扩大了消费者选择范围，强化了对企业的影响力；二是去中间化提升了企业对消费者满意度感知能力；三是网络环境下信息传播效率提高了消费者集体行动概率，这在一定程度上证实了随着家庭计算机的广泛使用，消费者通过网络进行联络会越来越便利，那么消费者获取抗衡势力的可能性也就会越大。

由此可见，积极培育消费者抗衡势力，不仅是激励企业创新的重要手段，还是填补当前关于买方抗衡势力研究空白、化解零售商势力提升负面影响的重要之举，更是经济发展实践的内在要求。

①企业当期与某一消费者的交易行为能够在消费者之间信息共享；②每个企业与消费者之间的交易与将来该企业与其他消费者之间的交易相联系，即某一消费者实施冷酷策略，其他消费者都将实施冷酷策略；③实施不恰当行为的当期收益低于因实施诚实的行为而获得的长期收益。如果上述条件能够满足，则即使消费者的质量预期 E_z 逐渐提高，企业在产品提供中将杜绝针对产品质量的说谎行为，而且随着消费者对产品质量期望的提高而实施创新行为。由于每一个企业都无法通过说谎而盈利，因此行业中的每一个企业都希望是第一个创新者，由此企业间激烈的竞争导致创新行为大量出现。

由于消费者对产品质量的评价在购买后可以明确感知到，因此企业在消费者中的声誉是一个逐渐累积的过程。当企业提供更好的产品，即产品质量大于消费者预期质量 E_z 水平时，企业在消费者中的声誉将得到提升，如果提供的产品质量低于消费者预期质量 E_z，则企业声誉将会下降。

假设1：企业初始声誉为 S_0。

假设2：企业当期声誉 S_t 是上一期声誉 S_{t-1} 和上一期产品质量 Z_{t-1} 的函数，其基本形式为：

$$S_t = \theta S_{t-1} + (1 - \theta) Z_{t-1} \tag{6-48}$$

其中，$\theta \in [0, 1)$ 为上期信誉对当期信誉影响的权重。

因此，企业声誉调整过程可以表示为如下形式：

$$S_{t+1} - S_t = [\theta S_t + (1 - \theta) Z_t] - [\theta S_{t-1} + (1 - \theta) Z_{t-1}] \tag{6-49}$$

为简化计算，设 $\theta = 0$，即消费者对企业的声誉信念只受上一期产品质量的影响。则有：

$$S_{t+1} - S_t = Z_t - Z_{t-1} \tag{6-50}$$

由此可见，消费者对企业声誉的信念是其购买消费体验的结果，只有当企业致力于生产更好的产品时，即 $Z_t > Z_{t-1}$ 时，才会有 $S_{t+1} - S_t > 0$，也就是企业信誉提升；反之 $S_{t+1} - S_t < 0$，企业信誉下降。企业声誉上升，消费者的支付意愿将增强，反之支付意愿则将下降。由此形成了企业声誉与消费者支付意愿之间的动态平衡关系。

由于条件（1）和条件（2）必须被满足，才能实现消费者集体实施冷酷策略，因此有假设3。

假设3：消费者对企业声誉的信念在消费体验后能够迅速地在潜在消费者间传播并被接受，传播效率为 μ，如果为良好声誉，则表明购买率无限接近1；如果为不良声誉，则其无限接近0，表明消费者都退出市场。

如此，在企业追求多期利润最大化的过程中，声誉不仅成为影响其产品价格的决定因素，也成为影响企业产量的重要因素。对企业而言，为获得消费者对其声誉信念的提升，产品质量成为其关键控制变量。企业利润最大化的过程就是满足下列约束条件的过程：

$$\max_{z(t)} \int_0^\infty e^{-rt} [P(S(t)) - C(Z(t))] \, \mathrm{d}t$$

$$\mathrm{s.t} \quad \dot{S} = \mu [Z(t) - S(t)] \quad S(0) = S_0 \tag{6-51}$$

其中：

① r 为利率。

② $P(S(t))$ 表示反需求函数，其中声誉是自变量并受 Z 的影响，也就

是说质量 Z 是企业的控制变量。设 $P_s > 0$，即企业信誉越高，消费者愿意支付的价格就越高；但同时设 $P_{ss} = 0$，表明价格并不会随着产品质量提升而无限提高，即存在极值。这表明，对某一产品而言，产品质量的提升是有限度的，当产品质量达到一定程度后，企业专注于某一产品质量的提升并不会带来消费者支付意愿的提升，因此企业应该专注于新产品的生产销售。

③$C(z(t))$ 为企业的成本函数，设 $C_z > 0$，$C_{zz} > 0$，因此随着产品质量的提高，企业的生产成本也越来越高。

对满足企业利润最大化的上述条件进行求解：

首先，构造哈密尔顿函数：

$$\tilde{H} = P(Q, R) - C(Z) + \lambda\mu(Z - S) \tag{6-52}$$

则该动态最优化的条件和可行条件可得：

$$\frac{\partial \tilde{H}}{\partial Z} = -c + \lambda\mu$$

$$\frac{\partial \tilde{H}}{\partial S} = r\lambda - \dot{\lambda} = P_s - \lambda\mu$$

$$\frac{\partial \tilde{H}}{\partial \lambda} = \mu(Z - S) = \dot{S} \tag{6-53}$$

根据高斯条件，对上述方程组求解可以得到企业声誉与产品质量之间的函数关系：

$$P_s(S^*) = \frac{(\mu + r)}{\mu} C_z(Z^*) \tag{6-54}$$

式（6-54）表明，企业声誉的边际收益是产品质量的边际成本与消费者对企业信念的传播效率的函数。由于 $\beta = \frac{\mu + r}{\mu} = 1 + \frac{r}{\mu} > 1$，且 $r > 0$，$\mu > 0$，因此在利率一定的条件下，传播率越高，β 就越小。这表明，传播率越高，企业声誉的边际收益就越小。即当全部消费者已经得到该企业声誉信息后，企业的边际收益等于质量的边际成本。这是因为，企业的声誉已经被全部消费者知晓，没有新的消费者进入，企业产品的质量与价格进入均衡状态。同时由于 $C_{zz} > 0$，即产品质量的提升存在成本约束。因此，企业提高声誉的较好办法就是更新产品。在实践中，企业会规律性地向市场推出更新换代产品就是这一理论的证实。另外，由于企业声誉会在消费者中迅速传播，因此声誉差的企业将导致全部消费者实施冷酷策略，即放弃产品购买，从而迫使企业退出市场。如因产品质量问题而倒闭退出市场便是这一现象的极端案例。

上述模型证实，企业在与消费者竞争中，即使消费者实施冷酷策略，企业也会就质量问题说谎话，除非消费者对于产品质量的预期非常低。这在实践中很容易被证实，如在中国农村或城乡接合部的集贸市场或批发市场上，销售者会毫无保留地告诉消费者产品的质量信息，仿制还是贴牌。同样的案例在名牌产品仿制品销售中也存在。但上述两类案例并非经济发展常态，一般的情况下，消费者都会对产品质量有一个较高的预期，即使面临消费者在购买体验后实施冷酷策略的威胁，但企业依然存在说谎的动力。因为在市场上如此众多的消费者中，部分消费者的冷酷策略并不妨碍企业向其他消费者出售产品，除非消费者集体实施冷酷策略，即 $\mu = 0$。

很显然，随着中国经济发展水平的提高，消费者对产品质量的期望值也越来越高。但是，目前中国市场分割严重，由此导致中国市场呈现出碎片化状态，消费者之间缺乏正常信息共享机制。因此，消费者集体实施冷酷策略的条件尚不具备。

6.3 相容性政策设计博弈分析

创新是实现对外贸易发展方式转变的基础，政策是转变发展方式的直接动力。在数量发展阶段，我国贸易相关政策主要目标是创造良好的环境，激励更多的企业从事对外贸易，尤其是出口。为实现这一目标，我国政府对外贸易管理以对出口贸易标的物为主要管理对象，制定了各种政策引导、激励企业从事出口贸易。但对于出口企业本身及出口行为却缺乏必要的关注，由此导致出口骗税行为在对外贸易中屡见不鲜，出口企业依靠退税维持生存更是常态。因此，将对外贸易管理重点从出口贸易标的物转变为出口主体及其行为的管理是改变我国对外贸易相关政策激励相容约束不足，实现对外贸易发展方式转变的首要途径。

6.3.1 生境约束下"囚徒困境"博弈分析

"入世"后，我国政府履行"入世"承诺，市场经济体制改革日益深入，对贸易经营行为本身的管制越来越少，如自 2004 年起我国对外贸易经营权由审批制改为备案制，2012年8月1日起取消出口收汇核销单，企业不再办理出口收汇核销手续。但是，规则的约束仍然缺乏刚性，如出口退税政策，国家在出口快速发展时期通常采取低出口退税率以激励企业创新，实现贸易发展方式转变。但是，一旦企业出口增长放缓或下降，出口退税又被作为缓解企业困境，激励出口的手段，于是提高出口退税率。其原因主要在于：一是政策目标多样性（见图5-1），二是出口退税率转化为企业预期的因变量见式［见式（5-8）］。这虽在一定程度上解决了企业困境，却强化了企业对政策的依赖，弱化了企业的自生能力。

近年来，国际金融危机影响仍在，全球经济依然处于深度调整中，出口目的国经济政策不确定性日益加剧。为缓解出口企业面临的生存压力，我国政府在危机后及时调整出口退税政策，救出口企业于水火之中。国外政策的不稳定性加剧确实会导致出口退出者数量上升，平均出口额下降及进入者存活率降低等问题。这对于面临国内资源劳动力成本持续上升、生态环境持续恶化的国内出口企业而言，无异于雪上加霜。国际市场需求不振、目的国经济政策的不稳定性导致我国出口企业国际市场大面积萎缩；国内劳动力、资源及环境成本上升导致出口企业赖以存在的普适性传统环境丧失，因而必须转向开拓各自新的生存环境（基础），也就是说出口企业不能再依靠资源优势生存，而必须开拓各自的新优势。

出口企业/产业的生存状态取决于出口市场多元化程度与企业/产业能力多元化程度：出口市场多元化程度越高，企业/产业出口活动受单个市场变化影响越小；反之则越大。如我国出口目标市场与顺差来源地较为集中（见图1-20、图1-21、图1-22），因此国际市场变动会迅速传递到国内，并影响相关政策的执行与效果。如2007年我国刚刚调低出口退税率以激励企业贸易升级，改变出口发展方式，但美国次债危机爆发严重影响我国出口企业业务发展，遂不得不调高出口退税率；企业/产业能力多元化程度越高，出口越稳定，反之则越不稳定。能力多元化程度与贸易方式、企业规模等存在正相关关系，能力多元化程度越高，加工贸易占比越低、产品质量越高、种类越多，企业规模也越大。但我国加工贸易比重较高（见图1-17），单位货物知识含量低（见图1-8）。因此，出口企业赖以存在的生存环境可以抽象为一个二维坐标平面，即市场多元化程度和能力优势多元化所组成的平面（见图6-3）。横坐标x表示企业的能力多元化程度，纵坐标y表示出口部门出口市场多元化程度。Ⅰ、Ⅳ象限，表示出口部门企业能力多元化程度为正，且越靠右多元化程度越高；Ⅱ及Ⅲ象限则表示出口部门企业能力多元化指数为负，越靠左多元化程度较低。Ⅰ、Ⅱ象限出口市场多元化指数为正，越向上，出口部门生产多元化程度越高；Ⅲ及Ⅳ象限表明出口部门市场多元化指数为负，越靠下，市场多元化程度越低。实际上，无论是市场多元化程度还是能力优势多元化程度，都不能为负，因此企业不可能在Ⅱ、Ⅲ及Ⅳ象限存在。

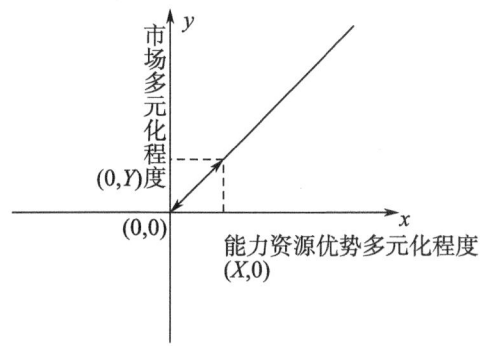

图6-3 出口企业生存环境平面图及企业在环境空间内演进路线

根据贸易发展实践及相关理论，假设企业能力多元化与市场多元化之间存在正相关关系。但是该正相关关系依赖于出口部门市场多元化及企业能力多元化程度、出口部门内部企业之间的竞争关系。

①在企业能力多元化与市场多元化大于（X，Y）的空间内，一国出口部门市场多元化指数与企业能力多元化指数呈正相关关系。即企业能力多元化越高，市场多元化指数也越高；反之亦然。此时，企业能力与市场开拓进入到良性循环状态中，出口部门企业能够较好地利用国际市场与国际资源实现出口的增长。如目前发达国家，通过跨国公司对全球资源与市场的协调使用，实现贸易规模、贸易结构与贸易收益的同步提升。

②由坐标（0，0）（X，0）（X，Y）（0，Y）构成的空间可以认为是一个黑箱，在这个黑箱内企业能力多元化与市场多元化之间关系并不稳定，呈现出双曲线形状。如果企业能力多元化与市场多元化之间呈现出正相关关系，则对外贸易发展局面可以获得突破，进入到能力多元化与市场多元化相互促进阶段；如果呈现出负相关关系，则对外贸易发展进入困境。出口部门能力多元化与市场多元化之间关系的性质在一定程度上取决于出口部门内企业之

间的博弈状态。如果企业之间能够在重复博弈中实现合作，则可通过收益的提高、创新意愿与能力的提升等，实现能力多元化程度提升，并突破黑箱限制进入到两者正相关的空间中；如果企业之间不能实现合作，进行有序竞争，出口部门能力多元化程度得不到提升，在 $x < X$ 的情况下有可能导致 $y \to 0$，最终导致市场多元化程度下降，甚至出口部门萎缩。当然，这里假设市场多元化程度与市场盈利规模成正比。因为如果市场多元化程度不能得到提高，即使在既定市场上出口更多的产品，但由于贸易条件恶化，总的市场盈利不仅不会提高，反而有可能降低。这在一定意义上对发展中国家普遍存在的贸易条件恶化以及"贫困化增长"进行了解释。

在 5.3 的分析中发现，由于"囚徒困境"博弈的存在，企业数量的增长并没有导致创新能力的增长，反而企业创新意愿随着种群数量的增长越来越低，成本成为企业进行国际市场竞争的主要能力，出口部门企业能力多元化指数没有得到提高。但是该模型并没有考虑生存环境对企业行为意愿的影响。在我们的常规认识中，当主体面临生存困境的情况下，其行为选择往往与惯常情况有较大的差异，如"置之死地而后生"描述的就是这样一种情况。我国对外贸易发展的现实表明，出口企业的生存环境也并非恒定不变，能力与市场多元化指数升级缓慢导致我国企业出口盈利能力日益恶化，特别是在金融危机后，出口国竞争的加剧以及进口国贸易政策环境的恶化导致出口贸易面临形势日益严峻。为此国家出台相关促进政策，保证出口贸易正常发展，如提高出口退税率、进行贸易便利化改革等，由此企业陷入"囚徒困境"的发展模式，并在原来能力与市场态势下重复进行低水平竞争，对外贸易发展方式转变受阻。现在的问题是，如果政府不出台此类政策，出口企业是否会转变策略选择，由不合作转变为合作策略？

企业间"囚徒困境"博弈遵从表 5－7 的经典假设，参与者在每一次博弈中同时且彼此独立地作出决策，合作与不合作为参与者可选的策略集合。在此基础上，结合张丰盘（2012）模型构建能力多元化指数与市场多元化指数为坐标的二维空间模型，在有限空间内考察生存环境丧失对博弈参与者策略选择的影响。如果博弈参与者均采取合作策略，则可获得支付为 x_0；如果一方采取合作策略，则合作者支付为 x_1，不合作者的支付为 x_2；如果博弈参与者均采取不合作策略，则其支付均为 x_3；且 $x_2 > x > x_3 > x_1$，$2x_0 > x_1 + x_2$。该支付是企业策略性行为后出口部门能力多元化水平的一个边际积量，因此根据"囚徒困境"博弈支付规则要求，x_2、x_0 为正，x_1、x_3 为负。为简化计算，设 $x_1 = -x$、$x_2 = x$、$x_3 = -1$、$x_0 = 1$。

假设企业生存空间被分割成无数个独立的空间，即图 6-3 平面被分割成以能力资源优势多元化程度和市场多元化程度为坐标的 $n \times n$ 独立的生存空间。在每一个空间有两种可能：一是被一个个体占有，且该个体可以采用合作或欺骗策略；二是该空间为空，即不适宜企业生存。在每一个时间点上，任何一个空间内的个体随机地与其相邻个体博弈，其支付为与所有相邻个体博弈均值。如果博弈中采取合作策略，则企业因合作而获得积累，逐渐提高空间适宜度；如果遇见欺骗者，即博弈中采取不合作策略，则企业适宜度将下降。如果企业相邻空间没有博弈者，即该空间不适宜生存，该企业既不受损也不受益。博弈支付越高，表明该主体占据空间越适宜生存。

假设：生存空间内有 N 个生存空间点（$N = x \times y$），任一空间点均可由任意企业 E_i 占据，$E_i = 1$ 表明该空间内主体为合作者；$E_i = -1$ 表示该个体为欺骗者，即采取不合作策略者；$E_i = 0$ 表示该空间为空，则占据某一空间的企业个体 E_i 的期望收益为：

$$Y_i = \frac{E_i (E_i + 1)}{2} (P_{C_i} - x P_{D_i}) + \frac{E_i (E_i - 1)}{2} (x P_{C_i} - P_{D_i}) \quad (6-55)$$

其中 P_{C_i} 表示某空间上企业 E_i 相邻空间内合作个体所占比例；P_{D_i} 表示企业 E_i 相邻空间内不合作个体所占比例。

当某空间企业 $E_i = 0$，企业进入该空间所得支付 $Y_i = 0$。某个体企业 X_i 的博弈支付 Y_i 影响着该企业空间占据能力与死亡率。所获得支付越高，则企业占据空间能力（C_i）越强，其在生存空间黑箱平面中的位置就越远离原点；所获支付越小，企业占据空间能力（C_i）就越弱，死亡率 K_i 就越高，其在生存空间黑箱平面中的位置就与原点越近。因此，其空间占据能力实际上就是能力多元化指数与市场多元化指数构成的坐标点（X，Y）。如果收益 $Y_i = 0$，则表明出口部门退出了市场。

企业 E_i 博弈中收益与其死亡率的关系表示为：

$$K (Y_i) = k \frac{e^{-\lambda R_i}}{1 + e^{-\lambda R_i}} \quad (6-56)$$

企业 E_i 博弈中支付与其侵占能力的关系表示为：

$$C (Y_i) = c \frac{1}{1 + e^{-\mu R_i}} \quad (6-57)$$

其中，k 为死亡率参数，c 为侵占参数，且 $k \in [0, 1]$，$c \in [0, 1]$。如果某空间在上一期被占据，则在本期其变为空的概率等于该空间内企业死亡概率，即其为空的概率为 $K(R_i)$；如果某空间点为空，则其被邻居中合作者占据的概率为：

$$\rho_{c_i} = \frac{1}{N} \sum_{j \in S_i} \frac{E_j (E_j + 1)}{2} C(Y_i) \qquad (6-58)$$

该空间被不合作个体占据的概率为：

$$\rho_{D_i} = \frac{1}{N} \sum_{j \in S_i} \frac{E_j (E_j - 1)}{2} C(Y_i) \qquad (6-59)$$

其中，S_i 为空间点 i 所有邻居空间点的集合，N 为 S_i 的个数。

在满足上述假设情况下，空间内的企业进入策略性博弈过程。对上述过程的模拟运算结果表明：不合作者的频率随着 $E_i = 0$ 的空间在总空间中占比的增大而单调减少，合作者的频率则出现明显增加。这意味着在面临生存环境恶化的情况下，企业在博弈中能够自动出现合作行为。因此，在我国出口贸易陷入困境的情况下，政府的最佳策略是放弃对企业的救助行为。这能够促使企业之间合作行为的出现，引导企业内生出良好的竞争秩序。

6.3.2 基于信号因子的产品质量提升博弈分析

物本管理以"物"的积累为目标，人本管理以"人"的能力提升为目标。当前的对外贸易管理，以"物"为主要对象而缺失对"人"的关注❶，是典型的物本管理。对外贸易发展方式的转变是资源利用方式、市场开拓方式的转变，其根本在于贸易主体能力的提升。因此，与贸易发展相关政策实现从"物"的积累核心向"人"的能力提升为目标转变是提升对外贸易发展方式转变效果的关键。

6.3.2.1 管理对象错位导致相关政策激励相容约束缺乏

对外贸易发展方式转变的核心内涵是：资源利用方式与市场开拓方式的双转变。这是贸易主体在价格竞争力基础上，非价格竞争力日益丰富与完善，即贸易主体竞争能力多元化。以"物"为对象管理的机械中心主义的理论体系恰好蕴藏着一个最大的危险，那就是失落了人。这导致对外贸易规模快速

---

❶ 这里的"物"专指对外贸易的标的物；"人"指从事出口贸易的一切人，包括自然人、法人及相关团体。

发展的同时，贸易主体竞争力却没有得到明显的提升。❶ 因此，以"物"为对象颁布出台的一系列贸易促进政策，在推进发展方式转变时效果差强人意也是一种必然。

从具体政策而言，一方面，无论中央还是地方政府层面，对外贸易发展成绩的归纳、总结都体现于贸易发展规模、速度以及外汇的积累。对企业贸易发展的激励政策目标是为了实现上述结果，政策工具则以激励贸易规模的实现手段为主。另一方面，贸易升级与贸易发展方式转变相关政策实施仍然以"物"为指向，如出口退税政策的调整被寄予推进贸易发展方式转变的目标，但在实际执行过程中却受到贸易规模发展深刻的影响。更为重要的是，对外贸易发展方式转变促进政策更多的是指导性文件，缺乏具有刚性、可操作性的政策工具。

此外，政策的制定及其运行是制定者、执行者及管制管理对象之间的契约关系与博弈过程。如果交易成本（包括政策制定、执行及监督等方面成本）足够高，政策执行过程的利益相关者之间就会出现利益背离，而政策制定者却苦于缺乏具有足够信度和效度的指标对政策执行者履职情况、政策管理对象遵守情况进行有效监管与评价。纵观我国对外贸易发展方式转变的相关政策，或依托于出口激励相关政策，或以指导性文件形式呈现，其根本的原因在于资源利用方式与市场开拓方式属于微观行为，对其转变与否的监管成本极高，又缺乏科学合理的指标。因此，成本因素是对外贸易管理对象以"物"为主的现实选择。

因此，虽然各级政府都认识到推进对外贸易发展方式转变是时代的内在要求，具有相当的紧迫性，但是在以"物"为对象的管理体系下，量的积累更胜于质的提升，积极参与对外贸易发展的收益远胜于努力推进贸易发展方式转变的收益。

6.3.2.2　相融性政策体系构建及条件分析

以"物"为对外贸易管理主要对象是当时理论、现实约束下的必然选择：短缺型计划经济的首要目标是实现"物"的积累。即使改革开放后较长时间内，供不应求仍是市场常态。此后，西方经济学中"见物不见人"经济思想

---

❶　对外贸易主体竞争力提升的一个明显标志就是能力多元化，而不再只依赖于成本优势基础上的价格竞争力。

及分析方法在我国对外贸易调控与管理中发挥重要影响，更重要的是对"市场经济"认识得不全面、不深刻以及市场经济宏观调控能力亟待提升、执行成本等问题都成为对外贸易管理中"物"为对象的现实约束。随着我国经济实力的提升、市场经济体制的完善及指导思想的深化，特别是信息化社会经济领域的全面渗透为对外贸易管理对象实现从"物"向"人"的转变奠定了基础。

（1）从"物"向"人"转变的条件已经具备

一般而言，竞争性社会需要物本管理来创造竞争优势，太平盛世需要人本管理来保持和谐稳定。改革开放四十年来，竞争思想、意识已经确立，社会经济各个领域在竞争基础上积累了雄厚的物质资本，特别是我国对外贸易已经连续多年名列世界前茅，外汇规模雄冠世界。宏观总量上，短缺已经彻底被过剩所代替。"创新、协调、绿色、开放、共享"五大发展理念是东、西方经济社会发展思想、理论精华与我国经济社会发展实践相结合的创新，是当今及未来一段时间内我国经济发展的指导理念。这表明，管理对象由"物"向"人"转变的物质基础、思想基础已经具备。信息技术向社会、经济各个层面的渗透不仅开拓了信息技术的应用范围，而且促进了社会、经济各个层面效率的提升，特别是宏观经济管理。通过信息技术的应用，提高了监管数据信息的系统性、及时性，极大地降低了管理成本。对外贸易管理对象从"物"向"人"转变的成本条件已经基本具备。正因如此，上海海关率先提出：在管理单元上，应从商品为主转向以企业为主。

（2）基于贸易增加值核算的政策优化与设计

首先，以出口增加值作为出口退税计算基础。

随着国内外经济环境的变化，我国出口退税政策经历了一系列调整，并具体体现于应退产品、分担机制及退税率三个方面。为了推进贸易便利化，2012年8月1日起在全国建立的出口收汇与出口退税信息共享机制可以说是出口退税制度完善的最大突破。虽然促进产业升级以达到推动贸易发展方式转变的目标内含出口退税政策，但出口退税的计算基础依然是传统统计模式（以关境、总值为基础的传统国际贸易核算的出口量）。此种方法不仅混淆了一国努力实现的出口与进口他国产品复出口的界线，造成了不同程度的重复计算，夸大了贸易实际规模，难以全面客观反映真实的贸易规模，更重要的是无法实现对企业努力提升质量的相融性约束，却激励了出口规模的增长。

以出口增加值为基础的贸易统计能够全面客观反映真实的贸易规模与一国在国际产业链上的位置，因此世界贸易组织 2010 年提出"世界制造倡议"，呼吁从全球价值链角度改进国际贸易核算方法，即运用贸易增加值核算弥补传统贸易核算体系的缺陷。为推进贸易增加值统计，准确描述各个国家在国际产业链中的位置，相关国际组织与国家开发了五大国际投入产出数据库，中国相关部门也组织资源进行了相关探讨，不仅完善了人们对出口贸易与国内经济发展的认识，如传统劳动密集型产品出口增加值远高于机械及高新技术产品，而且也为出口政策的完善奠定了基础。

根据 Koopman 等（2012）的方法，一国的贸易增加值可以表示为：

$$VT = X - VS - VSD \qquad (6-60)$$

其中，VT 表示出口贸易增加值，X 表示出口总额中含有的国外增加值，VSD 表示出口复进口后投入的增加值。如果国民生产总值以 Y 表示，则上式可以表示为：

$$VT = \frac{X}{Y} \times Y - VS - VSD \qquad (6-61)$$

在国民经济核算中，按生产法计算的国民生产总值为一国经济中所有企业生产总额减去中间投入的加总，即：

$$Y = V + IN \qquad (6-62)$$

其中 V 为新生产价值，IN 为生产过程投入。由此上式可以表示为：

$$VT = \frac{X}{Y} \times (V + IN) - VS - VSD \qquad (6-63)$$

由于国民经济 Y 是一国中所有企业增加值的汇总，即 $Y = \sum_{i=i}^{n} Y_i = \sum_{i=1}^{n} V_i + IN_i$。因此一国的出口增加值可以表示为企业出口增加的加总：

$$\sum_{i=1}^{n} VT_i = \sum_{i=1}^{n} \frac{X_i}{Y_i} \times (V_i + IN_i) - \sum_{i=1}^{n} VS_i - \sum_{i=1}^{n} VSD_i \qquad (6-64)$$

由此可见，贸易增加值统计能够准确地对企业的价值创造性活动进行度量。以增加值为基础的贸易统计代替传统基于关境的贸易统计，实现了贸易管理从"物"向人的转变，实现了贸易从量向质的转变。因此，企业为获取贸易量及出口退税的增长，必须立足于增加值的提高：

$$\max T = tQ \qquad (6-65)$$
$$\text{s. t. } (IR) \ t = \beta VT$$

由此可见，加大以增加值为基础的贸易统计实施不仅能够实现贸易参与的激励，而且能够实现贸易发展方式转变的相容性激励。

其次，建立企业出口增加值率信息发布制度。

在消费者与企业产品质量博弈中，信息的完备程度以及信息在消费者中的传播速度成为企业是否会努力创新的决定因素。但是，由于产品质量属于企业的私人信息，消费者无法准确得知。基于增加值的贸易统计为解决上述问题提供了思路。虽然企业可以通过提高出口规模而带来出口增加值的增加，但是出口增加值率却不一定会增加。因此，考察企业出口贸易增加值率变化能更准确地反映企业贸易增加值的动态变化。增加值率越高，表明单位投入新创造价值就越大；同时，一国增加值率的高低不仅取决于自身的技术努力，也同样与现有的国际分配体系及制度等诸多因素密切相关。企业出口增加值率提高，也表明了该国企业在全球产业链中的位置得到提升。因此，增加值率是企业综合创新努力的结果。因此，以出口增加值率提升与否作为企业是否进行产品质量提升努力的显示因子，可以解决消费者信息不对称问题。

在 5.3.3.2 中企业改进产品质量努力的博弈模型假设基础上，将以产品增加值率为指标的信号因子引入模型。消费者通过信号因子可以直接观察到企业质量努力情况及结果，因此，消费者的支付函数将变为：

$$\pi = \beta_1 Q + \beta_2 (P + \varepsilon\mu) \tag{6-66}$$

其中，μ 为以增加值率变化为基础的信号因子，如增加值率排名或变动情况。假设 μ 服从均值为 0，方差为 σ_μ 的正态分布。ε 为企业与信号因子的关系，即企业重视高因子的程度。在引入信号因子后，企业的确定性等价收入变为：

$$E\pi_1 - \frac{1}{2\rho\beta_2 [\text{var}(P+\varepsilon\mu)]^2} = \beta_1 Q + \beta_2 QZ - B\frac{Z^2}{2}$$

$$- \frac{1}{2\rho\beta_2 [\sigma^2 + \varepsilon^2\sigma_\mu^2 + 2\varepsilon\text{cov}(P,\mu)]^2} \tag{6-67}$$

由此可以得到企业激励相容约束与消费者最优化条件：

$$\text{Max}E[\eta(P-\pi)] = \beta_1 Q + (1-\beta_2)QZ$$

$$\text{s.t. } (IR)\ IR\beta_1 Q + \beta_2 QZ - B\frac{Z^2}{2} - \frac{1}{2\rho\beta_2^2(\sigma^2+\varepsilon^2\sigma_\mu^2+2\varepsilon\text{cov}(P,\mu))} \geq \bar{\pi}_1$$

$$(IC)\ Z = \beta_2\frac{Q}{B} \tag{6-68}$$

利用库恩－塔克条件和拉格朗日乘数法构造函数，则原问题可以转变为下列条件最优化求解：

$$\text{Max} L = -\beta_1 Q + (1-\beta_2) QZ + \lambda_1 \Big[\beta_1 Q + \beta_2 QZ - \frac{BZ^2}{2} - \frac{1}{2}\rho\beta_2^2 (\sigma^2 + \varepsilon^2 \sigma_\mu^2$$

$$+ 2\varepsilon\text{cov}(P,\mu)) - \overline{\pi}_1 \Big] + \lambda_2 \left(Z - \frac{\beta_2 Q}{B} \right) \tag{6-69}$$

对上述函数中的各变量求导数可以得到：

$$\frac{\partial L}{\partial A} = (1-\beta_2) Q + \lambda_1 \beta_2 Q - \lambda_1 BZ + \lambda_2 = 0 \tag{6-70}$$

$$\frac{\partial L}{\partial \beta_1} = -Q + \lambda_1 Q = 0 \tag{6-71}$$

$$\frac{\partial L}{\partial \beta_2} = -QZ + \lambda_1 QZ - \lambda_1 \rho\beta_2 \left[\sigma^2 + \varepsilon^2 \sigma_\mu^2 + 2\varepsilon\text{cov}(P,\mu) \right] - \frac{\lambda_2 Q}{B} = 0$$

$$\tag{6-72}$$

$$\frac{\partial L}{\partial \varepsilon} = -\lambda_1 \cdot \left[\rho\beta_2^2 \varepsilon\sigma_\mu^2 + \rho\beta_2^2 \text{cov}(P,\mu) \right] = 0 \tag{6-73}$$

$$\frac{\partial L}{\partial \lambda_1} = \beta_1 Q + \beta_2 QZ - \frac{BZ^2}{2} - \frac{1}{2}\rho\beta_2^2 \left[\sigma^2 + \varepsilon^2 \sigma_\mu^2 + 2\varepsilon\text{cov}(P,\mu) \right] - \overline{\pi}_1 = 0$$

$$\tag{6-74}$$

$$\frac{\partial L}{\partial \lambda_2} = Z - \frac{\beta_2 Q}{B} = 0 \tag{6-75}$$

由式（6-75）可以得到：

$$Z = \frac{\beta_2 Q}{B}$$

由式（6-71）得 $\lambda_1 = 1$，代入式（6-70）可得：

$$\lambda_2 = (\beta_2 - 1) Q$$

将 $\lambda_2 = (\beta_2 - 1) Q$ 代入式（6-73）得：

$$\varepsilon = -\frac{\text{cov}(P,\mu)}{\sigma_\mu^2}$$

将上述结果全部代入式（6-72）得：

$$-QZ + QZ - \rho\beta_2 \Big[\sigma^2 + \frac{\text{cov}^2(P,\mu)}{\sigma\mu^4} \cdot \sigma_\mu^2 - \frac{2\text{cov}^2(P,\mu)}{\sigma_\mu^2} \Big] - (\beta_2 - 1) \cdot$$

$$\frac{Q^2}{B} = 0 \tag{6-76}$$

对上式进行整理可以得到：

$$\rho\beta_2\left(\sigma^2 - \frac{\text{cov}^2(P, \mu)}{\sigma_\mu^2}\right) + \beta_2 \cdot \frac{Q^2}{B} = \frac{Q^2}{B}$$

$$\beta_2\left[\rho\sigma^2 - \frac{\rho \cdot \text{cov}^2(P, \mu)}{\sigma_\mu^2} + \frac{Q^2}{B}\right] = \beta_2 \cdot \frac{\rho\sigma^2 B\sigma_\mu^2 - \rho B \cdot \text{cov}^2(P, \mu) + Q^2\sigma_\mu^2}{B\sigma_\mu^2} = \frac{Q^2}{B}$$

由此可以解得：

$$\beta_2 = \frac{Q^2}{Q^2 + \rho B\ (\sigma^2 - \text{cov}^2(P, \mu)\ /\sigma_\mu^2)} \qquad (6-77)$$

由于 $\sigma^2\sigma_\mu^2 \geq \text{cov}^2(P, \mu)$，因此 $0 < \beta_2 < 1$。这表明，在不完全信息条件下，产品质量是影响消费者支付的一个重要变量。

由于在不完全信息情况下，企业的产品质量努力程度表示为 $Z = \frac{\beta_2 Q}{B}$，同时又因为在没有信息因子情况下，消费者的质量支付系数为 $\beta_2 = \frac{Q^2}{Q^2 + \rho B\sigma^2}$。因此比较有无信息因子情况下的两个消费者质量支付系数大小如下。

设没有信息因子情况下的消费者质量支付系数为 M：

$$\beta_2 = \frac{Q^2}{Q^2 + \rho B\sigma^2} = M$$

设存在信息因子情况下的消费者质量支付系数为 N：

$$\beta_2 = \frac{Q^2}{Q^2 + \rho B\ (\sigma^2 - \text{cov}^2(P, \mu)\ /\sigma_\mu^2)} = N$$

由于 M 与 N 只有一项存在差异，因此直接比较存在差异的两项的大小即可得到 M 与 N 的大小。令：

$$\rho B\frac{\sigma^2 - \text{cov}^2(\pi, \xi)}{\sigma_\xi^2} = N'$$

$$\rho B\sigma^2 = M'$$

因此可得：

$\frac{N'}{M'} = \frac{\sigma^2 - \text{cov}^2(P, \mu)}{\sigma^2\sigma_\mu^2} < 1$，所以 $N > M$。

因此，在设定信息因子的情况下，企业的努力水平大于没有信息因子情况下的努力水平：

$$Z = \frac{NQ}{B} > \frac{MQ}{B} = Z \qquad (6-78)$$

由此可见，以增加值统计为基础，进行企业增加值信息披露，能够提高企业与消费者之间的信息完备程度，提升企业致力于创新的积极性与参与程度，提高贸易发展方式转变政策相容性激励程度。

6.4　小结

针对贸易发展方式转变中存在的障碍与问题，本章对实现贸易发展方式转变效果提升的途径进行了模型构建与理论分析。结果表明：完善市场机制、提高信息流通速度、完善产权制度、培养企业的永续经营理念、提高消费者信息共享程度、降低消费者维权成本、培养消费者抗衡势力是提高企业创新积极性与参与程度、实现贸易发展方式转变的必要选择。此外，强化政策规则约束刚性能够破解"囚徒困境"，实现企业间合作，提高行业竞争力；加大以增加值为基础的贸易统计应用，能够提高贸易发展方式转变政策的相容性激励水平，促进企业积极进行创新以实现贸易发展方式的转变。

第7章 结论与政策建议

7.1 结论

结论1：中国对外贸易发展方式转变虽取得一定效果，但效果仍亟待提升。

本书以对外贸易发展方式转变的理论内涵为基础，通过构建贸易发展过程与发展结果恒等式，分解构建出了资源利用方式与市场开拓方式两个层面的指标体系。在此基础上，采用合作博弈中夏普利值分解技术和计算函数，对各指标对贸易发展的贡献进行度量和跨年比较分析。结果显示：当前贸易发展中资源利用仍以规模投入为主，技术要素作用有一定提升；国际市场开拓仍以数量增长为主，价格提高因素的作用有一定提升。上述评价方法不仅具有坚实的理论基础、明晰的经济逻辑，而且评价结果具有较强的针对性与政策含义，对外贸易发展方式转变的根本在于创新。

结论2：对外贸易方式转变政策参与约束强化，而相容性激励不足。

在上述实证研究与结论基础上，本书对贸易发展方式转变相关政策进行了梳理与归纳发现，我国以创新为核心，以发展方式转变为目标的相关贸易政策具有参与约束强化，相容性约束不足的特征。相关政策主体的博弈分析表明：对企业而言，政策与企业之间具有明显策略互动特征，难以在事前与事后保持一致性，由此导致对企业的可置信性不足；对地方政府而言，其政策实施力度的显示性机制缺乏，中央又缺乏足够信息进行甄别。从地方政府看，由于地方之间存在经济增长锦标赛博弈，因此地方政府间在贸易发展方式转变这一长期利益面前完全陷入"囚徒困境"式博弈中。虽然重复博弈可以破解"囚徒困境"，但是地方政府任期制导致重复博弈难以进行；而由于地方政府与企业合谋的概率 ρ（A）与中央的监管成本成正比 C_c，与中央监管成功概率 ρ（C）、对地方政府处罚力度 βC_{ac}、对企业的处罚力度 aR_{ac} 及中央分

享度 $(1-k)Y$ 成反比，因此，地方政府与本地企业就有强烈的合谋动机，创新并不能成为企业的稳定策略。

结论 3：技术差距不是阻碍贸易发展方式转变效果的关键，关键在于制度构建。

本书构建的技术差距与创新模型分析表明：技术差距确实影响企业创新能力与创新幅度，但是企业数量与规模的提升则降低了创新难度。我国市场经济体制改革的深入促进了企业数量与规模的快速增长，这为创新提供了必要条件。但是，我国经济发展的现实是企业数量的增长并未实现产业竞争力的提升，促进贸易发展方式的迅速改变，反而陷入以价格为主的竞争态势中。其原因在于：一是政府贸易管理放松后，行业协会市场主体自我管理约束手段缺位，企业之间竞争失范；二是消费者在与企业竞争中处于弱势地位，对企业"说谎"进行惩罚的可执行威胁不存在。此外，在我国对外贸易发展促进政策的实施中，具有明显的见物不见"人"特征，以贸易规模、结构等为考量指标，而对完成贸易的主体成长情况及在贸易中得利的情况却缺乏必要的管理。

结论 4：市场机制完善与竞争政策的实施是提升贸易发展方式转变效果的关键。

针对贸易发展方式转变中存在的障碍与问题，本书对实现贸易发展方式转变效果提升的途径进行了模型构建与理论分析。结果表明：完善市场机制，提高信息流通速度、完善产权制度，培养企业的永续经营理念，提高消费者信息共享程度，降低消费者维权成本，培养消费者抗衡势力是提高企业创新积极性与参与程度，实现贸易发展方式转变的必要选择。此外，强化政策规则约束刚性，能够破解"囚徒困境"，实现企业间合作，提高行业竞争力；加大以增加值为基础的贸易统计应用，能够提高贸易发展方式转变政策的相容性激励水平，促进企业积极进行创新以实现贸易发展方式的转变。

7.2 政策建议

7.2.1 建立发展方式转变评价制度，完善评价结果反馈机制

科学合理的对外贸易发展方式转变评价制度既是客观认识对外贸易发展

水平与质量的基础，更是完善相关政策设计，提升政策效果的前提。首先，建立对外贸易发展方式转变评价制度。充分利用现有科研院所及相关政策咨询机构资源与能力，加大对贸易发展及发展方式转评估基础研究工作支持力度，特别是要加强评估方法、指标与贸易统计协调性研究，逐步改进评价指标体系、评价方法；建立贸易发展方式转变第三方评估制度，将贸易发展评估制度化，出版发行贸易发展方式转变白皮书，提升全社会对贸易发展方式转变的认识程度。其次，建立贸易评价结果反馈与使用制度，建立政策制定、执行、评估间常态化联系机制。提升政策评价与反馈在贸易政策制定过程中的法律地位。

7.2.2　完善竞争政策，提升市场秩序规范化水平

"囚徒困境"是我国对外贸易发展方式转变政策及实践效果提升的重要障碍，广泛存在于地方政府及企业的策略选择中，并导致我国企业产品"量"的增长快于"质"的提升。重复博弈可以为博弈参与者带来长期收益，从而抑制参与者的机会主义行为，促进合作，实现共赢。6.1对合作博弈的实现条件与机制的分析为规范我国企业竞争行为提供了思路与启示。竞争政策以规范市场秩序为目标，能够有效提升信息传播速度，提升企业永续经营理念，并有助于实现行业治理规范化，推动重复博弈，实现并推动贸易发展方式转变效果提升。

（1）完善市场体系，提升信息传播速度

改革开放以来，随着市场经济的深入发展，不同主体间激烈的竞争被逐渐演变成各种形式保护主义与机会主义，形成国内行业壁垒众多、地方市场割裂等问题，国内不同市场间的有机联系被人为隔断，导致国内市场"碎片化"，信息在市场无法实现快速传播，导致市场在资源配置中基础性作用的发挥不利、竞争秩序不规范等问题，5.3所讨论的悖论是这一问题的集中反映。以竞争政策为基础构建经济运行政策，相当于为经济运行设定了"宪法"，能够统领以往颁布的一切以市场运行为目标的法律、法规，实现对相互冲突的协调，以推进国内系统化、一体化市场的形成，能够提升企业行为的各类信息的快速传播，推进企业从注重"快"向注重"强"转变，实现企业决策从以市场机会为目标的"事件决策"向以战略为目标的"规则决策"转变。市场体系的完善反过来也能够提升改革进度，更好地应对反对改革的利益集团，

甚至包括与政府结成同盟的官商一体经营者，推动经济更加开放和具有竞争力，这将有利于营造一个公平、合理且有序的竞争环境，为中国向更高层次、更广层面实施创新驱动战略提供基础条件。

（2）深化产权改革，提升主体永续经营意识

6.1.1 的分析表明：降低不确定性，是提高博弈主体对未来价值的重视程度，降低其对贴现因子的要求，促进重复博弈实现的重要途径。同时，6.1.2 的博弈分析表明：①国家提取租金越少，企业等市场主体的努力程度就越高；②政府提取租金越少，表明对政府权力约束就越大，产权保护越到位，企业努力积极性就越高。转变对外贸易发展方式就是转变我国企业在国际市场上的竞争方式，从价格竞争转向品牌竞争和信誉竞争。无论是品牌还是信誉，都是企业经历市场风雨而逐渐铸就的。因此，这就需要企业专注于核心业务，致力于进行永续经营。企业立志于永续经营，不是利他动机驱动，而恰恰是利己动机的逻辑结果。因此，若想实现企业的永续经营，必须构建适合企业永续经营的条件，使企业的决策都建立在明确的博弈规则和可预期的博弈均衡基础上。其中最主要的是加大对私人产权的保护力度，约束政府权力，提升投资者对未来的信心，改变"抓住当期、抓住现在""捞一把是一把"的社会普遍心态与"一任领导一朝新政"的政府执政现象。

（3）提升行业自治能力，促进竞争行为规范化

在市场体系完备情况下，企业的竞争以"强"制胜，而在碎片市场上的企业以"快"抢占先机。但是"强"的可以在机会小的时候创造机会，"快"的把机会用完后可能就要相互厮杀。这成为中国企业在全球化路径中变大变强的巨大障碍。有效的行业管理是规避上述偏离竞争惯例行为的唯一途径，如欧美大型跨国公司主导下的模式、日本为代表的大型综合商社主导的模式以及意大利中小企业协会主导模式。我国相关行业协会或商会成功行动也证明，有效的行业自治通过竞争行为的规范化，能够促进技术水平提升、创新与核心优势的转化。因此，加大改革力度，改变目前我国行业协会的浓厚行政色彩导致的组织发育不足、运行机制不健全等问题，提升行业组织治理能力，以协调企业间竞争行为、保护企业创新收益，进而推动行业技术水平提升与竞争优势转化，最终实现对外贸易发展方式转变的目标。

（4）规范竞争行为，提升企业创新能力

缺乏创新的确是中国企业不能变强，并在国际化过程中屡屡受挫的核心

问题所在，但是"创新"一词在中国已经被滥用，甚至贬值。假创新、假突破妨碍了中国企业核心竞争力的提升。竞争能够降低信息不对称带来的激励不足问题，实现对创新的甄别，切实推动创新驱动发展战略的实施，主动适应和引领经济发展新常态，实现我国经济提质增效升级，为对外贸易发展方式转变奠定坚实的基础。在系统市场中，由于市场秩序规范、竞争行为规范，基本资源的获取在企业之间不存在明显差异，企业之间的竞争完全基于各自企业具有的独特资源，如核心技术、销售模式、特色品牌等。因此，加大、加快竞争政策实施力度，特别是对企业竞争行为的规范力度是提升企业创新意愿，提高企业创新能力培养的必然选择。

7.2.3 提升消费者竞争能力，推动企业产品创新

产业政策的有效实施是我国经济与贸易发展取得重大成就的一个重要原因。但是，产业政策是生产者导向的，以支持生产企业发展为出发点，较少考虑消费者的利益。特别是消费者在产品质量信息、维权能力与成本等方面都存在显著劣势。由此导致消费品标准和质量还难以满足人民群众日益增长的消费需求，呈现较为明显的供需错配，消费品供给结构不合理，品牌竞争力不强，消费环境有待改善，国内消费信心不足，制约国内消费增长，甚至造成消费外流。消费者的顺从或"用脚投票"不能激励企业的技术能力提升，更不能培养企业的国际竞争力。西方企业将消费者因素视为命根，由此带来了技术改进和产品质量提升。因此在供给侧改革推进背景下，必须提升消费者与企业竞争能力，降低消费者竞争成本，才能真正提升供给体系质量与效率，夯实消费品工业发展根基，推动"中国制造"迈向中高端，实现"具有国际影响力的消费品品牌数量明显增多，质量竞争型消费品出口占比居全球前列"❶ 的目标。

7.2.4 加快增加值统计应用研究与实践

产业链在全球范围内的分解与重构使得中间产品贸易迅速提升，由此使得以最终产品进出境为依据的传统贸易统计无法实现对贸易品技术水平与增值程度的准确反映。因此，以传统贸易统计为基础制定的贸易管理政策及具

---

❶ 《消费品标准和质量提升规划（2016~2020年）》（国办发〔2016〕68号）。

体措施能够较好地实现对贸易参与的激励，但无法实现对贸易发展质量的有效监控。贸易增加值核算方法能客观反映出口对 GDP 的拉动作用和各经济体在全球价值链上的利益分配，准确地反映出一国出口增加值的增长情况。2014 年 11 月，《全球价值链中的 APEC 贸易增加值核算战略框架》在 APEC 领导人非正式会议上获得通过，这将对亚太地区全球价值链合作发挥重要作用。根据 6.3.2.2 的研究，在相关政策制定与执行过程中，以贸易增加值统计数据代替传统贸易统计数据，能够克服贸易政策参与约束明显而激励相容性特征不足的问题，实现贸易规模发展与质量同步提升。因此，我国应进一步加强和相关机构的合作：一是将反映加工贸易特殊性的模型与方法嵌入全球投入产出数据库和全球价值链的核算中，更准确地反映各经济体在全球价值链中发挥的作用和优势所在，提升我国在新贸易统计体系中的话语权；二是加强贸易增加值统计的应用研究与实践，尽快建立完整的贸易增加值统计体系与数据发布。

7.2.5　加快贸易便利化建设进程，推进政策目标优化

政策目标多元化、刚性不足是导致我国对外贸易发展方式转变效果亟待提升的重要原因。如 5.3.1 的研究表明：政府对对外贸易发展方式转变政策执行力度的变动概率是企业预期变动率的函数。以开放促改革、促发展，是我国改革发展的成功实践，以开放促改革是我国市场经济发展的一条宝贵经验。2015 年 9 月，中国政府批准接受世界贸易组织《贸易便利化协定》，至 2017 年 2 月 22 日，加入该协定的成员数量满足法定要求，该协定生效。这意味着以单一窗口管理为支撑的《贸易便利化协定》各项规定都将在中国立即实施。我国应以此为契机，加大对内相关贸易政策的协调，实现以贸易发展方式转变为引领，优化各项政策目标，提高贸易政策独立性。

7.3　研究不足与展望

本书以贸易发展方式转变内涵为基础构建了评价指标体系，并对我国对外贸易发展方式转变效果进行了评价。在此基础上以博弈论为指导对贸易发展方式转变相关主体行为进行了博弈分析，取得了一定成果。但是本研究也存在着相应的不足与需要进一步深入研究的地方。

①由于目前我国贸易增加值统计还处于研究阶段，相关部门并未发布贸易增加值统计为基础的进出口贸易数据，因此本书对贸易发展方式转变的研究仍以传统的贸易统计为基础，实证结论可能存在着预定的误差。所以，随着我国以贸易增加值统计系统研究的成熟与应用，对贸易发展方式转变效果的实证研究将得到进一步加强与精确化。

②本研究以贸易发展方式转变内涵为基础构建了贸易发展过程与贸易发展结果两个层面的指标体系，实现了从资源投入方式与市场开拓方式两个层面对贸易发展方式转变效果的度量，但本研究并未就资源投入方式与市场开拓方式之间的关系进行研究。未来应对资源投入与市场开拓之间的关系进行深入研究，这将对贸易管理水平提升提供启示与思路。

③本书利用 Shapley 值方法从贸易发展过程角度对中国 2000～2014 年的对外贸易规模进行了分解分析，并为贸易发展方式转变构建了 GDP/P 代表人均 GDP、T/GDP 代表国民经济技术密度（每单位 GDP 中专利的含量）、Q/T 为技术部门贸易强度（每单位技术带来的贸易额）和 P 为人口数量四个指标，除人口外，其余三个指标均为复合指标，影响因素较多，且各指标之间关系有待进一步的实证研究。

④本书对贸易发展方式转变参与主体行为考察较为详细，包括各级政府部门、相关企业等。但是本书并未就国际产业链间企业的博弈行为进行考察，而是假定企业通过渐进性创新能够实现在产业链中的提升，但实际上，产业链上企业之间的博弈行为也会影响到企业技术水平提升与创新能力培养，甚至会影响到国内相关政策的制定与实施。因此，未来应对这一问题进行深入研究。

⑤行业治理作为研究的重要内容之一，本书仅通过博弈模型分析了行业治理能力不足对创新等的影响，以及分析了通过集体行动能有效地提升创新水平，提升对外贸易发展方式转变的效果。但本书并未就如何实现集体行动给出进一步的分析和建议。在我国政治经济体制改革进程中，政府与市场的边界将进一步清晰，如何提升行业治理能力与水平将是我国未来面临的重要问题。

参考文献

［1］ Hidalgo C A, Klinger B, Barabasi A L, Hausmann R. The Product Space Conditions the Development of Nations ［J］. Science, 2007, 317 (5837): 482 – 487.

［2］ 钟山. 加快我国对外贸易发展方式转型 ［J］. 国际经济合作, 2010 (6): 4 – 6.

［3］ 袁志刚. 中国 (上海) 自由贸易实验区新战略研究 ［M］. 上海: 格致出版社, 上海人民出版社, 2013: 59, 61.

［4］ 赵伟, 何莉. 中国对外贸易发展地区差异的收敛性分析 ［J］. 财贸经济, 2006 (9): 31 – 36.

［5］ 商务部. 上半年我国遭遇贸易摩擦案件数量和涉案金额均下降 ［A/OL］. ［2015 – 07 – 22］. http: //www. cacs. gov. cncacsnewcommon/details. aspx? navid = &articleId = 131842.

［6］ Kiyota K. Are US Exports Different from China's Exports? Evidence from Japan's Imports ［J］. The World Economy, 2010, 33 (10): 1302 – 1324.

［7］ 胡锦涛. 坚定不移沿着中国特色社会主义道路前进, 为全面建成小康社会而奋斗 ［R］. 中国共产党第十八次全国代表大会, 2012.

［8］ Baldwin R E. Structural Change and Patterns of International Trade ［R］. NBER Working Paper No. 2058, Issued in October 1986: 12 – 23.

［9］ Sukumar Chakravarti, M. A. The Changing Pattern of Our Foreign Trade ［J］. Economic Weekly, 1949 (7): 14 – 16.

［10］ Edens C. Dynamics of Trade in the Ancient Mesopotamian "World System" ［J］. American Anthropologist, 1992, 94 (1): 118 – 139.

［11］ Hervey J L. Foreign trade and the U. S. economy ［J］. Chicago Fed Letter, Federal Reserve Bank of Chicago, 1995 (5).

［12］ Srholec M. High – Tech Exports from Developing Countries: A Symptom of Technology Spurts or Statistical Illusion? ［J］. Review of World Economics, 2007, 143 (2): 227 – 255.

［13］ 裴长洪. 中国外贸增长分析与相关政策讨论 ［J］. 国际经济评论, 2005 (1): 28 – 33.

［14］ 张燕生. 中国外向型模式转变与国际收支结构调整 ［J］. 宏观经济研究, 2010 (7): 3 – 8.

［15］ ［印度］ 纳谢德·福布斯, ［英］ 戴维·韦尔德. 从追随者到领先者——管理新兴工

业化经济的技术与创新［M］．沈瑶，叶丽蓓，等译．北京：高等教育出版社，2005．

［16］黄泰岩，杨万东．国外经济热点前沿［M］．北京：经济科学出版社，2004．

［17］Lucas R E B. On the Mechanics of Development Planning［J］．Journal of Monetary Economics，1988（22）：3－42．

［18］Proto A. Boosting Local Entrepreneurship and Enterprise Creation in Lombardy Region［M］．OECD Local Economic and Employment Development（LEED）Working Papers，2012．

［19］黄静波．技术创新、企业生产率与外贸发展方式转变［J］．中山大学学报·社会科学版，2008（3）：168－176，209．

［20］汪素芹，周健．技术创新对中国外贸发展方式转变影响的实证研究［J］．财贸研究，2012（6）：43－50．

［21］张亚斌，车鸣，易先忠．"合成谬误"与中国商品贸易条件恶化［J］．世界经济研究，2010（8）：33－38，88．

［22］上海海关课题组，黄胜强．服务经济模式下海关促进上海外贸发展方式转变实证研究［J］．上海海关学院学报，2011（2）：28－35，40．

［23］季开胜．当前外贸发展方式转变的制约因素及促进对策［J］．当代经济，2011（7）：64－65．

［24］郭熙保，陈志刚．论后危机时期中国外贸发展方式转变——基于世界经济结构调整的视角［J］．经济学家，2013（5）：29－38．

［25］裴长洪，彭磊，郑文．转变外贸发展方式的经验与理论分析——中国应对国际金融危机冲击的一种总结［J］．中国社会科学，2011（1）：77－87．

［26］王宇华．基于AHP的外贸增长方式转变实证研究——以浙江为例［J］．国际商务研究，2010（4）：3－11，30．

［27］汪素芹，孙佳佳，耿欣娟．中国外贸增长方式转变的评价指标体系与实证研究［J］．成都理工大学学报·社会科学版，2011（5）：26－31．

［28］陈海波，朱华丽．我国外贸发展方式转变的实证研究——基于全球价值链视角［J］．国际贸易问题，2012（12）：11－19．

［29］隆国强．对加工贸易的评价［J］．经济研究参考，2003（11）：15－27．

［30］朱启荣，孟凡艳．中国加工贸易就业效应的实证分析［J］．商业研究，2007（10）：85－88．

［31］裴长洪，彭磊．加工贸易转型升级："十一五"时期我国外贸发展的重要课题［J］．宏观经济研究，2006（1）：6－13．

［32］姚志毅．我国加工贸易的发展与存在的问题［J］．消费导刊，2009（6）：79．

［33］赵玉敏．加工贸易是否导致中国陷入低端制造业陷阱研究［J］．国际贸易，2012

(10)：18 - 21.

[34] 潘悦．在全球化产业链条中加速升级换代——我国加工贸易的产业升级状况分析 [J]．中国工业经济，2002 (6)：27 - 36.

[35] 刘德学，苏桂富．中国加工贸易升级状况分析：基于全球生产网络视角 [J]．国际贸易，2006 (4)：21 - 26.

[36] 汤碧，陈莉莉．全球价值链视角下的中国加工贸易转型升级研究 [J]．国际经贸探索，2012 (10)：44 - 55.

[37] 张燕生．我国加工贸易未来转型升级的方向 [J]．宏观经济研究，2004 (2)：15 - 17.

[38] 赵丽君，吴建环．全球生产网络下知识扩散与本地产业集群升级 [J]．科技进步与对策，2009，26 (11)：36 - 40.

[39] 孙国辉，韩雪梅．WTO 框架下我国应对国际贸易壁垒的对策机制研究 [J]．冶金经济与管理，2006 (2)：10 - 13.

[40] 曾贵．加工贸易转型升级的机制探讨 [J]．财经科学，2011 (2)：84 - 90.

[41] 金孝柏．服务贸易补贴与我国外贸发展方式转型 [J]．国际贸易，2011 (6)：25 - 30.

[42] 傅京燕，张珊珊．碳排放约束下我国外贸发展方式转变之研究——基于进出口隐含 CO_2 排放的视角 [J]．国际贸易问题，2011 (8)：110 - 121.

[43] 张亚军．发展出口信用保险与加快外贸发展方式转变 [J]．河北经贸大学学报，2012 (2)：20.

[44] 汤黎明．促进我国外贸发展方式转变的税收政策 [J]．中国流通经济，2013 (2)：115 - 119.

[45] Krugman P. Is Free Trade Passe [J]. Journal of Economic Perspectives, 1987 (2)：131 - 144.

[46] Grossman G. , Helpman E. Quality ladders and product cycles [J]. Quarterly Journal of Economics, 1989 (2)：557 - 586.

[47] Redding S J. Dynamic Comparative Advantage and the Welfare Effects of Trade [J]. Oxford Economic Papers - new Series, 1999 (1)：15 - 39.

[48] Krugman P, Venables A J. Globalization and the Inequality of Nations [J]. Quarterly Journal of Economics, 1995 (4)：857 - 880.

[49] Proudman J, Redding S J. Evolving Patterns of International Trade [J]. Review of International Economics, 2000 (3)：373 - 396.

[50] Helg R, Epifani P, Brasili A. On the Dynamics of Trade Patterns [J]. Economist - netherlands, 2000 (2)：233 - 258.

[51] Redding S J. Path Dependence, Endogenous Innovation, and Growth [J]. International Economic Review, 2002 (4)：1215 - 1248.

[52] Deardorff A. V. Fragmentation in Simple Trade Models [R]. University of Michigan：Re-

serch Seminar In International Economics, 1998: 422.

[53] Hanson G. H. Localization Economies, Vertical Organization and Trade [J]. American Economic Review, 1996, 86 (5): 1266 – 1278.

[54] Bastos P. The Impact of Trade on Technology and Skill Upgrading Evidence from Argentina [R]. Universitat Pompeu: CREI, 2007.

[55] Schmitz H. Local Upgradingin Global Chains: Recent Findings [C]. Elsinore: DRUID Summer Conference, 2004.

[56] Dettmer B, Erixon F, Freytag A, et al. The dynamics of structural change: the European Union's trade with China [R]. Jena Economic Research Papers, 2009.

[57] Carolan T, Mora J, Singh N. Trade Dynamics in the East Asian Miracle: A Time Series Analysis of U. S. – East Asia Commodity Trade, 1962 – 1992 [D]. UC Santa Cruz, Department of Economics, UCSC, 2012.

[58] Hidalgo C A, Klinger B, Barabási A L, et al. The Product Space Conditions the Development of Nations [J]. Science, 2007 (7): 482 – 487.

[59] Felipe J, Kumar U, Abdon A. As You Sow so Shall You Reap: from Capabilities to Opportunities [R]. Levy Economics Institute of Bard College, 2010.

[60] Jankowska A, Nagengast A, Perea J R. The Product Space and the Middle – income Trap [M]. OECD Development Centre, 2012.

[61] 张杨. 制度设计效率在区域经济增长中作用研究 [J]. 现代商贸工业, 2011, 23 (2): 76 – 77.

[62] Adelman I. The Role of Government in Economic Development [C] //Foreign Aid and Development: Lessons Learnt and Directions for the Future. London: Routledge, 2000: 48 – 79.

[63] Anderson K., Francois J., Martin W., et al. Potential Gains from Trade Reform in the New Millennium [R]. Monash University, 2000: 27 – 30.

[64] Busots. Trade Liberalization, Exports, and Technology Upgrading: Evidence on the Impact of MERCOSUR on Argentinian Firms [J]. American Economic Review, 2011 (2): 304 – 340.

[65] Justin, Yifu Lin, David Rosenblatt. Shifting Patterns of Economic Growth and Rethinking Development [J]. Journal of Economic Policy Reform, 2012 (3): 171 – 194.

[66] 朱启荣. 中国外贸发展方式转变的实证研究 [J]. 世界经济研究, 2011 (12): 65 – 70, 86.

[67] 李小平. 环境友好、资源节约型外贸发展模式的比较分析——基于各省（市、区）的因子分析法视角 [J]. 贵州财经学院学报, 2012 (4): 1 – 8.

［68］王晨钟，施炳展．基于改进的引力模型解析我国外贸发展的动因变化［J］．世界经济研究，2012（3）：10．

［69］叶志东．基于外部市场需求变化背景下的外贸发展方式转变与产业结构转型升级的思考［J］．市场论坛，2012（7）：95－96，102．

［70］杨继军，范从来．刘易斯拐点、比较优势蝶化与中国外贸发展方式的选择［J］．经济学家，2012（2）：22－29．

［71］陈希，彭羽，沈玉良．贸易中间商培育与我国外贸发展方式的转变［J］．国际贸易，2011（2）：10－13．

［72］洪联英，刘建江．中国为什么难以转变外贸发展模式——一个微观生产组织控制视角的分析［J］．数量经济技术经济研究，2012（12）：3－19，37．

［73］王水雄．镶嵌式博弈：对转型社会市场秩序的剖析［M］．上海：上海人民出版社，2009．

［74］［美］R. R. 纳尔逊，H. 帕克．企业能力、技术追赶与东亚奇迹［C］//发展、二元结构和国际经济体制：纪念古斯塔夫·拉尼斯的论文集．密歇根大学出版社，1999．

［75］［挪威］埃里克·S. 赖纳特．富国为什么富·穷国为什么穷［M］．杨虎涛，等译．北京：中国人民大学出版社，2007．

［76］张少军，刘志彪．全球价值链模式的产业转移——动力、影响与对中国产业升级和区域协调发展的启示［J］．中国工业经济，2009（11）：5－15．

［77］叶晓东．浅析重商主义理论与西方贸易保护政策的渊源［J］．经济师，2010（2）：33－35．

［78］王玉梅，王培政．变国家优势为企业优势——论国际贸易企业的"主体"地位及其重要性［J］．东方论坛，2002（3）：97－104．

［79］王克玉．"负面清单"模式下司法对外国公司的审视与评判——基于"自贸区"外国投资主体的维度［J］．暨南学报·哲学社会科学版，2014（5）：3．

［80］张生玲，王玉海．促进国家竞争力向企业竞争力的转化［J］．天津商学院学报，2001，21（6）：41－47．

［81］Hummels D, Klenow P J. The Variety and Quality of a Nation's Exports［J］. The American Economic Review, 2005, 95（3）：704－723.

［82］施炳展．中国出口增长的三元边际［J］．经济学季刊，2010（4）：1312－1330．

［83］耿伟．要素市场扭曲、贸易广度与贸易质量——基于中国各省细分出口贸易数据的实证分析［J］．国际贸易问题，2014（10）：14－22．

［84］李峰．中国碳减排成熟度与配额分配机制研究［D］．北京：首都经贸大学，2015．

［85］［美］哈罗德·W·库恩．博弈论经典［M］．韩松，等译．北京：中国人民大学出版社，2004．

［86］王玉清，赵成璧．国际技术贸易——技术贸易与知识产权［M］．第三版．北京：对

外经贸大学出版社，2005：5.

［87］张夏准．富国陷阱——发达国家为何踢开梯子？［M］．肖炼，倪延硕，等译．北京：社会科学文献出版社，2007：40，51，55.

［88］盛浩．全球贸易竞争对美国反垄断政策的影响［J］．中国流通经济，2004，18（11）：28－31

［89］［美］保罗·克鲁格曼．战略性贸易政策与新国际经济学［M］．海闻，等译．北京：中信出版社，2010：6－7.

［90］Kletzer K，Bardhan P. Credit Markets and Patterns of International Trade［J］. Journal of Development Economics，1987，27（1－2）：57－70

［91］Beck T. Financial Development and International Trade：Is There a Link？［J］. Journal of International Economics，2002，57（1）：107－131

［92］Becker B，Greenberg D. The Real Effects of Finance：Evidence from Exports［J］. School of Business，University of Chicago，2003

［93］曾文革，江莉．《贸易便利化协定》视域下我国海关贸易便利化制度的完善［J］．海关与经贸研究，2016（1）：1－9.

［94］张幼文．从开放战略向国际战略的升级——金融危机后中国的对外经济关系［J］．国际经济评论，2010（4）：46－54.

［95］［日］青木昌彦，奥野正宽．经济体制的比较制度分析［M］．魏佳宁，等译．北京：中国发展出版社，2005：200.

［96］汪建成，毛蕴诗．技术引进，消化吸收与自主创新机制［J］．经济管理，2007（3）：22－27.

［97］郑传均，谢卡尼．我国贸易条件与贸易利益的关系分析［J］．现代管理科学，2007（10）：64－65.

［98］胡鞍钢，王绍光．政府与市场［M］．北京：中国计划出版社，2000：29.

［99］陈东琪．政府有何能力？——《新政府干预论》选粹［J］．新经济，2000（11）：15.

［100］钱颖一．政府与法制［J］．经济管理文摘，2003（15）：44－47.

［101］李建德．经济制度演进大纲［M］．北京：中国财政经济出版社，2000：267.

［102］周国雄．地方政府政策执行主观偏差行为的博弈分析［J］．社会科学，2007（8）：73.

［103］福蒙蒙．国务院常务会议首次专门部署清理进出口环节收费［N/OL］．［2015－08－29］．http：//money. 163. com/15/0829/07/B25U8TGF00252G50. html.

［104］张维迎．博弈论与信息经济学［M］．上海：上海人民出版社，2004：123，125.

［105］胡军，郭峰．企业寻租、官员腐败与市场分割［J］．经济管理，2013（11）：36.

［106］宋海宁. 近年全球专利交易的统计和趋势分析——以美国专利交易市场为主进行考察［J］. 科技与法律, 2015（4）: 812 - 843.

［107］黄国华. 如何分析我国对外贸易企业分布的集中度［J］. 统计研究, 2002（11）: 62 - 63.

［108］［美］赫伯特·金迪斯. 演化博弈论——问题导向的策略互动模型［M］. 北京: 中国人民大学出版社, 2015: 66.

［109］［美］约瑟夫·熊彼特. 资本主义、社会主义和民主主义［M］. 北京: 商务印书馆, 1979: 134.

［110］［英］哈耶克. 自由秩序原理（上卷）［M］. 邓正来, 译. 北京: 生活·读书·新知三联书店, 1997: 84.

［111］符平. 市场秩序如何从失序走向有序——惠镇石料市场个案研究［J］. 华中科技大学学报·哲学社会科学版, 2013（2）: 125 - 132.

［112］King B G, Pearce N A. The Contentiousness of Markets: Politics, Social Movements, and Institutional Change in Markets［J］. Review of Sociology, 2010, 36（1）: 249 - 267.

［113］温兴琦. 发展中国家创新体系建设与中介机构作用研究——基于文献的分析［J］. 软科学, 2016, 30（5）: 1 - 4.

［114］刘志迎, 单洁含. 协同创新背景下组织间沟通与创新绩效关系研究［J］. 当代财经, 2013（7）: 77 - 86.

［115］林明, 任浩. 企业间关系能力与技术创新绩效提升［J］. 江西社会科学, 2013（1）: 205 - 208.

［116］王永进. 关系与民营企业的出口行为: 基于声誉机制的分析［J］. 世界经济, 2012（2）: 9.

［117］洪瑾, 舒晓. 我国行业协会自我运行能力研究［J］. 北京理工大学学报·社会科学版, 2012, 14（6）: 50 - 54.

［118］阳毅, 游达明. 产业集群创新中行业协会的构成体系与运行机制［J］. 经济地理, 2012（5）: 103 - 106.

［119］任丙强, 曹庆萍, 雷强. "官办"行业协会的发展路径研究——治理理论途径的建构［J］. 北京航空航天大学学报·社会科学版, 2011, 24（1）: 6 - 10.

［120］张长东, 顾昕. 从国家法团主义到社会法团主义——中国市场转型过程中国家与行业协会关系的演变［J］. 东岳论丛, 2015（2）: 2.

［121］赵向莉, 贾志永. 行业协会对企业机会主义行为的治理模型及实证分析［J］. 学术探索, 2012（1）: 55 - 57.

［122］［美］唐纳德·E. 坎贝尔. 激励理论: 动机与信息经济学［M］. 第二版. 王新荣, 等译. 北京: 中国人民大学出版社, 2013: 487.

［123］张维迎.博弈与社会讲义［M］.北京：北京大学出版社，2014：140.

［124］［美］埃莉诺·奥斯特罗姆，罗伊·加德纳.规则、博弈与公共池塘资源［M］.王巧玲，等译.西安：陕西人民出版社，2011：78，159－188.

［125］［美］赫伯特·金迪斯.演化博弈论——问题导向的策略互动模型［M］.第二版.北京：中国人民大学出版社，2015：171.

［126］Aoki M. Toward A Comparative Institutional Analysis［M］. MIT Press, 2001.

［127］刘淑芳.商业银行的信誉，重复博弈与产权制度安排［J］.湖湘论坛，2007，20（4）：86－88.

［128］乔洪武.产权与自由：信用生成的重要机制［J］.天津社会科学，2003（6）：74－78.

［129］［美］阿夫纳·格雷夫.大裂变——中世纪贸易制度比较和西方的兴起［M］.郑江淮，等译.北京：中信出版社，2008：48，61.

［130］［美］曼瑟尔·奥尔森.集体行动的逻辑［M］.陈郁，等译.上海：格致出版社，上海三联书店，上海人民出版社，2014：2.

［131］麻勇爱，雎国余.论产业集群内企业的恶性竞争——一个基于无限期重复博弈模型的解释［J］.河北师范大学学报·哲学社会科学版，2009，32（2）：25－29.

［132］崔凡，邓兴华.异质性企业贸易理论的发展综述［J］.世界经济，2014（6）：138－160.

［133］邵军，冯伟.异质性企业贸易理论研究进展综述［J］.国际贸易问题，2013（3）：167－176.

［134］［美］吴霁虹·桑德拉.下一步——中国企业的全球化路径［M］.北京：中信出版社，2006：．

［135］安岗，李凯，崔哲，等.基于合作博弈的买方抗衡势力市场绩效与卖方工艺创新强度分析［J］.运筹与管理，2015，24（5）：206－213.

［136］赵亚平，庄尚文.跨国零售买方势力阻碍中国产业升级的机制及对策研究［J］.宏观经济研究，2008（10）：49－54.

［137］张庆霖，郭嘉仪.政府规制，买方势力与技术创新：中国制药产业的研究［J］.当代财经，2013（6）：98－109.

［138］李凯，李伟.主导零售商买方势力背景下的制造商技术创新决策［J］.技术经济，2015（2）：21－26.

［139］孙晓华，郑辉.买方势力对工艺创新与产品创新的异质性影响［J］.管理科学学报，2013（10）：25－39.

［140］张赞，郝林，余海.零售商买方势力对生产商创新影响研究——基于我国家电行业的实证分析［J］.商业经济研究，2015（22）：16－18.

［141］刘洪铎，陈和.目的国经济政策不确定性对来源国出口动态的影响［J］.经济与管理研究，2016（9）：18－26.

[142] 张丰盘，汪俭彬，杜书德．生境丧失对空间囚徒困境博弈的影响［J］．山东大学学报·理学版，2012，47（5）：98－102.

[143] 田奋飞．物本主义与人本主义：管理思维的评判与融合——基于西方管理思想演进的思考［J］．社会科学家，2012（1）：55－59.

[144] 冯大力．论人本管理与物本管理的分野及融合［J］．社会科学研究，2013（4）：120－124.

[145] 张向晨，徐清军．国内外贸易增加值问题研究的进展［J］．国际经济评论，2013（4）：128－138.

[146] 郑丹青，于津平．中国出口贸易增加值的微观核算及影响因素研究［J］．国际贸易问题，2014（8）：3－13.

[147] 沈利生，王恒．增加值率下降意味着什么［J］．经济研究，2006（3）：59－66.

[148] 夏明，张红霞．跨国生产，贸易增加值与增加值率的变化——基于投入产出框架对增加值率的理论解析［J］．管理世界，2015（2）：32－44.

[149] 张伟，于良春．中国竞争政策体系的目标与设计分析［J］．财经问题研究，2010（6）：32－38.

[150] 孙晋．竞争政策的理论解构及其实施机制［J］．竞争政策研究，2015（11）：38.

[151] 黄少卿，余晖．民间商会的集体行动机制——对温州烟具协会应对欧盟打火机反倾销诉讼的案例分析［J］．经济社会体制比较，2005（4）：66－73.

[152] 阳毅，游达明．产业集群创新中行业协会的构成体系与运行机制［J］．经济地理，2012（5）：103－106.

[153] 石俊华．日本产业政策与竞争政策的关系及其对中国的启示［J］．日本研究，2008（3）：27.

[154] 孙强．出口价格的市场形成与政府管理政策选择博弈分析［J］．价格月刊，2013（12）：11－14，44－51.